人学视域下的教师发展论丛

美国中小学卓越教师职前培养的质量保障机制研究

论丛主编 肖正德

付淑琼 ○ 著

华东师范大学出版社

人学视域下的教师发展论丛

本著作系 2016 年浙江省哲学社会科学规划课题成果(项目编号：16NDJC054YB)

"人学视域下的教师发展论丛"总序

所谓人学,简言之,即关于人的哲学。它是一门基于人的历史性实践活动,立足于现实生活世界,关注人的生存境遇和发展样态,以解放与弘扬人的主体性为旨归,从整体上研究人性、人的存在、人的本质、人的活动与发展规律及其人生价值、目的等基本原则的学问。它认定人是一切的根本原因和最终目的,针对主体自身,面向主观意识,认识人的本质属性,理解人的生存意义,探究人的自我价值,挖掘个体与世界的内在联系,从而促进人的成长与发展,帮助人获得自由与幸福。

人学是教师发展的哲学基础和基本前提,为我们研究作为"人"的教师及其发展提供了一个新的视域。人学视野中,需要、生命、超越、主体、价值等反映了人类对人的本质属性和教育的现代特性认识的升华,通过人学视野来观照教师发展具有重要的价值意蕴:强调教师是自己存在与发展的内在根据和理由,在关注与尊重教师的前提下实现教师发展;强调教师是认识的主体,并在实践基础上确立教师的主体性维度;强调价值本身的意义,力求对教师生命价值的热切关注,激扬与点燃教师的生命活力,提升与实现教师的自我价值。

本丛书冠名"人学视域下的教师发展论丛",意谓以人学为哲学基础和基本前提,来观照当下的教师发展。本丛书由七部专著组成,各部专著内容梗概如下:

要探讨教师发展,我们首先要知道什么是教师,被赋予"教师"这一称谓之后,其身份、地位及由此带来的身份认同感如何。随着我国经济和社会实力的增长,在教师数量、质量及待遇等问题已部分解决的情形下,教师的身份认同日益成为当下我国教师发展的元问题。容中逵博士所著的《教师身份认同的理想之维:一项教师发展史的文化社会学考察》从他者与自我两个维度,对自先秦以降中国教师身份认同的历史演进作了系统考察,并就影响教师现实身份构建的两维互动博弈机理作了理论分析,对当下我国中小学教师身份认同迷失问题作了深度揭示，并就如何有效构建教师身份认同提出了具有一定创造性的观点及践行建议，力促教师成为一个诗意栖居的生命个体。

教师发展不单是教师对知识、技能的掌握与运用，促进教师良性发展的关键性支撑因素，乃是教学文化的变革与建构。亦即，教师发展的关键不是在"知"和"术"层面，而是在"灵魂"层面，教师发展与一定的社会文化息息相关。肖正德博士所著的《教学文化变革与重构：教师发展的"灵魂"》对当下我国全面深化课程改革进程中教师发展的"灵魂"层面——教学文化的变革进行历史考察、理论阐释和深刻审视，为其实践重构指明路向。通篇主旨在于变革与重构教学文化，重塑教师的"灵魂"，促进教师真正地发展。

教师专业是一类以厚重伦理道德为底色的事业，教师专业发展也不能只是基于知识和技能的效率型发展，更需要提升教师的专业伦理素养，增强教师从事伦理实践的能力。王凯博士所著的《教师专业伦理决策论》从以往抽象师德的讨论转向教师专业伦理实践的探究，聚焦中小学教育教学实践中的伦理困境，分析教师应对伦理困境的实际伦理思维方式，并借鉴国外相关教师伦理决策模式的最新研究成果，提出我国教师伦理困境的应对之策。

对当今中国而言，现代性尚未完成，个人还没有成为理性的现代性主体，公民道德教育不能追随西方"前沿"而奢谈现代性危机（特别是现代性的精神危机），同样也不能不关注西方的现代性危机（特别是现代性的精神危机）。因此，我国教师既要具有现代性的"启蒙能力"，也要具有反思现代性的"新启蒙能力"。严从根博士所著的《启蒙中反思启蒙：教师公民道德教育能力论》以"坚持启蒙，反思启蒙"为视角提出了教师公民道德教育能力的内涵、维度等，并在实证调研的基础之上，深刻地揭示出我国教师公民道德教育能力的现状和问题，并在此基础上提出提升我国教师公民道德教育能力的有效策略。

教学是教师个人的社会行动，这种社会行动指向学生作为人的发展。贾群生博士所著的《教学观念实在论：教师行为研究的新视野》着眼于"高质量的教学需要教师具备什么样的主观条件"，站在教学行动者的立场上，提出并围绕"教学观念实在"这个核心概念，研究了"教学行为之是"和"教学行为的发生"，提出了教学新三论，从而创新了教学本体论和教学认识论，体现了我国教学论研究和教师研究领域的新进展。该专著的主要观点是：教学行为是教学观念实在的显现；教学观念实在是教学行为的组成部分，它产生于教师个人观念系统的内部对话；教师是在个人理解中建构着教学观念实在的;在教学过程中,"我"给出教学机会,产生教学观念实在,让教学外显行为显现,调整并产生新的教学观念实在。

学习在教师专业成长中起着举足轻重的作用。实践证明,学习本身也是一种能力,即学习力。教师学习力的差异直接影响着教师发展的水平。教师学习力不是在实践中自然生成的,而是需要教师有意识地自觉修炼、持续提升,同时也需要制度和政策的保障。孙德芳博士所著的《教师学力研究》从城乡差异的角度对教师学力进行相关评价性研究,诠释教师学力的概念,调查教师学力差异现状、存在的问题及其个中缘由,最后提出了缩小城乡教师学力差距的保障机制与政策建议。

卓越是一种追求,它是指将自身的优势、能力以及所能使用的资源,发挥到极致的一种状态。成为卓越的教师,是教师发展所追求的一种理想境界。付淑琼博士所著的《美国中小学卓越教师职前培养的质量保障机制研究》以美国中小学卓越教师职前培养的质量保障机制作为研究对象,在厘清"什么是卓越教师"的基础上,重点分析与探讨了美国政府、高校和社会力量三大主体是如何通过政策法令、拨款资助、管理监督、入学选拔、培养实施、成效评估等来保障美国中小学卓越教师职前培养的质量的。最后,该专著还在分析我国卓越教师培养现状的基础上,结合美国的经验与教训,提出了具有实践意义的建议,以期为我国卓越教师培养质量与成效保驾护航。

本丛书由杭州师范大学教师发展研究中心七位博士撰就。在选题上,有的系作者主持的国家社会科学基金课题和教育部人文社会科学规划项目的最终成果,有的系作者在博士学位毕业论文的基础上修改整理而就,有的系作者长期致力于某方向研究的成果结晶。虽然选题渠道不一,但都围绕一个论题——"人学视野下的教师发展",都一致认为教师不仅是一个专业工作者,还是一个真实的生命体。生命是一个丰富的活体,具有不可还原的原始综合性。因此,本丛书将教师定位为一个现实生活中的生命体,将其角色从"圣化"和"匠化"的角色定位回归到真实的"人"的定位。在此认识基础上展开论述,重视与倡导教师身份的重塑、专业伦理的执守、社会责任的担当、教学文化的变革、学习能力的提升及其卓越自我的修炼,为促进教师良性发展寻觅曙光。

希冀本丛书的出版,在理论层面能为教师发展研究提供一个新的视角,在实践层面能为教师教育指明一条新的路径。

肖正德

2016 年 5 月 8 日于杭州新民半岛

目　录

第一章 绪论

第一节 问题的提出

2014 年 9 月,我国教育部正式颁布《教育部关于实施卓越教师培养计划的意见》,这标志着我国正式展开了从教师教育的职前培养阶段开始为中小学培养卓越教师的努力。[①] 在颁布了《教育部关于实施卓越教师培养计划的意见》之后,教育部随即发布了《关于开展卓越教师培养计划改革项目申报和遴选工作的通知》以面向全国选拔卓越教师职前培养项目。同年 12 月,教育部发布的《教育部办公厅关于公布卓越教师培养计划改革项目的通知》中,公布了经过卓越教师培养计划改革项目申报和遴选入选的 80 个卓越教师培养计划项目。在这次申报与遴选中,全国共有 216 所高校参与申报了 276 个项目,最后共有 62 所高校的 80 个项目入选,其中,卓越中学教师培养改革项目 25 个,卓越小学教师培养改革项目 20 个,卓越幼儿园教师培养改革项目 20 个,卓越中等职业学校教师培养改革项目 10 个和卓越特殊教师培养改革项目 5 个。[②] 由此可见,培养卓越教师是未来我国若干所大学努力的共同目标,也是我国教师教育的共同任务。在此背景下,一个关键与核心的问题是:如何才能确保卓越教师培养计划所培养的学生真正卓越呢? 这是整个卓越教师培养计划的根本所在。

[①] 中华人民共和国教育部. 教育部关于实施卓越教师培养计划的意见[EB/OL]. http://www. moe. gov. cn/publicfiles/business/htmlfiles/moe/s8435/201408/xxgk_174307. html, 2014 - 09 - 17.

[②] 中华人民共和国教育部. 教育部办公厅关于公布卓越教师培养计划改革项目的通知[EB/OL]. http://www. moe. gov. cn/publicfiles/business/htmlfiles/moe/s8593/201412/xxgk_182218. html, 2014 - 12 - 09.

一、我国卓越教师培养的实际需要

在《教育部关于实施卓越教师培养计划的意见》中,教育部提出"教师教育是教育事业的工作母机,有高质量的教师教育,才有高水平的教师队伍。近年来,我国教师教育体系不断完善,教师教育改革持续推进,教师培养质量和水平得到提高,但也存在着教师培养的适应性和针对性不强、课程教学内容和教学方法相对陈旧、教育实践质量不高、教师教育师资队伍薄弱等突出问题"。针对这些问题,教育部提出"以实施卓越教师培养计划为抓手,推动师范院校深化教师培养机制、课程、教学、师资、质量评价等方面的综合改革,努力培养一大批有理想信念、有道德情操、有扎实学识、有仁爱之心的好教师"。在具体的卓越教师培养计划的培养目标上,教育部提出"主动适应国家经济社会发展和教育改革发展的总体要求,坚持需求导向、分类指导、协同创新、深度融合的基本原则,针对教师培养的薄弱环节和深层次问题,深化教师培养模式改革,建立高校与地方政府、中小学(幼儿园、中等职业学校、特殊教育学校)协同培养新机制,培养一大批师德高尚、专业基础扎实、教育教学能力和自我发展能力突出的高素质专业化中小学教师"。[①] 这是未来若干年内我国大学培养卓越教师的总的指导意见和培养目标。

在总培养目标的指导下,《教育部关于实施卓越教师培养计划的意见》也提出了若干具体的培养意见和质量保障措施:第一,分类推进卓越教师培养模式,以卓越中学教师培养、卓越小学教师培养、卓越幼儿园教师培养、卓越中等职业学校教师培养、卓越特殊教育教师培养等分类实施;第二,建立高校与地方政府、中小学"三位一体"协同培养新机制,高校与地方政府、中小学协同制定培养目标、设计课程体系、建设课程资源、组织教学团队、建设实践基地、开展教学研究、评价培养质量等,同时建立三方"权责明晰、优势互补、合作共赢"的长效机制,地方政府统筹规划本地区中小学教师队伍建设,科学预测教师需求的数量和结构,做好招生培养与教师需求之间的有效对接,高校将社会需求信息及时反馈到教师培养环节,优化整合内部教师教育资源,促进教师培养、培训、研究和服务一体化,中小学全程参与教师培养,积极利用高校智力支持和优质资源,促进教师专业发展;第三,强化招生就业环节,通过自主招生、入校后二次选拔、设立面试环节等多样化的方式,遴选乐教适教的优秀学生攻读师范专业,具有自主

---

① 中华人民共和国教育部. 教育部关于实施卓越教师培养计划的意见[EB/OL]. http://www.moe.gov.cn/publicfiles/business/htmlfiles/moe/s8435/201408/xxgk_174307.html,2014-09-17.

招生资格的高校,提高自主招生计划中招收师范生的比例,加强入校后二次选拔的力度,根据本校特点自行组织测试选拔,设立面试环节,考察学生的综合素质、职业倾向和从教潜质;第四,推动教育教学改革,通过建立模块化的教师教育课程体系、突出实践导向的教师教育课程内容改革、推动以师范生为中心的教学方法变革、开展规范化的实践教学、探索建立社会评价机制等来推动卓越教师培养的教育教学改革;第五,整合优化教师教育师资队伍,通过建立教师教育师资队伍共同体、形成教师教育师资队伍共同体持续发展的有效机制等来进行教师教育师资队伍的整合与优化;第六,加强卓越教师培养计划的组织保障,通过成立专门的组织管理机构、加强政策保障等来为卓越教师培养计划的推进与实施提供组织保障。[①]

我国中小学教师的培养,经历了之前中师时代到师专时代,再到教师教育的完全大学化甚至3+2模式、4+2模式等等,一直的探索是为了找到一条为中小学校培养卓越师资力量的最佳路径,因为这关系到国家与民族的未来。在这条探索的路途上,直到此次《教育部关于实施卓越教师培养计划的意见》明确地提出培养卓越教师,这将是未来若干年内我国众多开展教师教育职前培养工作的大学的培养目标,也是我国教师教育职前培养工作的根本目标。卓越教师的培养如此重要,那么该如何保障卓越教师职前培养的质量呢?这是当前与未来我国教师教育面临的共同问题,这一问题没有共性的答案,需要每所院校自己的探索与发展,也没有一条已经十分成型的路径可供参考与学习。在此情况之下,借鉴与学习国外的经验、规避国外所遇到的问题与教训成为我国卓越教师职前培养过程中重要与必然的选择。

二、美国的经验与教训值得学习与借鉴

20世纪末期21世纪初期以来,卓越教师职前培养也日益成为美国各相关大学与学院的重要任务,它们纷纷设计与实施自己的"卓越教师培养项目",从职前开始为中小学校培养卓越教师。全美国上下,无论是联邦政府还是州政府,无论高等院校还是中小学校,无论民间组织还是专业机构等等,纷纷为此展开了积极的努力,以推进卓越教师的职前培养工作。而在正式开始卓越教师的职前培养前,美国经历了一段时期的关于"什么是卓越教师"的讨论,这个讨论在1987年由全美专业教学标准委员会

---

① 中华人民共和国教育部. 教育部关于实施卓越教师培养计划的意见[EB/OL]. http://www.moe.gov.cn/publicfiles/business/htmlfiles/moe/s8435/201408/xxgk_174307.html,2014 - 09 - 17.

(National Board for Professional Teaching Standards,简称 NBPTS)这样一个民间专业组织发起,它甚至提出了关于卓越教师的五项核心主张。自此之后,美国社会中活跃而发达的民间力量、专业组织等纷纷参与或者展开卓越教师标准或者要求的讨论,形成了一股强大的关注卓越教师标准与培养的力量,彰显了美国社会对于卓越教师的需求。在这样的背景下,拥有办学自主权且以市场为主导的高等院校纷纷开始对这样的社会与市场需求做出了反应,开始着手设计自己的卓越教师职前培养项目,并依据社会组织与民间力量所探讨的相关标准展开卓越教师培养项目的设计与实施。与此同时,州政府、联邦政府等也对卓越教师的职前培养予以了高度重视,出台相关的政策与法令等对院校的卓越教师培养项目实施资助、推进、管理、监督、评估等工作。有趣的是,民间力量与社会组织引领或者是推动了卓越教师职前培养之后,它们又开始纷纷实施卓越教师培养的认证或者评优工作,如 1961 年成立的美国公立大学联合会(American Association of State Colleges and University,简称 AASCU)这个专业的民间组织,于 2002 年设立了"卓越教师教育奖"(又名麦考利卓越教师教育奖,Christa McAuliffe Excellence in Teacher Education Award)。这一奖项主要奖励那些实施"卓越教师培养项目"的高校,根据其培养卓越教师的成效决定哪些高校能获得奖项。每年没有固定数量的高校荣获该奖项,主要依据每年的实际情况而决定,自 2002 年至 2014 年间美国共有 25 所高校获得了"卓越教师教育奖"。[①] 除了 AASCU 以外,1920 年成立的美国教师教育者协会(Association of Teacher Educators,简称 ATE)也设立了"卓越教师教育项目奖"(The Award for the Distinguished Program in Teacher Education)[②],以奖励优秀的卓越教师职前培养院校。

在卓越教师职前培养上,美国能取得成功的最主要原因是其全面而系统的质量保障机制,且这一保障机制并非刻意构成的,而是在卓越教师职前培养过程中自然而然形成的。各级政府、相关院校、各类社会力量等不仅或直接或间接地参与了卓越教师的职前培养,而且在卓越教师职前培养的质量保障中发挥了重要的作用,这也正是美国相关院校的卓越教师培养计划或者是项目能够取得成功的最核心因素。由此,探讨美国在卓越教师职前培养上的经验或者是教训,最为核心的是探讨其质量保障机制,

---

① American Association of Stage Colleges and Universities. Christa McAuliffe Excellence in Teacher Education Award [EB/OL]. http://www. aascu. org/programs/TeacherEd/CMA/,2014 - 09 - 03.

② The Association of Teacher Educators. Distinguished Program in Teacher Education [EB/OL]. http://www. ate1. org/pubs/Governance. cfm, 2014 - 08 - 14.

这也是最值得别国学习与借鉴的关键所在。

正因为卓越教师职前培养的核心与关键是质量保障机制,而美国已经在此领域积攒了丰富的经验,也存在一些问题与教训,这正是刚刚启动卓越教师培养计划的我国所需要学习和借鉴的领域。由此,选择美国中小学卓越教师职前培养的质量保障机制为研究对象,对其具体的质量保障措施等展开深入而全面的分析与探讨,并凝练可供我国学习与规避的经验与教训,进而结合我国现实状况提出有针对性且具体可行的实施建议,这既是当前我国卓越教师培养的现实需要,也是我国教师队伍质量整体提升的迫切需要,以为我国教育事业的前进与发展做出一定的贡献。

第二节　国内外已有研究综述

一、国外相关研究综述

(一) 对美国教师教育职前培养的研究

教师教育是指专门为帮助教师候选人掌握教学职业知识、技能、品质和规范的一组现象活动。这些现象活动包括讲座、研讨会、田野实践、特殊主题、微型教学、在学校及其他地方的观察、指导个别儿童、测验、筛选、社会活动和学生教育社团会议等。在此基础上,对教师教育职前培养分类和汇总研究时所要运用的框架包括 11 种相互作用的因素,即:目标、教师候选人特征、教师教育者的特征、内容、方式、时间、精神、调整、资源、评价、影响(Lilian G. Katz & James D. Raths,1985)。[①]

美国教师教育培养路径有四年制、五年制、研究生层次、选择性四种。四年制培养路径和研究生培养路径均是在职前阶段完成教学专业学习,五年制的培养是在职前和职中建起连续的学习。选择性证书培养路径为新教师提供在职培训,是一种在职形式的培训,而非职前培养。教师教育的理论取向可以分为五种:学术、实践、技术、个人和社会/批判取向。这些理论取向可以运用于不同的教师教育培养路径,既可以单独作用也可以相互作用共存于同一个培养路径中(Sharon Feiman-Nemser,2014)。[②]

---

① Lilian G. Katz, James D. Raths. A Framework for Research on Teacher Education Programs [J]. Journal of Teacher Education, 1985,(11): 9.

② Sharon Feiman-Nemser. Teacher Preparation: Structural and Conceptual Alternatives [EB/OL]. http://education. msu. edu/NCRTL/PDFs/NCRTL/IssuePapers/ip895. pdf, 2014 - 11 - 22.

(二) 对美国中小学卓越教师职前培养的研究

亚瑟·莱文(Arthur Levine)等的研究报告提出了评价教师教育培养质量的九个标准：目标、课程的连贯性、课程的平衡性、教职员工构成、招生、水平(毕业标准)、研究、资金和评估。报告还介绍了美国不同形式的卓越教师教育职前培养路径，即阿尔沃诺学院四年制本科项目、恩波利亚州立大学小学教师教育项目、弗吉尼亚大学五年教师教育项目、斯坦福大学 15 个月的硕士项目。除此之外，报告还分别描述了美国卓越教师职前培养路径的招生、培养计划、师资以及项目评价等几个环节(Arthur Levine，2014)。[①] 肯尼斯·蔡纳克(Kenneth Zeichner)等人所著的《卓越教师教育研究：本科水平的培养》(*Studies of Excellence in Teacher Education：Preparation at the Undergraduate Level*)[②]、《卓越教师教育研究：五年制的培养》(*Studies of Excellence in Teacher Education：Preparation in a Five-Year Program*)[③]和《卓越教师教育研究：研究生水平的培养》(*Studies of Excellence in Teacher Education：Preparation at the Graduate Level*)[④]系列作品，是美国当前关于中小学卓越教师职前培养研究最重要的成果。它们主要研究了美国 7 所大学的中小学卓越教师职前培养路径，分别是四年制本科的阿尔沃诺学院和维洛克学院的中小学卓越教师职前培养，五年制的三一大学和弗吉尼亚大学的中小学卓越教师职前培养，研究生层次的班克街教育学院、加利福尼亚伯克利学院和南缅因大学的中小学卓越教师职前培养。研究者通过观察、访谈和调查等方法对这 7 所大学的中小学卓越教师职前培养工作的目标、策略、内容与过程进行了详细地描述与介绍(Kenneth Zeichner，Lynne Miller，David Silvernail，2000；Julia E. Koppich，Katherine K. Merseth，2000；Linda Darling-Hammond，Maritza B. Macdonald，Jon Snyder，2000)。

另外，还有不少研究者如琳达·哈蒙德(Linda Darling-Hammond)等对美国中小学卓越教师职前培养路径的特点进行了分析与概括。其观点主要有：首先，明确关于

---

① Arthur Levine. Educating School Teachers [EB/OL]. http://www. edschools. org/pdf/educating_teachers_report. pdf，2014－11－25.

② Kenneth Zeichner，Lynne Miller，David Silvernail. Studies of Excellence in Teacher Education：Preparation at the Undergraduate Level [M]. Washington DC：AACTE Publications，2000.

③ Julia E. Koppich，Katherine K. Merseth. Studies of Excellence in Teacher Education：Preparation in a Five-Year Program [M]. Washington DC：AACTE Publications，2000.

④ Linda Darling-Hammond，Maritza B. Macdonald，Jon Snyder. Studies of Excellence in Teacher Education：Preparation at the Graduate Level [M]. Washington DC：AACTE Publications，2000.

卓越教学的愿景。教师教育者对于卓越教学具有共同的、明确的认识,这种认识建立在对学习的理解的基础上。其次,设置连贯且整体的课程。卓越教师职前培养课程应建立在强有力的学会教学的理论基础上,课程之间应相互交织,理论和实践之间应相互交织,学科内容和教学法应相互整合等。① 第三,强调实践的重要性。他们认为应该延伸中小学卓越教师职前培养中教学实践的时间,使理论学习和教学实践同步进行,促进理论课程和实践相联系。而这一过程应是在教师的有效指导下进行观察和实践,进而逐步担任教学任务。第四,大学与中小学的合作。大学和中小学的教师应形成共同的信念和知识,旨在为卓越教师的职前培养创建一个专业教学团队,为教师准备者提供示范,让他们学习如何对多样化的学习者进行教学以及共同学习与共同成长。最后,展开积极有效的评估与反馈。卓越教师职前培养的教师教育者应围绕相关评估标准展开评价与反馈工作,以促进与提升卓越教师职前培养的质量。(Linda Darling-Hammond,2006;2009)。②

(三) 美国教师教育职前培养质量的相关政策与报告

从上个世纪 80 年代以来,美国各级政府、民间专业组织等纷纷开始关注教师教育的职前培养质量,并出台了一系列政策、报告等,以保障美国众多院校所开展的中小学卓越教师职前培养工作的质量。下面以美国联邦政府层面的政策法令和民间专业组织的报告等为例进行简要说明:

以美国联邦政府层面的政策法令为例:如 1998 年《高等教育法》(*High Education Act*)修正案、1999 年《教师质量:关于公立学校教师的培养和资格》(*Teacher Quality: A Report on the Preparation and Qualifications of Public School Teachers*)、2002 年《不让一个孩子掉队法案》(*No Child Left Behind Act*)、2008 年《高等教育法》(*High Education Act*)修正案、2010 年《改革蓝图》(*ESEA Blueprint for Reform*)、2011 年《我们的未来,我们的教师:奥巴马政府教师教育改革与改进计划》(*Our Future, Our Teachers: The Obama Administration's Plan for Teacher Reform and Improvement*)、2012 年《教师培养改革法案》(*The Educator Preparation Reform Act*)等等。

以民间专业组织的相关报告为例:如 1986 年卡内基基金会《国家为培养 21 世纪

---

① Linda Darling-Hammond. Constructing 21st-Century Teacher Education [J]. Journal of Teacher Education,2006,(5):305-307.

② Linda Darling-Hammond. Teacher Education and American Future [J]. Journal of Teacher Education,2009,(12).40.

的教师做准备》(*A National Prepared：Teachers for the 21st Century*)、霍姆斯小组(Holmes Group)的三个"明日"报告、全美教学与未来委员会(*the National Commission on Teaching and America's Future*,简称 NCTAF)的《什么最重要：为美国未来而教》(*What Matters Most：Teaching for America's Future*)、1999 年美国教师教育大学校长特别工作组《感触未来：改变教师培养方式——美国大学校长行动方案》(*To Touch the Future：Transforming the Way Teachers are Taught，A Action Agenda for College and University Presidents*)、2010 年全美教师教育认证委员会的蓝带小组报告《通过教学实践转变教师教育：准备有效教师的国家战略》(*Transforming Teacher Education Through Clinical Practice：A National Strategy to Prepare Effective Teachers*)等等。

二、国内相关研究综述

1998 年上海师范大学王海澜首次将卓越教师这一概念及其特质介绍引入中国,2005 年国内研究学者开始真正全面研究卓越教师,但这些研究中,主要在探讨与卓越教师相关的理论、我国的培养路径等内容,对美国卓越教师职前培养展开研究的成果很少。相关研究主要体现如下:

(一)对美国教师教育的相关研究

第一,美国教师教育思潮。当前,美国教师教育的思潮主要有四种,分别是"反思实践"取向、"标准本位"取向、"社会正义"取向、"当代常识"取向,不同的思想各有关注的焦点领域,侧重于解决教师教育某一层面的问题,这些思想对峙冲突的同时兼容包纳,共同对当代美国教师教育发挥着作用(洪明,2009 等等)。[1]

第二,美国教师教育的类型等。国内的研究显示,美国教师教育经历了四个历史阶段:分别是师范学校阶段、师范学院阶段、师范教育的大学化阶段以及教师教育培养的多元化阶段(赵华兰,2010)。[2] 在具体的培养类型上,美国教师教育可以分为 6 种时间与学位结构:"分离型"或"整合型"的四年制、"分离型"或"整合型"的五年制、"分离型"六年制和"替代性"模式。从美国教师教育的培养对象或者市场取向上,主要分为幼儿教育(幼儿园)、初等教育(小学)、中等教育(中学)和全年级教育(全科)(周钧,

---

[1] 洪明.美国教师教育思想的历史传承与当代发展[J].天津师范大学学报,2009,(6)：59—64.
[2] 赵华兰.美国教师教育模式的嬗变[J].当代科学,2010,(5)：44—51.

2009)。① 美国教师教育承担院校类型上也可以分为四种：综合性大学、文理学院、专业发展学校和选择性教师教育(赵华兰,2009)。②

第三,对美国教师教育的个案研究。国内的相关研究大都聚焦于对美国教师教育展开个案研究,即以美国某所或几所大学的教师教育项目为案例展开介绍与分析,如哈佛大学(郗海霞,2003)、斯坦福大学(侯秀云,2014)、哥伦比亚大学(包水梅,2013)、普林斯顿大学(刘保卫)、弗吉尼亚大学(张晓莉,2010)、恩波利亚大学(李政云,2009)等等。这些对美国教师教育的承担者——高等院校展开研究的成果主要将视线集中在知名大学,主要介绍的是五年制层面或者研究生层次的教师教育职前培养项目。

(二) 美国教师教育职前培养路径的研究

第一,培养目标。美国教师职前培养的目标主要涉及到培养什么样的教师的问题,也就是一个合格的教师应该具备哪些基本的素质(肖甦,2010)。③ 在美国,教师教育致力于培养各级各类学校的教师、学校管理人员、教育咨询人员、研究人员,但是培养什么类型和规格的教师及其他学校工作人员则涉及到社会对教师形象的认识(吴锋民,2013)。④

第二,课程思想与设置。要了解美国教师教育的课程设置,首先应该探究其实践背后的思想渊源。自20世纪80年代以来美国教师教育课程思想一共有三大价值取向六种思想流派,分别是专业取向下,训练论的技术理想主义和连贯一致与构建论的整合主义教师教育课程思想;学术取向下,常识论的解制主义和注入式的学术主义教师教育课程思想;社会取向下,批判论的批判主义和融入式的多元文化主义教师教育课程思想,以上构成了美国当代教师教育课程思想的基本图景与设置导向(戴伟芬,2012)。⑤

美国教师教育课程的设置主要围绕教师专业化主体展开,由普通教育、教育专业课程、专业学科课程组成;在课程的结构上普通教育课程占到1/3多一些,学科专业课程占1/3,教育类课程占到将近1/3(刘筱,2009)。⑥ 普通教育是为美国大学生提供基础性的文理知识,包括人文学科、自然学科和数学基础等课程;学科专业课程是学生将

① 周钧,李小薇.美国教师教育专业的宏观结构分析[J].比较教育研究,2009.(1):76—79.
② 赵华兰.美国教师教育多元化模式研究[J].河南教育学院学报,2009.(5):35—39.
③ 肖甦.比较教师教育[M].江苏:江苏教育出版社,2010.214.
④ 吴锋民.大国教师教育[M].北京:中国社会科学出版社,2013.15.
⑤ 戴伟芬.当代美国教师教育课程思想的三种价值取向分析[J].教育研究,2012.(5):25—32.
⑥ 刘筱.国外教师教育课程设置的状况与启示[J].河南教育学院报,2009.(4):12—15.

来所要从事教学的学科;教育专业课程,是教师专业化的标志,主要包括教育基本理论课程、教学法课程和教学实践等(黄崴,2003)①。美国在教师教育课程设置上具有明显的研究性、融合性、实践性、灵活性等特征(何茜,2011)。②

第三,教育见习与实习。美国教师教育职前培养中的教育见习、实习包括实地经验和教育实习两部分,前者采取分散的形式,后者采取集中式。实习是由高等院校和中小学合作管理(王泽农,2003),③总体上是把教育实习的时间分割开来贯穿于整个大学生活。在实习过程中,除了课堂教学外,实习生还参加校内的一切活动,如准备开放日的教室布置、参加全体教职员工会议和在职训练活动、出席家长会议与教师会议等。美国的职前教师实习时间长,15周是最低保障时间,其中实习生至少要有两周时间全面负责其所任课班级全部教学活动的计划、实施和评价工作(郑东辉,2003)。④

第四,评价。美国教师教育评价具有"双轨制"特征,一方面各州政府对教师教育机构或者项目进行评估,另一方面,全国性的教师教育专业组织,如全国教师教育认证委员会(National Council for Accreditation of Teacher Education,简称 NCATE)和教师教育认证委员会(Teacher Education Accreditation Council,简称 TEAC),也会对教师教育机构或项目进行评估,两者之间展开良好的合作,分别从专业的外部和内部为教师教育的质量提供保证(黄自敏,2008)。⑤ 而对内部的教师教育学习的评价分为教师教育机构外部专业组织开展的认证和机构内部的学生学习评价两部分,从而来保障职前培养的师资质量。而且对内部的学生评价主要有三种评价策略,包括作品评价、表现性评价和成长记录袋评价(苟顺明,2014)。⑥

第五,美国教师教育职前培养的特点分析。国内研究表明,美国教师教育职前培养的特点主要表现为以下三方面:首先,教师教育体现整合性与关联性。在教师教育培养中课程设计本身是与其他学科相交叉的,课程的排列组合也可以建立起跨学科的连接(李娜,2010)。⑦ 其次,重视教育学院教师、文理学院教师、中小学一线教师三者

① 黄崴. 教师教育体制:国际比较研究[M]. 广东:广东高等教育出版社,2003. 200—201.
② 何茜,杨春梅. 美国大学化教师教育的课程设置及其特点[J]. 比较教育研究,2011,(11):6—9.
③ 王泽农. 中外教师教育课程设置比较研究[M]. 北京:高等教育出版社,2003. 162.
④ 郑东辉. 英美教师教育实习发展概况及其启示[J]. 教育探索,2003,(10):101—103.
⑤ 黄自敏,周勤怡. 美国教师教育评估的"双轨制"及其对我国的启示[J]. 外国教育研究,2008,(11):101—103.
⑥ 苟顺明,王艳玲. 美国教师教育课程评价的策略与启示[J]. 教师教育研究,2014,(3):75—83.
⑦ 李娜,李杨. 浅述关于美国教师教育项目的研究[J]. 教育科学与人才培养,2010,(11):149—150.

之间的合作(李政云,2009)。① 最后,"课程与实习交织进行"的实习模式,这种模式不仅在时间上体现出"交织性",更重要的是在内容上体现出"交织性"(周钧,2010)。②

三、国内外相关研究评析

当前,国内外关于美国中小学卓越教师这一主题的研究成果主要呈现如下特点与趋势:

第一,国内对美国教师教育展开研究的成果较多,但对美国卓越教师职前培养的研究成果甚少,更缺乏对卓越教师职前培养质量保障机制的系统深入研究。即便是有一些研究成果,也都是非常零星的介绍。所以,对美国中小学卓越教师职前培养的质量保障机制展开系统研究,在国内仍然是空白。

第二,国外在美国中小学卓越教师职前培养的研究方面已经取得了一些研究成果,但对其质量保障机制展开全面深入研究的成果十分少,即便有,也存在"零散、条块分割"等特点,缺乏系统的梳理与分析。但同时,这些成果也为本研究的顺利实施与取得丰硕成果提供了十分重要的资料基础。

第三,在我国中央政府积极全力推进的"卓越教师培养计划"中,培养质量是核心与关键,亦是决定该计划成功与否的根本所在。由此,对在质量保障机制上经验丰富且操作成熟的美国展开系统深入的研究,不仅能填补国内外理论研究的空白,更能从实践层面保障我国卓越教师职前培养的质量。

第三节 相关概念界定

一、卓越教师

卓越教师这一概念,其实是一个动态变化的概念,在不同的时代对其有着不同的理解与要求。当前美国国内比较得到普遍认同且较早出现的关于卓越教师的概念,是由全美专业教学标准委员会 1987 年所提出的:"致力于让学生具备相应的知识、技能、态度和责任心;精通于所教学科和教学法;完善的管理和评价学生的知识与技能;系统的反思和批判能力;具有作为学习共同体的一员的交流与合作能力"。这一界定

---

① 李政云.美国教师教育优秀项目比较分析与启示[J].湖南师范大学教育科学学报,2009,(1):68—73.
② 周钧.美国大学教育学院教师教育专业设置的关键因素分析[J].外国教育研究,2010,(1):89—93.

得到了当今美国社会与学界的普遍认同与广泛使用。卓越教师在美国的英语表达有很多种：excellent teacher、outstanding teacher、model teacher、high qualified teacher、distinguished teacher 等，这些词语在英语语境下均为"高质量的、高技能的、杰出的、卓越的、优秀的"等含义，均指向卓越教师这一概念。2014 年我国在《教育部关于实施卓越教师培养计划的意见》中也正式提出了卓越教师这一概念，并将其界定为——"师德高尚、专业基础扎实、教育教学能力和自我发展能力突出的高素质专业化中小学教师"。[①]但实际上，对于卓越教师的理解，因人而异、因时代而异，很难有一个固定的、一成不变的界定，因此本书将会在后面的内容中详细梳理卓越教师的概念流变并对其展开相关探讨。

二、教师教育职前培养

教师教育，从概念的涵义上讲，"教师教育"可以作两种解释：一是"对教师进行教育"，二是"关于教师的教育"。前者主要是指教师的职后培训或教师继续教育，后者包括教师的职后培训和职前培养。实际上，教师教育是对教师培养和培训的统称，是在终身教育思想指导下，按照教师专业发展的不同阶段，对教师实施职前培养、入职培训和在职研修等连续的、可发展的、一体化的教育过程。由此可见，教师教育包括职前培养、入职培训、在职研修等若干阶段，本书的主要研究范围是教师教育的职前培养阶段，即"准"教师们还未入职之前的、在高等院校所接受的相关培养工作。

三、质量保障机制

所谓质量保障机制，即为了保障产品或者服务质量所制定出的相关制度和保证这些制度有效落实的运行办法。具体到中小学卓越教师职前培养的质量保障机制，主要是为了保障中小学卓越教师职前培养工作的质量所制定出的相关制度、政策和具体的培养工作等，其核心与关键是为了保障与提升中小学卓越教师职前培养工作质量所相关的制度、措施与办法等。

基于上述相关界定，结合美国现状，本书的主要研究对象与研究范畴为美国所有实施中小学卓越教师职前培养工作的高等院校，以及与这些高等院校所实施的职前培

---

① 中华人民共和国教育部. 教育部关于实施卓越教师培养计划的意见［EB/OL］. http://www.moe.gov.cn/publicfiles/business/htmlfiles/moe/s8435/201408/xxgk_174307.html，2014-09-17.

养工作直接相关的利益主体包括政府(以联邦政府和州政府为主)与社会力量(以专业团体和中小学校为主),研究这些培养主体与利益主体是如何通过相关制度、措施、办法等来保障中小学卓越教师职前培养工作的质量的。

第四节 研究目的与研究意义

一、研究目的

本书的研究目标是通过对美国中小学卓越教师职前培养的质量保障机制进行系统全面的纵向和横向研究,填补国内外研究的空白,并为我国正在实施的"卓越教师培养计划"提供强有力的启示与引领,为我国卓越教师的职前培养贡献积极且有效的力量。具体目标如下:

(一) 全面梳理与分析"卓越教师"这一概念及其标准的历史演变,填补国内外对这一概念的系统性研究的空白。

(二) 依据美国中小学卓越教师职前培养的相关利益主体,将美国中小学卓越教师职前培养的质量保障机制分为政府层面、高校层面、社会层面展开系统而深入的研究;进而依据三大利益主体的特点,全面深入地探讨这些不同主体是如何保障与提升美国中小学卓越教师职前培养的质量的,以及它们分别扮演了什么样的角色和发挥了什么样的作用,从而构建一幅全面具体的质量保障图景。

(三) 全面系统地总结与分析美国在中小学卓越教师职前培养质量机制上的优势与不足,并结合我国实际情况,为提高我国"卓越教师培养计划"的实施质量及取得真正成效提供积极有效的启示与借鉴。

二、研究意义

(一) 理论价值

基于上述国内外研究现状,本书选择以美国中小学卓越教师职前培养的质量保障机制为研究对象,在对美国中小学卓越教师概念与标准进行深入的历史分析和对美国各高校所实施的中小学卓越教师职前培养现状分析的基础上,依据美国中小学卓越教师职前培养的质量保障主体——政府、高校、社会,对其政府保障、高校保障、社会保障展开系统全面、具体深入的研究与探讨,构建一幅关于美国中小学卓越教师职前培养质量保障机制的全面图景。这不仅从选题和视角上填补了国内当前对美国中小学卓越教师研究的空白,更能从研究内容如概念与标准的历史演进、不同主体的质量保障机制等方面弥补国内研究的不足。

(二) 实践意义

2014年12月,我国中央政府正式启动"卓越教师培养计划",并遴选了一大批高等院校为此展开努力。在我国"卓越教师培养计划"具体实施的过程中,质量保障是根本,也是决定"卓越教师培养计划"成败的关键。而美国在中小学卓越教师职前培养的质量保障机制上,不仅操作成熟,而且经验丰富。选择美国为对象并对其展开深入系统的研究,不仅能为我国提供具体全面的启示与借鉴,同时也能将美国所遭遇的问题与教训作为参照,引导我国有效地规避,更能为我国"卓越教师培养计划"的有效构建与成功实施、取得实效与高效提供实际且有价值的借鉴。由此,本书的研究能从实践层面对我国中小学卓越教师的职前培养以及真正培养出一批又一批卓越的中小学教师做出十分积极与重要的贡献。

第五节　研究思路与研究方法

一、研究思路

本书以美国中小学卓越教师职前培养的质量保障机制为研究对象,以"什么是卓越教师"为基础,进而分析美国政府、高校、社会力量等不同主体是如何保障美国中小学卓越教师职前培养的质量的。最后,本研究对美国中小学卓越教师职前培养的质量保障机制的优缺点展开了分析,并对保障与提升我国中小学卓越教师职前培养计划的质量与成效进行了深入思考,提出若干可行且有价值的发展建议。在具体的研究上,以"基本概况——现状分析——对我国的启示"为研究思路,详见图1.1。

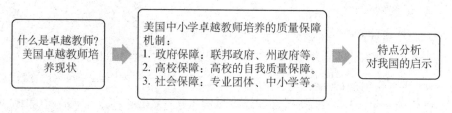

图1.1　本书的研究思路

二、研究方法

本书以马克思辩证唯物主义和历史唯物科学主义为指导,坚持理论与实践、个别

与一般、定性与定量相结合的方法论原则。在这些原则的指导下,具体研究方法如下:

（一）历史研究法:本研究拟搜集美国中小学卓越教师概念与标准的历史文献,搜集美国各级政府、民间专业团体、中小学校、高校等从职前开始努力为中小学培养卓越教师的各项工作的历史文献等。进而以这些文献为基础,采用历史的脉络与分析方法对美国卓越教师概念与标准的历史流变展开全面深入的研究。同时,本研究也以这些文献为基础,对美国政府、高校、社会力量等对卓越教师职前培养的质量保障情况进行分析。历史研究法是本研究的基础与前提。

（二）内容分析法:本研究将依据美国的众多文献资料,对美国卓越教师概念与标准的历史演变,对美国各级政府、高校、社会力量等在中小学卓越教师职前培养质量保障上的"作为"等进行深入系统的分析。本书将对各级政府的政策法令、社会力量的相关报告、高校的培养方案、社会力量的做法等展开具体而全面的内容分析与探讨,进而构建对于美国中小学卓越教师职前培养质量保障机制的全景性认识。

（三）因素分析法:无论是分析卓越教师概念与标准的历史流变,还是探讨美国中小学卓越教师职前培养的背景与现状,抑或是深入分析美国各级政府、高校、社会力量等对卓越教师职前培养的质量保障机制,以及最后对美国中小学卓越教师职前培养的质量保障机制的优缺点分析与对我国的启示等都离不开对美国政治、经济、社会、教育制度等各方面因素的分析,也要以我国的政治、经济、社会、教育制度等各方面因素为基础与背景。所以,因素分析法也是本研究十分重要的方法之一。

（四）比较研究法:本研究选择以美国中小学卓越教师职前培养的质量保障机制为研究对象,即是为了服务于我国正在推行的卓越教师培养计划,从这一层面而言,本课题从根本上就是通过比较来服务我国的。同时,在研究内容的选择上也是一一对应我国的,是服务我国现实需求的。本研究最后的启示部分,将在详细分析我国现实情况的基础上,进行有针对性的比较,从而为我国提出可行的、有价值的发展建议。由此,比较研究法作为贯穿全研究的研究方法,具有非常重要的意义。

第六节　创新之处与有待改进的地方

一、创新之处

本研究以美国中小学卓越教师职前培养的质量保障机制为研究对象,这一研究选题是当前国内学者尚未进行全面、系统、深入研究的领域。由此,本书的研究能填补当前国内研究空白,这也是本研究最大的创新所在。

1. 当前国内外对美国教师教育展开研究的成果较多,但是对自 20 世纪末期 21 世纪以来美国国内兴起的从大学阶段开始便努力为中小学校培养卓越教师的培养浪潮展开研究的成果甚少,而这恰恰是影响我国《教育部关于实施卓越教师培养计划的意见》出台的重要背景。由此,对美国从职前阶段便努力开始为中小学校培养卓越教师的浪潮展开研究,具有十分重要的理论价值。以往的教师教育,主要在于为中小学校准备教师,但随着中小学校、社会、政府等对基础教育质量的要求越来越高,教师教育的责任与压力自然越来越大,因此作为教师教育主体的高校开始积极寻求解决之道,而卓越教师的培养正是摆脱这一困境最有效的途径。通过入学的选拔、资源的整合、评价与考核的提高等等,培养出一批高质量高标准的学生进入中小学校工作,以满足或者是提升基础教育质量,这是美国卓越教师培养的初衷,并在逐步的实践中形成了自己的卓越教师质量保障体制。所以,本书对此展开研究,能对我国卓越教师培养提供十分有益的帮助与启示。

2. 卓越教师培养,相较以往的教师教育而言,其关键的差别就是"卓越",即比之前的教师教育质量更高,而如何才能确保卓越教师培养的质量呢? 这是为中小学培养卓越教师的根本所在,只有解决了这个问题,才可能从根本上保证卓越教师培养真正较传统意义上的教师教育更高的质量,否则卓越教师培养是毫无意义与作用的。由此,卓越教师培养的质量保障便成为了关键。美国在此领域有自己的经验与积累,值得研究,进而获取其经验与教训,为我国刚刚起步的卓越教师培养保驾护航,实现效果最大化。

二、有待改进的地方

尽管本书对美国中小学卓越教师职前培养的质量保障机制进行了详尽地描述与探讨,并填补了国内相关研究的空白,但本书囿于篇幅和资料等的限制也存在需要改进或者后续研究中值得重点研究的内容:美国中小学卓越教师职前培养项目的培养主体和利益主体主要为高等院校、政府、社会力量等,这也是本书的主要研究内容。本书对这三者分别展开了深入具体全面的逐一分析与探讨,介绍与分析了它们各自为保障中小学卓越教师职前培养项目的质量所制定的政策、措施和落实办法等,但对它们三者之间的横向联系和横向交叉作用分析得较少,尽管它们三者的关系本就相对松散,具体到中小学卓越教师职前培养项目的质量保障事务上,三者的关系也较为松散,但即便松散,也有值得深入全面研究的价值与意义,这不仅对于透彻深入地研究美国中小学卓越教师职前培养项目的质量保障机制有着重要的意义,对于我国的卓越教师培养计划也有着重要的借鉴与参考价值。但本书出于篇幅、第一手文献资料等的限制,对这一问题的研究并非全面与深入,这既是本书的遗憾,也是作者将在后续研究中加以改进与完善的地方。

第二章　什么是卓越教师？

在《教育部关于实施卓越教师培养计划的意见》中,我国教育部提出"培养一大批师德高尚、专业基础扎实、教育教学能力和自我发展能力突出的高素质专业化中小学教师",[1]这是我国政府所提出的关于卓越教师培养的总体目标,也是对卓越教师职前培养的基本要求。那么,在美国,什么是卓越教师? 其卓越教师的概念与标准分别是什么? 这一概念及其标准经历了什么样的历史变迁呢? 本章以美国中小学卓越教师概念与标准的历史演进为研究对象,通过对此展开全面深入的研究与探讨,以解答上述问题。

第一节　20 世纪 80 年代以前的卓越教师标准

一、州政府的教学许可证

1823 年,佛蒙特州的牧师霍尔(Satnuel R. Hall)创办了美国最早的师范学校,这是一所私立的师范学校,学校为学生提供为期三年的教师培养课程。持续了半个多世纪,私立师范学校发展相对缓慢。到 1839 年,马萨诸塞州创办了美国第一所公立师范学校,学期一年,到 1860 年延长到 2 年。1839 年和 1840 年马萨诸塞州又分别创建了另外两所州立师范学校。这是美国教师教育最早的起源。发展到 19 世纪末期,在美国 45 个州中,大部分州已经建立自己的公立师范学校,1890 年全美公立师范学校总数达 130 所,1898 年私立师范学校为 165 所。尽管师范学校主要是为了给中小学校提供师资,但在 19 世纪从师范学校毕业的教师占全美所有教师的比例不及四分之一。

---

[1] 中华人民共和国教育部. 教育部关于实施卓越教师培养计划的意见[EB/OL]. http://www.moe.gov.cn/publicfiles/business/htmlfiles/moe/s8435/201408/xxgk_174307.html，2014 - 09 - 17.

除了师范学校培养教师以外,在 19 世纪,在美国中西部地区还存在另外一种教师速成方式——教师短训班(teacher institute),这种短训班一般学习时间从几天到一两个月不等,由县学监组织,采用暑假短训班的形式,学习的课程是主要面向农村学校所设的基本科目。为了确保短训班的质量,也为了确保教师的学科知识,对其毕业生采用教师资格考试的形式,并颁发教学许可证,但这通常由县一级组织,考试通过率较高,事实上却较难保障质量,其目的主要是为了满足中西部地区特别是农村地区对于教师的需求。而这就是美国最早期和最初的教师资格标准,要么是师范学校毕业,通过了师范学校相关课程的考试,获得了毕业证书并取得了从事教师职业的资格,要么是通过由县一级组织的教师短训班及其组织的考试取得教学许可证,进而获得从教资格。[①]

自 19 世纪以来,美国各县市和学区的教学许可证制度在美国较为普遍,同时作为美国宪法赋予的教育管理的法定主体——州政府开始逐渐将教师资格认证的权力从县市地方政府或学区手中转移回来,并逐渐形成了美国以州政府为主采用考试的形式对教师资格进行审核,进而决定是否颁发教师资格证书的教师教育质量保障体系。1825 年,俄亥俄州颁布了教师证书法令,这是美国历史上第一个由州政府颁布的有关教学许可证书的法令,标志着教师的资格认证和教师质量问题得到了州政府这一更高层次行政主体的重视。随着俄亥俄州开始颁布教师证书法令,美国其他各州也纷纷颁布相关的法令,完善本州的教师资格认证工作。

此时各州要求教师获得教学许可证主要包括三个方面的内容:道德品质、教学管理能力、学科知识能力。道德品质是其中一个重要的衡量指标,如俄亥俄州 1825 年的法令就规定:"如果合格,有好的道德品质,就发给他们有效的证书。无证书者不得在任何乡村学校执教,无证书者不得领取法定的工资和福利。"由此可见,道德品质是重要的标准之一,当时对于道德品质衡量的主要依据就是相关人士的推荐信。教学管理能力的衡量主要通过口试的方式进行,询问教学许可证申请者的专业能力或者是否接受过相关的训练等内容,但在当时口试内容和方式随意性很强。在学科知识能力上主要是读、写、算等能力,如 1831 年俄亥俄州要求教师在读、写、算等方面合格;1834 年宾夕法尼亚州要求教师必须参加读、写、算等方面的考试等。由此可见,19 世纪的美国还只是有最早的教师资格标准的雏形,而这些标准都还相对粗糙与简单,卓越教师的概念还并没有得以提出。

1834 年,宾夕法尼亚州组织全州教师考试,这是全美最早采用考试形式来确定教

① 洪明. 美国教师质量保障体系历史演进研究[M]. 北京:北京师范大学出版社,2010:25—69.

师资格的州,①这也正式拉开了美国各州开始制定与完善自己的教师资格证书考试制度的序幕。自 19 世纪中后期到 20 世纪初期,美国各州都在完善自己的教师资格证书制度,不断地提高考试要求、制定新的考试标准等,但是在具体的标准上依旧是在延续 19 世纪二三十年代的内容,只不过要求更加严格、内容上更加具体与细化等。一直发展到 20 世纪初期,卓越教师或者是与卓越教师这一概念相平行的概念仍然没有得以提出,更不论卓越教师的标准或者要求了。

二、"好教师"概念的出现

发展到 20 世纪中叶,教师教育越来越引起人们的重视,但它带来的分歧与争议也持续不断。特别是 1957 年,苏联人造地球卫星上天后,美国政府和社会将美国在空间军事技术上落后的责任归诸教育,对教育进行了强烈的批评。对教育的批评必然带来对教师质量、教师教育培养质量的批评,为了应对批评,寻找出路并重塑美国的教师教育,1946 年成立的"全美教师教育和专业标准委员会"(the National Commission on Teacher Education and Professional Standards,简称 NCTEPS)在 1958 年、1959 年和 1960 年连续召开了三次富有影响力的全美教师教育研讨会,学校教师、教育行政管理人员、教育专家、学术团体成员等共同参与讨论,为提升美国教师教育质量而努力。这三次会议分别在肯塔基州鲍灵格林(Bowling Green)、堪萨斯州堪萨斯市(Kansas City)和加利福尼亚州圣地亚哥市(San Diego)召开,被称为美国教师教育"充满希望的三部曲"。

(一) 1958 年鲍灵格林会议

1958 年鲍灵格林会议提出了"如何培养一个好教师(good teacher)"的议题,正式将"好教师"这一与当今卓越教师这一概念平行的观念提了出来,但遗憾的是此次会议并没有讨论或者制定"好教师"的标准,而主要是在讨论如何建立一个健全的职前教师教育体系,因为只有通过健全的职前教师教育,才可能培养出好教师。此次会议重点围绕"教什么"和"如何教"的有关方法、学科内容、证书和鉴定以及教育专业训练、普通教育与任教学科的教学之间的关系等进行了讨论,并达成了相关共识:师范教育必须改革;教师不仅必须懂得所教的内容,还必须懂得如何去教;师范教育是学院或者大学各部门共同的责任等。同时,还建议将师范教育培养年限延长到五年,采用"4+1"的培养模式,即前 4 年是普通教育与任教学科教育,最后一年进行教育专业训练等。

① 洪明. 美国教师质量保障体系历史演进研究[M]. 北京:北京师范大学出版社,2010:46.

（二）1959 年堪萨斯会议

1959 年，在 1958 年鲍灵格林会议的基础上，NCTEPS 在堪萨斯召开了第二次师范教育会议，此次会议着力于建构一个较为完善的新的师范教育计划，与会人员达成了相关共识：对于未来的教师而言，增加 1 年的修业年限是必不可少的；在师范教育计划中，大部分时间应用于普通教育，包括人文学科、社会学科和数学；所有未来教师都应该接受具有一定深度的学科教育。

（三）1960 年圣地亚哥会议

1960 年，继上两次会议的基础，NCTEPS 在圣地亚哥召开了第三次师范教育改革会议，此次会议的议题是建立教师资格证书制度。通过这种制度，使一些可望成为教师的非师范生有可能进入教师队伍，同时不让一些无能者有机可乘。同时，与会者认为，一方面要严格执行教师证书制度，同时又要允许有例外的弹性，这些例外主要是指对类似于贝多芬和爱因斯坦的学者，如果申请进行教师职业，可以采用特殊的考试、试教或接受短期教育专业训练的方式来考察，从而确定是否颁发教师证书。[1]

1958 年鲍灵格林会议、1959 年堪萨斯会议、1960 年圣地亚哥会议这三次会议在美国教师教育的历史上有着十分重要的地位，它们商讨与决定了美国教师教育的发展与改革方向，同时还将"好教师"这个与当前卓越教师概念并行的概念正式提出，但遗憾的是并没有对"什么是好教师"展开深入具体的探讨，并制定具体明晰的规定与标准。但无论如何，"好教师"或者"卓越教师"这个概念得以正式出现在人们的视野，这是卓越教师培养或者标准制定上较为重要的一步。实际上，对于"好教师"的概念或者是标准，或许在人们的心目中早已约定俗成地存在着，不过是没有出现在正式的讨论当中。由此可见，在 20 世纪中叶以前，美国对于卓越教师这一概念的理解，始终是模糊的或者是约定俗成的，即比其他教师水平高的教师就是"好教师"或者"卓越教师"。

第二节　20 世纪 80 年代到 20 世纪末期的卓越教师标准

一、"优秀教师"的五项核心主张与相关标准

20 世纪 50 年代，苏联人造卫星上空以后，美国上下弥漫着"怒其不争"的情绪与

---

[1] 赵长林. 国际比较视野下的教师教育[M]. 广州：广东教育出版社，2012.10—11.

对国家安全的忧患意识,1958 年的《国防教育法》(the National Defense Education Act)是这次反思的代表性产物,并拉开了美国教育改革的序幕。到 1983 年,时任教育部长贝尔任命成立的"全国卓越教育委员会"发表了著名的《国家处于危险之中——教育改革势在必行》(A Nation at Risk: The Imperative for Educational Reform)报告,该报告所提出的提高美国基础教育质量的主张得到了美国社会各方面的支持。基础教育的改革,首先就是教师质量的提升,而教师质量的提升必然要依靠高质量的教师教育。在这样的时代大背景下,1986 年,美国"卡内基教育和经济论坛"的教学任务小组发表了《国家为 21 世纪的教师做准备》的报告,这是对 1983 年《国家处于危险之中——教育改革势在必行》报告的回应,该报告提出如下建议:第一,各州取消本科层次的教师教育,将教师教育提升到研究生层次;第二,严格制定教师教育专业申请者的准入条件,申请者必须与其他学院的学生一样掌握基本知识和技能;第三,研究生层次的教育应给那些未接受本科阶段教育的学生补课;第四,州政府和其他机构应采取措施鼓励学业优秀的学生和有能力的少数民族学生学习教师教育的研究生课程;第五,建立"全美专业教学标准委员会",为高水平的专业教学能力建立标准,并为达到这些标准的教师颁发证书;第六,州和地方政策应当鼓励高校及其他单位开发继续教育方案,使教师能够掌握学科知识和发展新内容,为教师达到全美专业教学标准委员会的标准提供相应的培训。这一报告,要求为在职教师建立高标准,并为达到高标准的教师颁发相应的资格证书。[①]

在卡内基基金会的呼吁与直接资助下,全美专业教学标准委员会于 1987 年正式成立,为一个非营利的、非党派的民间组织,该组织共有 63 人,绝大多数成员为具有丰富实践教学经验的中小学一线教师,其他成员包括如学校管理人员、学校董事会成员、州长、州立法人员、高校负责人、教师组织或者民间机构的相关代表、商界和社区领导等。全美专业教学标准委员会主要有两项具体的目标:一是建立一个评估、认证系统,认证学校中的优秀教师(excellent teacher),并授予高级证书;二是建立一个标准制定委员会,为 36 个独立的教学领域设立优秀教学的标准。以这两项具体目标为基础,1989 年全美专业教学标准委员会发表了题为《教师应该知道什么和能够做什么》(What Teachers Should Know and Be Able to do)的报告。在报告中,全美专业教学标准委员会正式提出了优秀教师的概念,并在此报告中提出了全美专业教学标准委员会

---

① 洪明.美国教师质量保障体系历史演进研究[M].北京:北京师范大学出版社,2010:174—175.

关于优秀教师标准的五项核心主张。这五项核心主张主要是对优秀教师应该知道什么和能够做什么的一般原则性要求,具体的内容主要如下:

第一,对学生和学生的学习高度负责。

优秀教师要关注所有学生的学习,相信所有学生都能学会,平等地对待每个学生,尊重学生的个别差异;了解学生的发展与学习状况,将理论与教学实践结合起来;理解文化背景对行为的影响,培养学生的认知能力,促进学生重视学习,培养学生的自信心、品格情操、公民责任感,让学生学会尊重个人、文化、宗教和种族差异。

第二,掌握学科内容和教学方法。

优秀教师必须充分了解所教科目的知识并懂得如何传授给学生;必须对所教科目内容有深刻的理解,了解其知识体系是如何组织、发展以及如何与其他科目相互联系的;还必须能创建多种使学生获得所教授学科知识的途径;理解学生的困难,并根据学生所遇到的问题调整自己的教学实践;培养学生的批判和分析能力,擅长教学生如何自己提出和解决问题。

第三,负责管理和监控学生的学习。

优秀教师应能创设和改变教育环境,激发学生学习兴趣,并能最大限度地利用时间;具备各种基本的教学技能和技巧,并知道如何应用;能够对每个学生的进步以及全班学生的进步做出评估。

第四,系统地思考自己的教学实践并在经验中学习。

优秀教师应能系统地对教育实践进行思考,并在经验中学习。作为受教育者的榜样,优秀教师本身应当具有期望学生在培养中获得的各种品质,如好奇心、忍耐、诚实、公正等;同时应当具有推理、创造等能力;能够应用所学的知识来展开教学,对实践进行理性判断和批判分析,愿意坚持终身学习。

第五,成为学习共同体的成员。

优秀教师应能和专业教育人员一起在教育政策、课程开发等方面开展合作,提高学校的工作效率;能对州和地方政府的教育目标、学校发展和资源配置进行评价,恰当地利用学校和社区的各种资源帮助学生学习;设法与家长合作,让家长参与学校事务的管理。[①]

这五项核心主张对优秀教师的界定提出了较为全面的要求,简言之是有关学生的

---

① 洪明.美国教师质量保障体系历史演进研究[M].北京:北京师范大学出版社,2010:176—177.

知识、技能、态度和责任心,学科内容和教学法知识、技能,学生管理和评价知识与技能,反思、批判能力,交流、合作能力五个方面。这五个方面的要求同时也是优秀教师的基本评判标准。根据优秀教师的五个基本核心主张,全美专业教学标准委员会又将其细化为十三个具体的评估标准,分别为:

第一,知识运用能力。

第二,根据学生的特点组织教学的能力。

第三,解决问题的能力。

第四,课堂教学应变能力。

第五,课堂教学环境创设能力。

第六,全面体察学生对教学的各种反应的能力。

第七,利用学生和班级的基本特征来指导决策的能力。

第八,监控学习和提供反馈的能力。

第九,考试测验的能力。

第十,对教学充满热情。

第十一,尊重学生。

第十二,对学生提出高标准高要求。

第十三,对学生的理解能力。[①]

这十三项标准的出台,使得优秀教师的标准更加具体与细化。在这五项核心主张和十三项标准的基础上,全美专业教学标准委员会还建立了一个认证标准的框架,分为纵向和横向两种。纵向按年龄分为:第一,儿童早期(3—8岁);第二,儿童中期(7—12岁);第三,青少年早期(11—15岁);第四,青少年期和青年期(14—18岁)四个阶段。横向按照不同学科划分为艺术、通识、数学等三十六个领域,每个发展阶段和领域又都有详细的标准,如童年初期/艺术标准、童年中期到少年/数学标准、青少年和青年/数学标准等。以《童年中期到少年/数学标准(面向7—15岁学生的教师)》为例,其优秀数学教师的标准具体如下:

第一,对平等和机会的承诺。优秀数学教师应尊重并且承认每个学生的个性和价值,相信所有学生都能够学习,给所有学生提供学习完整的数学课程的机会。

第二,学生知识。优秀数学教师应认识到,学生的学习要受到包括教育、社会、文

---

① 洪明.美国教师质量保障体系历史演进研究[M].北京:北京师范大学出版社,2010:177.

化背景和个人经验在内的各种因素的影响,应善于利用有关学生如何学习和发展的知识来理解学生,指导课程并做出教学决策。

第三,数学知识。优秀数学教师应利用广泛的数学知识来建构自己的教学,制定课程目标。理解数学思想间的重要联系,不仅能够在数学学科内应用这些思想,而且还能在其他学科领域和校外运用这些思想。

第四,教学实践知识。优秀数学教师应依据广泛的教育学知识进行课程设计、选择教学策略、制定教学和评价计划。

第五,教学艺术。优秀数学教师应使用有效方法应对教学挑战。关爱学生、热爱和理解教学,并具有数学应用能力。

第六,学习环境。优秀教师应能创设激励人的、关爱的、全纳的环境,建立学习者共同体,使学生珍视数学,愿意接受学习的责任,敢于进行智力冒险,既独立自主又善于合作,自信自尊。

第七,运用数学。优秀数学教师应帮助学生养成对数学的积极态度,促进所有学生数学运用能力的发展,把数学作为一种理解自己周围世界的方式。

第八,技术和教学资源。优秀数学教师应了解并适时运用当前的技术和其他资源来促进学生的数学学习。应能挑选、改编和创造引人入胜的教学材料,并能利用学校和社区的人力资源来提高学生的数学理解和运用能力。

第九,评价。优秀数学教师应把评价和教学综合起来促进所有学生的学习。帮助学生发展自我评价技能,鼓励他们反省自己的表现。

第十,反思与成长。优秀数学教师应定期反思教学,适应数学和数学教学法的变化,持续提高自己的知识水平并改进自己的实践。

第十一,家庭和社区。优秀数学教师应努力让家庭参与孩子教育,帮助社区理解当今数学和数学教学的作用,尽可能地让社区支持数学教学。

第十二,专业共同体。优秀数学教师应与同事和其他教育专家合作来增强学校计划,提高计划的质量,加强年级间的连续性,增进数学教育领域的知识,并改进该领域的实践。[①]

1989年全美专业教学标准委员会在《教师应该知道什么和能够做什么》中正式提出了优秀教师这一与卓越教师并行的概念,并在提出概念的基础上设计了五项基本核

---

① 陈霞. 基于课程标准的教育改革——美国的行动与启示[D]. 华东师范大学博士学位论文,2004. 98.

心主张和十三项具体的评估标准,细化年龄与学科对不同年龄阶段、学科的优秀教师标准进行了设置,进而构建了一个系统的优秀教师评估体系。尽管当时全美专业教学标准委员会所设计的优秀教师概念与指标体系主要是针对在职的教师,且主要从他们的教学展开探讨,在标准与范畴等各方面均不是十分全面,但这并不能否认全美专业教学标准委员会及其所发布的《教师应该知道什么和能够做什么》在美国教师教育历史上的重要作用与影响,这是美国历史上第一次如此完整与系统地开始思考优秀教师应该是什么样的且应该如何评估这一问题,这对于之后美国越来越重视的卓越教师培养具有重要的意义与推进作用。一直发展到现在,全美专业教学标准委员会及其五项核心主张和十三项评估标准以及各学科的标准等,都仍旧是不少学校、老师、组织机构等所使用和参照的重要标准,成为了美国卓越教师标准及教师教育发展历史上十分重要的里程碑。

二、优秀教师与高质量教学

1994 年,一个致力于提高美国教学质量的非党派、非营利组织——全美教学与未来委员会成立。该委员会在 1996 年发表了著名的《什么最重要:为美国未来而教》的报告。该报告的一个基本观点是:学生的学业成绩与教师的质量是有密切关系的。这个观点对于之后美国教师教育的发展有着十分重要的影响。

在 20 世纪 60 年代,教师质量与学生学习的关系并没有得到人们的重视,人们相信学生的学业成绩与各种环境因素特别是与学生的家庭环境和生活背景等有着直接的关系,但对于教师质量与学生学习的关系却较少得到论证或者普遍的认可,如 1966 年经典的《科尔曼报告》:1964 年美国詹姆斯·科尔曼教授带领一个研究小组收集了美国各地 4 000 所学校 60 万学生的数据,进行了当时美国教育领域所做的最大规模的调研。然后他们对这些调研材料进行了大量的分析,到了 1966 年,科尔曼向国会递交了《关于教育机会平等》的报告,这就是美国社会学史和教育史上著名的《科尔曼报告》。《科尔曼报告》提出:人们知道,在此之前,黑人学生的文化教育水平较低,而且相对于白人差距越来越大。科尔曼和大多数人一样,都以为这种差距主要是学校的物质水平和条件造成的。而调查结果发现:黑人和其他弱势少数民族后裔(拉丁裔和印第安人)相对比白人中产阶级缺乏一种改变和控制自己前途的自信。科尔曼把这种现象称为"自尊"(self esteem),受种族、肤色等因素造成的社会地位的影响,这些处于弱势的学生,自尊水平比较低。他们觉得环境过于强大,不可能通过教育改变他们的人生,对自己的前途缺乏自我期望,觉得没有盼头,学习士气比较低,从而造成学习成绩低,与白人相比差距越来越大。①《科尔曼报告》在实证调查的基础上认为学生学业成绩只是在很小的程度上与学生在学校的学习和生活相关,这一观念自提出开始便深深影响着美国的基础教育,并一直持续到1983年的《国家处于危险之中——教育改革势在必行》。到1996年全美教学与未来委员会的《什么最重要:为美国未来而教》报告才正式转变美国社会中人们对于学生学业成绩与教师关系的认识,并确立了教师的质量对于学生的学业成绩有着十分重要的关系这一观点。当然,《什么最重要:为美国未来而教》也是在大量的研究成果的基础上才提出该观点的。不得不提及的是,近年来美国所普遍采用的"增值(value added)"评估则更加确认了这一观点:在实践中的运用结果进一步证明了教师的质量是决定学生学业成绩的唯一最重要因素。②

既然教师的质量如此重要,那么提升教师质量则成为提升美国教育质量最核心与最关键的因素。基于此,《什么最重要:为美国未来而教》认为"教师知道什么和能够做什么在学生能学到什么方面具有至关重要的影响",所以该报告提出五大主张:第一,对学生和教师都建立严格的标准;第二,对教师培养和专业发展进行革新;第三,重审教师聘用制度,让优秀教师进入每一间教室;第四,对教学知识和技能突出的教师进行鼓励和奖励;第五,创建使学生和教师都能获得成功的学校。同时,《什么最重要:为美国未来而教》认为教师的教学质量问题是至关重要的,实施高质量教学应该是每一位教师的责任,特别是优秀教师,更应该具备高质量教学能力。

那什么是高质量教学呢?《什么最重要:为美国未来而教》认为主要体现在如下七个方面:

第一,坚实的学科知识:所任教学科的核心概念、结构;教育学、教学方法等。

第二,聚焦于学生学习与发展:包括对学生不同学习阶段和方法的反应策略等。

第三,知识渊博:包括分析与应对学生学习的课程知识、评价设计等。

第四,深度理解:采用不同的策略应对学生间学习的差异与不稳定性等。

第五,多元文化:具有应对来自不同文化背景的学生的能力。

第六,信息技术能力。

---

① 百度百科. 科尔曼报告[EB/OL]. http://baike. baidu. com/link? url＝B89efLVcRvOCl2YQj94VOqZXma-YpzYrP825DlY9_2K6GZeD1ReI1xzekW6EsEP5NUocf1JIJw9ChaoqjkFsya, 2014－09－13.
② 洪明. 美国教师质量保障体系历史演进研究[M]. 北京:北京师范大学出版社,2010:209.

第七,连续反思与改进教学的能力。①

在《什么最重要:为美国未来而教》中,全美教学与未来委员会多次提及优秀教师这一与卓越教师平行的概念,并认为优秀教师的核心与关键就是高质量教学能力,高质量教学成为 20 世纪末期美国基础教育的根本追求。在这份报告的影响下,美国 300多所教育学院和基础教育领域的专业发展学校共同制订了教师教育研究生层次的培养方案,以提升教师培养质量。近年来各州政府也开始开发和设计高质量教学和学习的模式;吸引、奖励和留任优秀教师;改进教师的培养方式和入职培训等多方面的工作,以提升美国教师的整体质量。②

《什么最重要:为美国未来而教》的众多内容成为了时任总统克林顿教育政策的基石,它直接推动了美国标准本位的教师质量意识和教师教育的改革,并对美国职前、入职和在职教师教育一体化的形成和一体化教师教育质量保障体系的发展等产生了十分重要与积极的影响。甚至有学者将它与 1910 年医学领域的弗莱克斯纳报告相提并论,认为它与弗莱克斯纳报告——"美国医学教育由低质量向高质量专业教育的转折点"一样,是美国教师教育真正专业化、教师教育质量提升的历史转折点。同时,《什么最重要:为美国未来而教》不仅在美国教育史、教师教育史等各领域发挥了如此重要的作用与影响,同时也对推动美国优秀教师(或者卓越教师)的标准、培养等工作发挥了十分积极的作用:尽管它并不是完全在制定优秀教师的标准,但是它所提及的优秀教师及优秀教师所需要掌握的高质量教学能力等都在推动美国卓越教师培养上发挥了十分积极的作用,并逐步地促使着美国各大学和学院开始致力于从职前便开始为中小学培养卓越教师,使得卓越教师越来越成为美国全社会上下所共同追求的方向与目标。

上述是 20 世纪 80 年代到 20 世纪末期美国关于卓越教师最重要的两份报告,这两份报告呈现出如下几个共同的特点:

第一,两份报告均是由非营利、非党派的专业民间组织所发表,它们的内容越来越受到全社会上下的关注,并产生了十分重要与积极的影响,甚至已经引起联邦政府层面的关注与重视。

第二,它们都共同提出了优秀教师或者卓越教师这一概念,而且在概念的基础上

---

① National Commission on Teaching and America's Future. What Matters Most: Teaching for America's Future [R]. 1996: 86.
② 洪明. 美国教师质量保障体系历史演进研究[M]. 北京:北京师范大学出版社,2010: 211.

细化了具体的标准,使卓越教师从概念到标准得以具体化。当然,在标准的具体化方面,《教师应该知道什么和能够做什么》比《什么最重要:为美国未来而教》要更加完整与系统。

第三,两者都共同关注的是在职教师及其课堂教学表现,如高质量教学能力等。这也说明,在 20 世纪末期以前,卓越教师应该是在课堂上具备高质量教学能力并能取得高质量教学成效的教师。因为学生的学业成绩与教师的质量息息相关,所以高质量教学能力自然是卓越教师的核心标准。

第四,尽管两者都关注在职教师的课堂教学表现,但是它们也认为教师质量应该是职前、入职和职后三者一体化的,卓越教师的培养应该从教师教育的职前阶段便开始得到重视。它们逐步推动着卓越教师的养成从关注职后开始转移到职前培养,并认为这三者是一体的,任何一个环节都不可偏废,并且强调了三者之间的衔接性与有效性。而也正是它们的强调与重视,直接推动了卓越教师概念与标准在 21 世纪初期开始产生新的转变。

第三节　21 世纪以来的卓越教师标准

一、高质量教师≠卓越教师?

在美国对教师质量的管理中,联邦政府长期处于"缺席"的状态,这既是美国宪法所确立的分权原则所致,也是美国社会中长期存在的惧怕联邦或者中央集权的文化心理因素所致。联邦政府真正开始对教师及其培养工作展开管理是从第二次世界大战后开始的,干预的形式主要是立法与拨款两种。

1958 年《国防教育法》是联邦政府以国家安全的名义干预教师的开端,也是对教师教育进行干预的开始。它干预教师教育的方式是:通过立法对达成特定教育目标的教师予以资助。1965 年《高等教育法》的目标之一是帮助贫穷学生接受高等教育,并设置了两个与教学改革相关的项目,一是教师奖金项目(Teacher Fellowship Program),一是教师团项目(Teacher Corps),这些是在当时教师短缺的背景下,大学与中小学合作进行区域性的师资培训,以满足地区的师资需求。1967 年《教育专业发展法》(*the Educational Professional Development Act*)对 1965 年《高等教育法》所忽视的问题有意识地进行了补充,如增加了不少新的教师培养方案、教师间互助、行政管理者培训等。在 20 世纪 70 年代,由于当时教师严重短缺和教师质量区域不均衡问题得以逐步解决,甚至还出现了教师剩余的现象,所以联邦政府对于教师教育的关注力度大大减弱。

20 世纪 80 年代初期,由于当时的里根政府坚定认为教师是各州自己的事务,所以几乎取消了一切联邦对教育和教师教育的干预与关注,甚至还准备取消教育部,这种状况一直延续至 1983 年《国家处于危险之中——教育改革势在必行》报告的出台。1983 年报告和随后大量的有关教育和教师教育改革的报告成为了联邦政府开始重新干预教师教育问题的重要推进力量,以"教育总统"自居的老布什在 1989 年召开的美国首届全国州长教育高峰论坛,则是美国联邦政府干预教师教育问题的新开始。1992 年美国颁布的《高等教育法》、1994 年《中小学教育法》第 5 次修正案——《学校促进法》和 1996 年的《2000 年教育目标》等法案都高度关注美国的教师教育问题,并一再地提及提高教师教育质量是美国重要的教育改革方向。20 世纪 90 年代的系列法案直接促成了 2001 年《不让一个孩子掉队法案》的出台。

《不让一个孩子掉队法案》是美国进入 21 世纪以来最重要的法案之一,长达 670 页的法律文件被视为美国教育改革史上的里程碑。在教师教育上,该法案提出了"高质量教师计划"(Highly Qualified Teacher,简称 HQT),并制定了高质量的相关标准:

(一)新聘任的中小学教师

1. 新聘任的小学教师。

根据《不让一个孩子掉队法案》的要求,自 2002 年 9 月 1 日起,所有美国公立小学的新聘任教师由各州教育部门(State Education Agency,以下简称 SEA)负责监督和评定。新聘任教师必须达到两个基本要求:至少拥有四年制本科院校授予的学士学位;通过一项严格的州级测试(State Test)以证明已经具备扎实的学科专业知识和必备的在阅读、写作、数学及大纲规定的其他学科中的教学技能。除了体育、计算机科学、特殊教育和职业教育等学科的教师以外,从事其他核心学科教学的新聘任小学教师都要满足这两条基本标准。

2. 新聘任的中学教师

所有新聘任到公立初中和高中的教师与小学教师的聘任标准基本相同,区别在于中学教师还必须证明自己有足够从事其所教核心学科的知识和能力,SEA 提供了三种证明的途径:一是通过规定的州级专业考核,在每一个所教学科都取得了合格的考试成绩;二是获得所教学科的硕士学位或完成了硕士课程;三是取得了州教育行政部门颁发的"高级教师资格证书"。新聘任的初中和高中教师可以根据个人的实际情况,在这三种方式中选择其一作为个人任职条件的证明。

（二）在职的中小学教师

与新教师一样，需要由 SEA 负责保证在职教师必须拥有学士学位和相当的教学技能。根据《不让一个孩子掉队法案》的要求，要证明自己有足够从事该学科教学的知识和能力，在职的中小学教师必须具备以下条件：必须具有四年制本科学士学位；已经获得有效的州级教师资格证书；具备足够的任教学科的专业知识和教学能力，其教学水平和能力考核必须由相应的教育机构主持，用高度客观、统一的评价标准（High Objective Uniform State Standard of Evaluation，简称 HOUSSE）进行鉴定。这一教师评价过程至少应包含相关学科的专业考试，以及由学科专家、教师代表和学校管理者共同组成的审查委员会的集体评议。在判断教师是否具备任职资格时，还要考虑到从事教学的年限，但不把这一条作为主要标准。[①]

针对"高质量教师计划"，《不让一个孩子掉队法案》提出 2005—2006 学年度结束前使全国所有的教师在所教科目达到高质量水平。为实现这一目标，美国联邦政府和各州积极响应，采取了一系列强有力的改革措施，以尽快提高基础教育教师队伍的整体质量。美国教师教育分三个阶段：职前教师教育阶段、入职教师教育阶段和在职教师教育阶段。为实现中小学"高质量教师"计划，美国联邦政府和各州积极进行教师教育改革，并建立健全各教师发展阶段多层级的质量认证制度，为培养高质量的中小学教师建立了一体化教师教育保障体系。

第一，职前教师培养阶段

职前教师教育阶段，即师范生教育阶段，主要是通过不断完善教师专业标准，严格控制职前教师教育质量。此阶段可以说是最为基础的工程，因为它所涉及的是教师教育质量保障机制的初始环节，是教师队伍质量保证的基础条件。自美国《不让一个孩子掉队法案》实施以来，美国联邦政府及各州教育部门为严格控制职前教师教育质量，加强了对教师教育专业标准的制定和评价体系的建立，并对教师教育机构办学整体评估和各个具体学科分类评估以及教师教育专业毕业生的素质进行严格、规范的鉴定，确保在被鉴定合格的教师教育院校的毕业生能够顺利通过州级新教师资格认证考试。

第二，新教师入职资格认证阶段

新教师入职阶段，即教师专业成长的一个不可或缺的重要阶段。美国自开展"高

---

① 李爽. 美国 21 世纪中小学"高质量教师"计划的实施研究［D］. 东北师范大学硕士学位论文，2008.6—7.

质量教师"计划以来，在教师教育改革中除了以往那样继续关注职前教师教育和在职教师教育外，联邦政府和各州教育部门开始把重点放在二者的中间环节，即入职教师教育阶段，尤其将新教师入职资格认证作为改革之重点。根据《不让一个孩子掉队法案》的规定，美国所有中小学核心课程教师到 2005—2006 学年底都必须达到"合格"要求。这里的"合格"是指拥有学士学位和州政府颁发的教师职业资格证，能够胜任所教学科的教学工作。新上任的小学和中学教师必须通过州举行的新教师入职资格认证。

第三，在职高质量教师认证阶段

对于在职中小学教师，由国家教育机构负责，保证这些教师必须拥有学士学位和相当的教学技能。要证明有足够从事该学科教学的知识和能力，在职教师必须通过由国家教育机构为这些教师提供的两种途径之一进行：1. 参加并通过国家学科学术水平测试。2. 符合高度客观、统一的评价标准即 HOUSSE 的鉴定。高度客观、统一的评价标准是由国家制定的主要用以测试在职教师学科基础知识与教学水平的一种标准，它可以用于以下几个方面的评价：教师的学科学术知识和教学技能；作为专家、教师、校长及学校管理者对教学质量的评价标准；教师在所教学科的核心内容上有新的发展和成就；全国同学历、同学科的所有教师的质量评定教师的教学时间等，每个州都可以根据高度客观、统一的评价标准来灵活地制定各自州教师的学科知识和能力评价的标准和具体实施步骤。①

《不让一个孩子掉队法案》提出了"高质量教师计划"，并设置了高质量教师的标准，针对该标准实施了相关的措施来促成高质量教师的达标。《不让一个孩子掉队法案》除了提出高质量教师的基本标准以外，联邦政府还要求美国各州中小学的教师无论是新教师还是在职教师都应该在一定的年限内成为高质量教师，②由此可见，这些标准尽管是所谓高质量教师的标准，而且这里的高质量教师很容易从字面上被理解为是与卓越教师并行的教师称号，实际上也造成了很多人误解这就是美国卓越教师标准，但事实上这并不是真正意义上的卓越教师标准，只是美国联邦政府设定的教师入职的基础标准与基本条件，并要求在若干年内必须达到的基础条件。所以，此处的高质量教师并非我们所谓的优秀教师或者卓越教师，而只是美国联邦政府在 21 世纪初

① 李爽. 美国 21 世纪中小学"高质量教师"计划的实施研究 [D]. 东北师范大学硕士学位论文, 2008. 10—11.
② Highly Qualified teacher. No Child Left Behind Act [EB/OL]. http://en. wikipedia. org/wiki/No_Child _Left_Behind_Act, 2014 - 10 - 12.

期对于教师任职条件的基础标准。但是,也不能由此否定《不让一个孩子掉队法案》在推进卓越教师事务上的作用,该法案最主要的目的是建立美国中小学教育的问责制,并以此来实现美国基础教育的绩效目标,且在教师的评价上越来越注重依托学生成绩评判教师是否优秀或卓越。所以,《不让一个孩子掉队法案》提出的用学生在标准化考试中的成绩来评价教师水平的高低,真正开启了美国以学生考试成绩为结果来衡量教师是否卓越的模式。

二、卓越教师和高级教师证书

2001 年,全美教师质量委员会(National Council on Teacher Quality,简称 NCTQ)和教育领导委员会(Educational Leaders Council,简称 ELC)联合成立了一个新的教师资格认证组织——美国优质教师证书委员会(American Board for Certification of Teacher Excellence,简称 ABCTE)。这是一个非盈利性的组织,它的宗旨在于:通过衡量教师提升学生学业成绩的成功与否来促进公众对教师质量的"常识"途径的理解和接受,它通过提供"快捷"、"便利"、"卓有成效"的教师证书帮助州、学区和社区达到《不让一个孩子掉队法案》的各项要求,具体目标主要包括如下几个方面:

第一,为各州提供连续不断的、高质量的教师储备来满足全美国的教师需求;

第二,创设全国性的教师认证制度,辨识和奖励高绩效的优秀教师;

第三,将教育团体的注意力吸引到提高学生学业成绩的实践中来,鼓励美国各个社区的教师委员会为实现每一间教室都有优秀教师的目标和改善所有学生的学业成绩而努力。

在美国优质教师证书委员会成立之后,该组织获得了美国联邦教育部的肯定与认同,因为该组织所进行的认证工作是符合《不让一个孩子掉队法案》中的高质量教师的要求的,获得了该组织认证的教师就可以被认同为是《不让一个孩子掉队法案》中的高质量教师。基于此,该组织还获得了教育部的资金资助,这也在一定程度上证明该组织所进行的认证与改革工作是在一定程度上代表美国联邦政府的意向的。

美国优质教师证书委员会进行两类认证工作,分别是:教学证书通行证(Passport for Teaching Certification)和高级教师证书(Master Teacher Certification)。

第一,教学证书通行证。这主要是针对教师入职而言的,是一种通过较少花费、灵活便当的方式获得的选择性教师入职资格证书,该证书在全美国通用。拥有本科学历但是想改变工作担任教学工作的人,或者是那些已经拥有了临时或者应急教师资格证书而又想持有正规证书的人,都可以申请教学证书通行证。获得该证书的门槛很低,只要具有本科学历且没有犯罪记录的都可以申请,如果通过了学科知识考试和专业教学知识考试(Professional Teaching Knowledge Exam)便可以获得入职教师资格证书。美国优质教师证书委员会为八个学科领域的教师颁发入职教学证书通行证,分别是生物学(6年级—12年级)、化学(6年级—12年级)、初等教育(幼儿园—6年级)、英语语言文学(6年级—12年级)、一般科学(6年级—12年级)、数学(6年级—12年级)、物理学(6年级—12年级)、特殊教育(幼儿园—12年级)。

第二,高级教师证书。所谓高级教师证书,主要是针对富有教学经验的在职教学人员,是给他们所颁发的相当于优秀教师或者卓越教师的高级教师证书,这一证书同样在全国通用。之所以颁发这一证书,是为了帮助各类学校或者教育机构培养优秀教师,并对他们进行鉴别,进而提升美国教师的质量。颁发高级教师证书有四个方面的要求:一是要牢固地掌握学科知识;二是能进行高质量的教学(这可以由公正客观的课堂观察者来做出评价);三是能对学生的学习进步产生有意义的影响;四是愿意支持并参与校长和学区安排的工作。高级教师证书的颁发范围也很广泛,不仅包括公立学校的教师、私立学校的教师,还包括星期日学校教师、日托中心工作者、家庭学校的家长等等。要获得高级教师证书,教师除了要通过专业学科的考试以外,还要提供证实自己的教学已经对学生的学习进步具有积极影响的证据。这里的证据,主要指的是能体现学生学业进步的数据与在质性上的表现,以数据为主。本书之后部分内容中也会涉及"证据"一词,大都指向与此处相同的含义。①

由美国优质教师证书委员会所颁发的高级教师证书,实质上就是面向那些在教育领域获得了成功的且堪称表率和模范的优秀教师或者是卓越教师。高级教师证书不仅是对卓越教师专业教学和课程知识水平质量的证明,也是专业教学的一种证明。2006—2007年美国优质教师证书委员会在全美国范围内选择了一些学区进行"高级教师证书"的先期研究和试点工作,希望能对该证书进行更加完善的设计。但是自2006年伊始,美国优质教师证书委员会在美国开始高级教师认证的后试点工作,便遭遇了来自外界如教师教育培养机构、学者、社会公众等多方面的质疑与诟病,如其对高质量教师和最低质量教师的区分度不明显等,进而导致了其所提出的卓越教师概念及其标准在美国的影响力仍有待提升的问题。发展到现在,该组织及其所倡导的高级教

---

① 洪明.美国教师质量保障体系历史演进研究[M].北京:北京师范大学出版社,2010:274—285.

师证书发展形成了"鸡肋"的局面,一方面是它所努力要实施的高级教师证书的确是美国教师教育和基础教育等所需要的,但另一方面却是由于它所提出的标准与观点以及所实施的考试形式等遭受到了来自传统教师教育机构等的阻碍以及组织本身的社会认可度等各方面的问题,使得其高级教师证书的社会接受度仍然有极大的提升空间。

尽管如此,美国优质教师证书委员会所颁发的教学证书通行证还是获得了不少州的认可,如2008年1月美国优质教师证书委员会发布的调查数据表明:95%的校长认为持有美国优质教师证书委员会证书的教师的教学比其他教师的教学更加有效;100%的校长愿意雇用持有美国优质教师证书委员会证书的教师……尽管当前对于美国优质教师证书委员会的高级教师证书的标准和社会认可程度仍需要观望与等待,但是美国优质教师证书委员会提出了卓越教师(distinguished teacher)这一概念,同时还提出了高级教师证书和相关标准,这对于美国卓越教师概念及其标准的提出与完善还是具有一定的作用与价值的。

三、我们的未来和我们的教师

2009年2月17日,奥巴马总统签署了《美国恢复与再投资法案》(*American Recovery and Reinvestment Act*),总投资达7 870亿美元,其中直接用于补助教育系统的投入达1 000多亿美元。其中536亿美元用于改造和新建学校,实现学校现代化,从而既留任了教师又减少了因财政削减而导致的教师的失业;3亿美元用于提高教师的工资待遇。此外,还支持了全美几十个教育学院,为他们新的教师培训方案的开发和教师培训的有效开展提供保障。2011年9月,奥巴马政府发布《我们的未来,我们的教师——教师教育改革和完善计划》,以下简称《我们的未来,我们的教师》,更是将教师地位提升到前所未有的高度。该计划的最终目标是使每一位准教师、教师都能得到高质量的培训及他们所需要的帮助,打造出一支卓越的师资队伍,从而使每一位学生都可以拥有高效的教师。[①]

《我们的未来,我们的教师》先详细分析了美国教师教育当前所面临的诸多挑战:如教师职前培养项目与美国社会需求是脱节的,不能满足社会、家长、学生、准教师等相关利益群体的需求,也不能满足短缺学科或者短缺地区的需求;同时,教师来源质量

---

① 王凤玉,欧桃英.我们的未来 我们的教师——奥巴马政府教师教育改革和完善计划解读[J].清华大学教育研究,2012.(4):34—35.

参差不齐,如在美国只有23％的教师是来自师范院校的毕业生,很多教师职前培训项目并不能为准教师们提供缜密系统的实践训练。而且,教师职前培训中所面临的最大挑战是,教师队伍的发展并不能满足全美学生群体的多样性发展需求。伴随着黑人学生群体和西班牙学生群体数目的增加,美国的学生群体日趋多样化,而相应的教师队伍还是保留着白人教师占主导的状态。除此之外,美国教师职前培训项目存在很多问题,如缺乏有效的评估监督系统和教师资格认证系统。全美有超过95％的申请人通过教师资格认证考试,但是传统的教师资格认证的纸笔考试已经不能反映出新教师所需要的技能,也不能反映师范毕业生在教室中是如何执行教学的等等。[1]

针对上述问题与挑战,《我们的未来,我们的教师》也提出了相应的应对策略,例如应该注重教师教育的培养、培训结果等,并依据结果等来反映教师教育的质量;例如应该选拔优秀与卓越,还应该定向投资等。鉴于在后面的章节——政府保障机制中还会详细介绍《我们的未来,我们的教师》的具体内容,此处主要阐述该法案对卓越教师的理解。

首先,各州政府要确定教师鉴定和证书的发放取决于教师的表现,且教师资格的鉴定不再仅仅通过传统的纸笔考试来进行,新的教师资格鉴定方式必须能反映出教师在实际教学中的教学能力。

其次,各州政府要严格设置标准,在对学生知识的增长、就业和留任率以及对家长满意率的调查结果的分析基础上鉴定本州教师职前培养项目的优劣,从而确定本州所要重点资助的对象,将有效资源最优化使用,协助卓越的培训项目,撤销资助持续出现不良状况的培训项目。

第三,各州政府可以批准任何满足卓越教师标准的非传统培养方式的教师职前培养项目。联邦政府将会预留高达20％的资金(60亿美元)用于支持各州实施这些项目。

最后,建立"大学校长的教学人员"奖学金。联邦政府还将预留额外的5％的资金(15亿美元)用于州与州之间联合培养卓越教师,这些卓越教师将会获得成为领导人的机会,并有获得额外补偿的资格。"大学校长的教学人员"计划中大量的资金将会用于颁发教学奖学金。各州将给予卓越项目以大量的资金支持,而卓越的培养项目则会

① 王凤玉,欧桃英.我们的未来　我们的教师——奥巴马政府教师教育改革和完善计划解读[J].清华大学教育研究,2012.(4):34—35.

在培养的最后一年将所获得的"大学校长的教学人员"计划的资金奖给取得高成就的学生,金额高达 1 万美元,并且优先考虑那些来自低收入家庭的学生。①

作为奥巴马政府教师教育的重要报告,《我们的未来,我们的教师》绘制了美国教育的蓝图:打造出世界一流的教育和世界一流的师资队伍,确保每一间教室、每一位儿童都拥有一位卓越教师。在报告中,联邦政府多次提及有效教师(effective teacher)、高级教师(master teacher)等多个与卓越教师并行的概念,并将注意力重点放在了如何在教师教育的准备阶段(teacher preparation program)培养卓越教师,通过提升在高校里教师准备项目的质量进而培养出一大批卓越教师。尽管没有提出明确的卓越教师标准,但《我们的未来,我们的教师》所提出的评价教师准备项目的标准实质上就是评价所培养的毕业生是否卓越的标准,具体标准如下:第一,毕业生的就业率与留任率。就业率主要指教师准备项目所培养的毕业生从事教师职业的比率,毕业生分别去了什么样的地区、学校,教什么学科,以及有多少毕业生是就业于高需求的地区、学校和学科等;留任率主要是考察这些学生在毕业 1 年、3 年、5 年后是否继续从事教师工作,是否还在同一所学校任教,任教学科有没有变化等情况。第二,毕业生与用人单位的满意度。毕业生对职前所接受的教师准备项目的满意度包括是否对其教学有作用、是否帮助其成为卓越教师做好了准备等;而用人单位的满意度主要是教师准备项目毕业生在工作上的表现、是否能满足学校的需求等。第三,毕业生所教学生的学习成绩。这主要通过教师准备项目的毕业生所教学生的学习成绩来评定,毕业生所教学生成绩越优秀,就证明该毕业生越卓越,②从而也就证明该教师准备项目越卓越。

从 2001 年的《不让一个孩子掉队法案》到美国优质教师证书委员会的高级教师证书,再到现在的《我们的未来,我们的教师》这样的历史变迁中不难发现自 21 世纪初期以来美国卓越教师标准与概念变迁的下述特点:

第一,卓越教师的称号越来越多元、丰富,如高级教师、卓越教师、有效教师等等;

第二,对卓越教师的关注逐渐从 21 世纪之前的职后培训转移到了 21 世纪之后的职前培养阶段;

---

① 王凤玉,欧桃英. 我们的未来 我们的教师——奥巴马政府教师教育改革和完善计划解读[J]. 清华大学教育研究,2012.(4):36—38.

② National Comprehensive Center for Teacher Quality. Evaluating the Effectiveness of Teacher Preparation Programs for Support and Accountability [R]. National Comprehensive Center for Teacher Quality,2012. (8):15-19.

第三,在卓越教师标准上,越来越多的关注集中在他们在教师教育职前阶段的培养质量、培养成效、所培养学生的学业成绩等职前培养质量与成效上。

第四节 特点分析与若干思考

一、特点分析

(一)美国"卓越教师"的名称,经历了好教师、优秀教师、高级教师、卓越教师等的历史变迁。从前面的内容可知,在美国卓越教师经历了 19 世纪 50 年代的好教师、20 世纪 80 年代到 20 世纪末期的优秀教师、到 21 世纪初期的高级教师、再到现在的卓越教师等不同名称。尽管无论是在英语表达还是与之相应的中文翻译上,"卓越教师"在不同的时代都有不同的称呼,但指的都是卓越教师这同一个概念,在不同的时代都指向"最高水平、最高质量的教师"这一共同的本质与内涵,只不过是不同时代由于时代背景、社会环境等的不同,导致名称有差异,但其内涵与本质无异。

(二)美国卓越教师标准,从关注职后的课堂教学逐渐转移到了职前的培养质量与成效,这也是当前美国越来越多的大学开始实施"卓越教师职前培养项目"的直接原因。从 20 世纪 80 年代以前的没有实质标准,只有约定俗成的理解和共识;到 20 世纪 80 年代全美专业教学标准委员会提出的五项核心主张与十三项具体的评估指标和 90 年代美国教学与未来委员会认为的拥有高质量教学能力教师的即为优秀教师,再到 2011 年奥巴马政府根据毕业生的培养质量和毕业生所教学生成绩等决定教师是否卓越,美国卓越教师标准经历了 21 世纪以前关注职后的教师及其他们在课堂的教学表现,发展到 21 世纪以来越来越关注教师的职前培养是否卓越,大学所培养的毕业生即教师从源头上是否卓越这一历史进程。这就直接催生了越来越多的美国大学开设制定与设计自己的"卓越教师准备项目"(Distinguished Teacher Preparation Program),并开始从大学阶段为培养卓越教师而努力。

(三)美国卓越教师的评价,越来越以结果为标准,且实施操作性强、数据式呈现的量化评价,如从重视教学过程逐渐发展到重视教学结果等。从美国卓越教师标准的历史演进过程可知,21 世纪以前的评价标准主要关注的是教师的教学过程,如果教学过程被证明或者被观察为有效或者是高质量的,则可以视该教师为高质量教师或者优秀教师。进入 21 世纪以来,自《不让一个孩子掉队法案》认为教师所教学生在标准化考试中成绩越高其就越卓越以来,发展到奥巴马时期直接拿所培养毕业生所教学生的成绩、就任教师和留任教师的比率等这些可以用数据来测量的指标衡量是否是卓越教师;卓越教师的评价从之前的注重教师的教学过程这样以过程为主、重视质性的评价发展到今天的以结果为主、注重量化的评价,并越来越强调数据式的呈现,越来越注重评价的可操作性。相较于以过程为主的质性评价,人们更倾向于认为以结果为主的数据式量化评价显得更直观、客观与科学,这既是美国社会愈来愈强调绩效主义、数据化的产物,也是当下美国卓越教师标准的根本走向。

(四)在美国卓越教师标准的制定过程中,联邦政府设计了动态的发展性评价标准;州政府在联邦政府标准的基础上再制定相关标准;而民间专业组织则更注重专业性,即课堂教学。谁来制定卓越教师标准? 这是卓越教师标准制定中十分现实的一个问题。纵观美国中小学卓越教师标准的历史演进过程,美国是一个多元化的国家,专业的民间组织繁多且通常在政府决策制定过程中能发出一定的声音,卓越教师标准的制定也是如此。21 世纪以前相关标准是由专业的民间组织设计的,但因为民间组织本身的专业性及其组织属性与局限性,他们所关注的都是课堂教学的过程,但正是他们的声音也直接促使了美国的相关州政府、地方政府开始思考甚至设计相关的评价指标。到 21 世纪初期,联邦政府正式开始介入卓越教师标准的制定过程,初步提出了卓越教师的评定应该以其所教学生的成绩来考核。到奥巴马时期,联邦政府更是明确了这个动态连续的发展性评价标准,即主要看所教学生的成绩,所教学生的成绩越高,就证明其越卓越,而这个发展性的评价标准,让卓越教师的标准有了一个可以一直无限追求的方向与目标。当前,专业性民间组织的标准与评估也依然具有一定的市场,导致了现在美国卓越教师的评价出现了多种标准、多样评价的局面。

(五)长效性、有效性、标准多元等是当前困扰美国卓越教师标准制定的主要问题。当前,美国卓越教师评价标准主要存在三个方面的问题:第一,近年来,美国越来越多的组织甚至包括联邦政府在内都对教师的职业发展进行了阶段式的划分,在这些职业阶段划分中,最为普遍接受的是候选教师(candidate teacher)、新教师(beginning teacher)、成熟教师(accomplished teacher)和卓越教师(distinguished teacher),也就是说,卓越教师是教师职业发展的最高阶段。那么通过大学的"卓越教师准备项目"所培养的学生,可能他们在毕业初期所教学生的成绩就已经很高,使他们成为了"准卓越教师",但是其是否一定能达到教师职业阶段的最高水平——卓越教师呢? 如果能,中间还需要什么样的职后培训与学习? 还是在大学的职前培养就已经足够? 如果不能,为什么要从大学开始集人力、物力、财力于一体来培养"准卓越教师"呢? 这是当前美国学界对于卓越教师评价标准和大学"卓越教师准备项目"讨论得较多的问题,即卓越教师标准和"卓越教师准备项目"长效性的问题。第二,所教学生的成绩高就一定能证明该教师就是卓越教师吗? 如果是,总是会有一个或者一些教师所教的学生成绩是最高的,如此这样,一定会有一些教师是卓越教师,那么,卓越教师还需要职前的重点培养或者职后的重点培训与学习吗? 或者说,所教的学生成绩高,教师就一定是卓越的吗? 第三,当前美国既有政府层面的卓越教师标准,还有专业组织的标准等,因为评价标准的多样也造成一定的混乱,一些教师被专业组织认定为卓越教师,但是按照政府层面的标准来评价就不一定是卓越教师。那么究竟谁应该是卓越教师呢? 当前,美国社会上有许多关于卓越教师的书籍和文章(有些还已经被翻译成中文),这些关于卓越教师的描述与评价,因为没有统一的标准,很容易造成多种理解与误读。这也是当前困扰美国卓越教师标准的又一大问题。

二、若干思考

关于卓越教师标准,这是一个复杂的问题,美国的历史演进过程与现状及其存在的相关问题,便是例证。卓越教师标准关涉到如下若干问题,值得全面深入的思考。

第一,需不需要制定卓越教师标准? 随着卓越教师越来越成为众多国家的重要政策,也成为了教师职业发展阶段的最高追求,更是众多教师教育机构的根本任务,制定卓越教师的标准也变得越来越重要,这越来越成为大学培养卓越教师和教师职后的学习与培训的重要方向。所以,现在的问题不是要不要卓越教师标准,而是制定什么样的卓越教师标准。

第二,卓越教师标准是否还需要细化,如具体到卓越教师培养标准? 卓越教师标准与卓越教师培养标准是两个不完全相同的概念,卓越教师标准指的是教师职业发展最高阶段的标准,而卓越教师培养标准则主要指的是在大学四年或五年的职前培养过程中应该以什么为培养目标和依据。卓越教师标准是最高标准,应包含卓越教师培养标准,而卓越教师培养标准则应是"准卓越教师标准"。如果按照这一标准来细分的话,在美国的卓越教师标准的历史演进过程中,21世纪以前或者各民间组织制定的都是卓越教师标准,而21世纪以来联邦政府相关法案所制定的标准,都是卓越教师培养标准,造成混乱的原因是没有将这两者区分开来。但卓越教师标准也应该是卓越教师培养的标准与方向,那么是否还需要细化到卓越教师培养标准呢? 如果要细化到卓越教师培养标准,是否还应有卓越教师培训标准等等? 这些问题,值得深入地讨论。

第三，谁来制定标准？依据美国的历史经验与教训，应该有一个相对统一的卓越教师标准，否则会造成无论是教师职前的培养，还是教师职后的学习与培训，抑或是卓越教师评定上的混乱。所以，无论是制定卓越教师标准还是卓越教师培养标准，都应该结合我国的实际国情，由中央政府制定全国统一的卓越教师基础标准，各省政府在国家标准的基础上结合自己省域的实际情况制定本省的卓越教师标准，进而成为全省统一的规范。至于各大学，应该在全国统一标准的基础上，细化与具体化自己的培养标准，并基于此努力为国家培养卓越教师。

第四，卓越教师究竟是什么或者其标准应该包括哪些内容呢？在《教育部关于实施卓越教师培养计划的意见》中，我国教育部提出"培养一大批师德高尚、专业基础扎实、教育教学能力和自我发展能力突出的高素质专业化中小学教师"，这是我国政府的卓越教师培养目标，也是对卓越教师的基本要求。这一要求包含多个方面的要素，事实上，卓越教师除了课堂教学卓越以外，应该在其他各方面如师德、自我发展能力等均十分优秀与突出。由此，卓越教师的标准不应该仅仅只考量所教学生的成绩，还应该包含其他诸多要素。但关键是用什么样的指标去衡量师德、自我学习能力等要素，这是制定卓越教师标准困难的地方，也是美国在数据化时代背景下越来越重视用数据来说话即用学生的成绩来作为评价指标的原因。

第五，卓越教师职前培养项目的长效性问题。关于卓越教师标准的讨论与制定等若干问题归根结底都是服务于卓越教师的培养与教师队伍质量的整体提升的。无论是美国的卓越教师准备项目还是我国的卓越教师培养计划，都是着力于从教师培养的源头来提升中小学教师队伍的质量的。但是，如果仅仅是在职前培养上展开努力进而培养一批高质量的毕业生，而职后的学习与培训却无法有效衔接，这对于卓越教师的养成而言是一大损失，也应该是卓越教师标准、卓越教师培养项目等的制定上需要思考的问题。所以，美国在卓越教师标准上所出现的若干问题，都应该成为刚刚启动卓越教师培养项目的我国深入思考与有效规避的，从而确保我国卓越教师培养项目的有效性与长效性，提升我国中小学教师队伍的整体质量。

第三章　美国中小学卓越教师职前培养的实施背景与培养现状

　　我国《教育部关于实施卓越教师培养计划的意见》于 2014 年 9 月正式颁布，同年 12 月，教育部颁布《教育部办公厅关于公布卓越教师培养计划改革项目的通知》，这意味着获批卓越教师培养计划的各高等院校的卓越教师职前培养工作正式启动于 2014 年年底，而这也正是我国卓越教师职前培养工作开启的时间。这一系列计划与项目的出台不仅经历了较长时间的酝酿，更是社会与时间向前发展的产物。那么，美国中小学卓越教师职前培养工作是什么时候开始启动的？源于什么样的社会与时代背景？实施现状又如何呢？本章将重点探讨美国中小学卓越教师职前培养的实施背景与实施现状，以回答上述问题。

第一节　实施背景

一、政治经济背景

　　20 世纪中期以来，美国所面临的国际和国内政治局势都发生了重大的变化。在国际上，苏联和苏东阵营解体，两极体制不复存在，美国成为了世界上唯一的超级大国，外部的政治威胁与竞争得到了空前的削弱。基于这样的政治背景，美国制订了野心勃勃的全球扩张战略，不仅要维护和巩固自己在世界上的霸主地位，还试图在世界各地传播美国的政治制度，使美国的民主模式在各地普遍推广。[①] 在美国国内，由于 20 世纪末期最后十年里以信息技术为核心的新技术革命促进了美国经济的稳定与发

---

① 刘杰. 当代美国政治[M]. 北京：社会科学文献出版社，2011：38.

展,而且经济全球化的进程也给美国经济带来了空前的发展,美国带着这股国际与国内政治经济共同繁荣发展的强势劲头迈入 21 世纪。

2001 年 1 月 20 日,美国共和党人乔治·沃克·布什(George Walker Bush,为了与其父亲相区别,人称"小布什")宣誓就任美国第 54 届(43 任)总统,正式入主白宫。怀揣着繁荣稳定的政治经济格局,总统小布什满腔热情与抱负,希望有所作为。然而世事难料,其上任不到一年时间里爆发的震惊全球的 2001 年"9·11"事件打破了他所有的政治理想与抱负,恐怖主义的袭击给小布什的从政理念以及整个美国都造成了深远的影响,自此,"反恐""安全"等成为了小布什从政的关键词语,也成为了美国全社会上下所关注的核心。从小布什所发动的战争即可看出在小布什任内对于反恐、安全等的高度重视:2001 年 10 月即"9·11"事件刚刚结束后不久他就发动了阿富汗战争以推翻塔利班政权并铲除基地组织势力;接着在 2003 年 3 月发动了伊拉克战争,推翻了萨达姆政权;2003 年到 2004 年小布什授权美国国防军向海地和利比里亚发起战争干涉行动;2006 年以美国为主导的北约发起了如山地猛攻行动(Operation Mountain Thrust)等大规模的任务以对抗塔利班恐怖组织……由于小布什在和平期间发动了如此多的战争,一度被人们称为"战争总统""反恐总统"等,这也是小布什八年任期给外界留下的最深刻印象。但同时,小布什并不是在其他领域无所作为,例如他刚上任没多久就签署的《不让一个孩子掉队法案》,便是自 21 世纪初期以来一直影响美国教育的重要法案等等。但总体而言,21 世纪初期的美国,由于受到"9·11"事件的影响,主要的政治着眼点都是放在安全与反恐等事务上。

2008 年 9 月 15 日世界五大投资银行之一的雷曼兄弟宣布破产,相继而起的是美林"委身"美银等一系列突如其来的变故,这使得美国陷入了严重的金融危机,并引发了全球的金融危机。在美国华尔街的金融巨头像多米诺骨牌般一个接一个倒下的时代背景下,美国第一任非洲裔总统民主党人贝拉克·侯赛因·奥巴马(Barack Hussein Obama)于 2008 年 11 月 4 日正式当选美国第 44 任总统。于危难之际上台的奥巴马,在竞选演讲和执政理念中所提及最多的就是经济刺激与经济增长。自他上任以来,为了应对自 20 世纪 30 年代以来最严重的经济衰退,他不得不采取大规模的经济救援行动,并实行了一系列的"大政府"色彩的政策,改变了美国长期以来政府不干预市场的政治法则。但是即便是大政府色彩浓厚,而且政府部门权力不断扩张,但是经济疲软之势并没有得到多大的改变,这成为美国 2008 年以来社会政治经济等所面临的最大问题之一,而也正是因为这一背景导致激情满满的美国第一任非洲裔总统在执政期间受到多方掣肘,在政策的制定与颁布、签署与实施等途中遇到诸多阻力。特别是自2010年11月共和党在国会中期选举中大获全胜之后,奥巴马总统愈发地成为了"跛脚鸭",在推行重大改革时步履维艰,例如削减财政赤字、医疗保险改革、移民政策等等诸多领域的改革都遭遇严重的分歧与挑战。2012年奥巴马连任成功,但这并没有改变奥巴马在执政方面的诸多困境,例如政治分裂的局面没有得到缓解,诸多改革依然难以推行等等。所以,这位自上任时便被赋予了许多英雄色彩的平民总统、非洲裔总统、黑人总统,于危难时期上任,以救国救民的姿态投入到执政中,并力图以众多带有"大政府、小市场"色彩的政策与改革来践行自己的执政理念与治国姿态,但是遭遇到的阻力却是难以预料的。当前,奥巴马还有总统任期的最后一年,一切只能待时间来演绎。

　　进入21世纪以来,小布什政府的反恐与安全战略逐步推进,其在海外发起的阿富汗战争和伊拉克战争导致美国深陷战争泥潭,经济状况不断恶化,最明显的表现是美国债务大幅度增加,国内出现严重的经济危机,2000年美国国内生产总值是20国集团中其他国家总和的61%,到2010年这一比重下降到42%。2000年,美国国内生产总值是中国国内生产总值的8倍,到2010年这一数字变成了不到中国的3倍。随着金砖国家、金钻11国等新兴经济体的崛起,美国占世界经济的比重还在进一步下降。① 这一经济状况到奥巴马任期也并没有得到好转,尽管奥巴马政府甚至不惜改变长期以来联邦政府不干预市场的政治法则,采用巨额的经济刺激计划来刺激经济增长,但是美国国内债务仍不断攀升。以政府债务占国内生产总值的比例来说,政府债务作为衡量一国财政运作健康状况的重要指标,世界各国一般将政府债务占国内生产总值的比例60%或者90%作为警戒红线。据有关资料显示,美国政府债务占国内生产总值的百分比从2001年的56.4%增加到了2008年的83.46%,2010年由于奥巴马政府为应对金融危机还进行了大规模的资金投入,使得这个比例在2010年上涨到了90%。② 2012年12月31日,美国国债已经达到了16.432 7万亿美元,超过了16.394万亿美元的最高债务限额。③ 同时,最新的数据显示:2014年11月末,美国公共债务

---

① 朱成虎,孟凡礼. 简论美国实力地位的变化[J]. 美国研究,2012.(2):30.
② 李琦. 21世纪以来美国政治的新变化[EB/OL]. http://wenku.baidu.com/link? url=ZnSJm1YMN29cM6BsYw8MmxzdujKdkF5t7b6Lh9W8OsGcXC9B1uwkX4uXELZu6wDpHZSs-jwPw1IDpxsuMDiH1pU4lmrA7kzZXHi0hJROrIu,2015-04-05.
③ 美国财政状况依然堪忧[EB/OL]. http://testwap.hexun.com/2.0/newscontent_3_150199937_108511065_18818859.wml,2015-04-05.

总额创历史新高,首次突破 18 万亿美元,达到 18.005 万亿美元。根据美国 2014 年 9 月 30 日公布的数据测算显示,美国 2014 年度名义国内生产总值(GDP)约为 17.555 万亿美元,也就是说,美国公共债务总额与名义 GDP 之比再次突破 100%,达到了 103%,①远远突破了 60% 或者 90% 的这个警戒红线。由此可见,美国经济的衰退之势自进入 21 世纪以来便在不断加剧,到 2014 年这种衰退与低迷之势更是创历史新低。

21 世纪以来,美国经历了两任总统,一任是 2001 年至 2008 年的共和党人小布什,一任是 2008 年上任并于 2012 年连任的民主党人奥巴马。两党的政治问题和立场,是一个极其复杂的问题,很难用简单的一两句话概括美国民主党和共和党的区别和相似之处,因为立场、意识形态等总有交叉融合并相互衍生等多条发展方向,但整体而言,美国共和党一直倾向于保守主义,偏向于"轻政府、重市场"或者是"小政府、大市场"的姿态,这在小布什任内也得到了体现与反映;而民主党人的传统则是"大政府、小市场"的立场,这也是奥巴马自 2008 年上任遭遇严重的经济危机以来所一直努力的方向,他期望通过加强联邦政府的力量来推进美国政治团结、经济繁荣等,但是成效并不明显,美国经济状况的不断衰退便是例证。

二、社会文化背景
(一)市场化力量的彰显

"新自由主义"是在古典自由主义思想基础上建立起来的一个新的理论体系。它是以市场为导向的一系列的理论,其基本原则简单地说就是:贸易经济自由化、市场定价(使价格合理)、消除通货膨胀(宏观经济稳定)和私有化。② 它在经济理论方面大力宣传"三化",即自由化、私有化、市场化,认为自由化是效率的前提,私有化则是推动经济发展的基础,而市场化认为离开市场就谈不上经济,无法有效配置资源,反对任何形式的国家干预。③ 新自由主义的主要观点是,减少政府的干预,让市场来主导的原则。但作为一种经济和政治学思潮,尽管它反对国家和政府对经济的不必要干预,强调自由市场的重要性,但不同于古典自由主义,它提倡社会市场经济,即政府只对经济

① 2014 年美国政府债务余额占 GDP 比重将达到 103%[EB/OL]. http://www. qqjjsj. com/mgjjdt/44240. html, 2015 - 04 - 05.
② [美]诺姆·乔姆斯基著,徐海明,季海宏译. 新自由主义和全球秩序[M]. 南京:江苏人民出版社,2000: 3—4.
③ 何秉孟. 新自由主义评析[M]. 北京:社会科学文献出版社,2004:4.

起调节以及规定市场活动框架条件的作用。所以，不是完全的市场主导，只是减少政府不必要的干预。

自 20 世纪 80 年代以来，新自由主义思潮就日益成为了美国社会的主流思想，在政治、经济、社会等诸多领域新自由主义都得到了有力的彰显，特别是市场化。事实上，作为一个资本主义国家，市场力量一直是美国社会的主导力量，只不过是在不同的时代背景下，基于不同的政党执政理念的差异、社会的发展诉求不同等，市场力量有此消彼长的趋势。20 世纪 80 年代以来，美国市场化力量得到了更加有力的彰显。市场化，作为一种用市场作为解决社会、政治和经济问题等基础手段的一种状态，主要指向政治、经济等领域，特别是经济领域。而自 20 世纪 80 年代以来，特别是发展到 21 世纪初期，面对公众对教育系统和学校绩效低下的批评，为实现教育领域中的自由价值和效率价值，市场化机制也被引入教育领域。在市场化的影响下，教育领域出现了一系列的变革，如以市场为基础的改革、消费者取向、特许学校、磁石学校、选择性的教师路径、学校间的竞争加剧、价值增值分析方法、数据驱动下的教育决策、高风险的测试等等，[①]这些均是 21 世纪初期美国教育改革的主要风向标，这在小布什的《不让一个孩子掉队法案》、奥巴马的《我们的未来，我们的教师》等政策法规中均有明显的体现。

（二）量化问责的盛行

重视量化评估的绩效主义也是自 20 世纪末期以来在美国十分盛行的主流思想之一，这一思潮与市场化相伴相生。正是因为市场力量占主导，导致美国的众多改革与发展都是基于市场或者消费者取向进行的，而消费者取向的背后则是一个个可以用数据来表达的事实。绩效主义的背后是数据力量的强势袭来，也是量化评估在各个领域的席卷。量化评估与数据是一体而生的，因为重视量化评估，所以数据应运而生，也因为数据似乎可以更为直接、客观、简单地表达事实，所以需要通过量化的方法去获取数据，这是 20 世纪末期以来特别是 21 世纪以来席卷全球的一股浪潮。美国，则是这股浪潮的首要推动和实施力量之一。

量化评估、数据主导的背后其实是问责制的兴起。问责（Accountability），实际上也是重视数据、重视量化评估的一种表现，它关注的是产出，关注的是结果。因为有政府或者企业的投资，所以应有相应的产出与结果，而对于结果与产出的表现主要通过

---

① Marilyn Cochran-Smith, Peter Piazza, Christine Power. The Politics of Accountability: Assessing Teacher Education in the United States [J]. The Educational Forum, 2013,77: 11.

量化评估的方式来进行,通过数据来表达,如经济领域涌现了越来越多的类似于 GDP 等这样的数据来呈现经济结果。传统而言,教育是一个似乎不太容易被量化的领域,或者不那么容易通过结果来表达,但是进入 21 世纪以来问责制在教育领域的侵蚀也是无孔不入,特许学校、磁石学校等就是家长或者政府对中小学校成绩不满意的一种表现形式。而近年来在美国教育领域尽管饱受争议但却依然是美国教育评价主导潮流甚至变得愈发重要的价值增值法也是问责制盛行的直接表现。价值增值法是典型的通过学生成绩评判教师教学是否有效、学校管理是否有效和教师职前培养是否有效等的方法,这一方法将教育当中其他一些不能量化的因素如人性格的成长、品德的形成等等剔除,仅仅通过学生在一次或者多次中的考试成绩来衡量教师和教育的效果。在这些评价者看来,什么是学校的产出呢? 或者什么是教育的产出呢? 那就是学生的成绩。依据学生的成绩优劣,评定学校的好坏或者政策的成败,是当前美国社会进行教育投资或者制定教育政策时最为倚重的形式,即通过学生成绩问责学校与教育质量。依托学生成绩进行强势地问责,是最为简单与直接的一种形式。小布什政府在《不让一个孩子掉队法案》中通过一系列的指标来衡量学生或者学校的质量,奥巴马政府依托成绩或者考试结果来评价教育更是有过之而无不及,无论是基础教育还是高等教育等等都无一幸免,都纷纷地成为了依托数据来进行量化问责的领域。

(三)专业团体力量强劲

19 世纪 30 年代,法国著名思想家托克维尔(Tocqueville)在考察了美国之后,曾被美国结社自由以及美国民众对于结社的热爱所震惊,在其撰写的名著《论美国的民主》中他这样描述他所见到的美国民间结社力量与状况:“美国人不论年龄多大,不论处于什么地位,不论志趣是什么,无不时时在组织结社”[①]、“美国人干一点小事也要成立一个社团……”[②]等等。美国人通过自由结社或者组建属于自己的民间组织或者专业力量以捍卫或者维护自己的权利,抑或通过民间组织且自发生成的专业力量表达不满并推动社会改革促进社会进步等。结社在美国的普遍程度以及美国民众对此的乐此不疲不仅表现在 19 世纪 30 年代,在美国历史上的任何一个时期都是有专业团体力量活跃的身影,时间走到 20 世纪末期 21 世纪初期也同样如此。

结社的自由与传统渗透在美国各个领域,工商、农业、政法、文教、科技、新闻出版、

---

① [法]托克维尔. 论美国的民主(下)[M]. 董果良译. 北京:商务印书馆,1998:635.
② 同上,636.

宗教领域等都有众多的规模大小不一、类型结构各不相同的民间专业团体。以下仅以20世纪末期以来为时间背景，并直接以与本书主题——"教师培养质量"相关的专业团体或者民间组织进行举例说明：

1983年全美卓越教育委员会发表的《国家处于危险之中——教育改革势在必行》的报告，直接引发了美国上下对于教师教育的关注与变革，这也是美国社会上至政府下至民众开始真正关注教师教育培养质量的首要推动力量之一。

1986年，由卡内基教育和经济论坛"教育作为一种专门职业"工作组发布了名为《国家为培养21世纪的教师做准备》的报告。报告中提到建立全国教学标准委员会，为高水平的专业教学能力建立标准，并为达到这些标准的教师颁发证书。在卡内基基金会的资助下，全美专业教学标准委员会于1987年成立。1989年，该机构发表了《教师应该知道什么和能够做什么》的报告，提出了教学委员会的五项核心命题，这五项核心命题主要指向卓越教师的知识、技能、性情和信念。

1994年成立的全美教学与未来委员会于1996年发表《什么最重要：为美国未来而教》的报告，希望能够发起全美在改善教师的能力和美国未来关系间的讨论，从而能够明确提升教师质量的重要性和必要性。

1997年，教师教育认证委员会成立，它打破了全国教师教育认证委员会对美国教师教育认证的垄断地位，给美国教师教育认证工作带来了竞争。

2010年全国教师教育认证委员会成立了全国教师教育认证委员会蓝带小组，全名为"改善学生学习的临床培养和伙伴关系蓝带小组"（Blue Ribbon Panel on Clinical Preparation and Partnership for Improved Student Learning）。全国教师教育认证委员会蓝带小组于同年发表了具有重要影响力的教师培养相关报告——《通过教学实践转变教师教育：准备有效教师的国家战略》。报告开篇指出"国家需要一个完整的卓越教师职前培养项目系统，而不是卓越教师职前培养项目的特例"。[1]

上述这些专业团体还只是在20世纪末期21世纪初期以来十分具有影响力的团体代表，实际上还有不少其他大小不同的组织或者团体在为教师职前培养质量而努力行动着。众多专业团体的声音与力量、美国结社的传统与氛围以及美国的政治经济环境等诸多因素，使得这些专业团体能在教师教育、教师培养质量的改革与发展过程中

---

① Transforming Teacher Education Through Clinical Practice: A National Strategy to Prepare Effective Teachers [EB/OL]. http://www. ncate. org/LinkClick. aspx? fileticket = zzeiB1OoqPk = &. tabid = 7, 2015 - 05 - 05.

产生与发挥十分重要的作用与影响,这一方面是美国社会各方面前进的重要力量,反过来又促进了专业团体的不断涌现并使其发挥积极的作用。

三、教师教育背景

(一) 教师教育职前培养质量得到空前的重视

20世纪下半叶以来,随着美国社会移民人口的增加,美国基础教育中来自少数民族或者种族家庭的学生的比例已经超过三分之一,有些地区甚至超过二分之一,这些学生在语言、文化、宗教和生活方式等方面都有自己独特的背景,对他们的教育在方法和手段上应区别于白人学生,这就要求教师队伍更加多元化,而且要求教师具备多元文化的视野,能够尊重多样化和差异性,还能符合时代的需求,这对教师队伍的质量有了更高和更新的要求。自1983年以来的美国基础教育改革发起了"基于标准的教育运动"(Standard-based Education Movement)。这场改革运动在基础教育领域建立严格的课程标准和考试评价体系,"质量"、"绩效"、"标准"、"考试"等成为了本轮教育改革的核心词汇。在这次改革中,提升学生的学业成绩是首要目标,提升学生学业成绩中最为重要的内在因素即教师——高质量的教师队伍,教育改革首先需要的就是高质量的教师队伍。

发展到21世纪初期,提升教师质量更加成为美国教育界的大事,小布什政府2001年的《不让一个孩子掉队法案》便是十分有效的例证。在该法案中,美国政府明确提出了高质量教师(highly qualified teacher)这一概念,并对此进行了界定——对于所有公立中小学教师而言,高质量教师就是那些持有州政府颁发的教师资格证书、通过了州政府的考试,具有扎实的任教科目学科知识的教师,其中也包括了那些通过选择性通道获得教师资格证书的教师。这是美国历史上第一次以立法的形式对教师质量做出了明确的界定与定义,同时还提出了要求美国所有教师要在2006年必须都达到高质量教师标准。除了提出高质量教师的总体标准与要求以外,《不让一个孩子掉队法案》还提出了小学高质量教师、中学高质量教师等的具体标准与要求,小学新教师应该具有学士学位,持有教师资格证书,通过了州一级教师考试而展示出其具有学科专业知识,具有教授阅读、写作、数学和其他小学基本科目的教学技能;中学新教师应该至少具有学士学位,主修过任教科目,持有教师资格证书,通过了州一级的任教科目考试而展示出其在该学科领域具有很高的水平。[①] 纵观上述小学新教师和中学新教师的标

---

① 洪明.美国教师质量保障体系历史演进研究[M].北京:北京师范大学出版社,2010:304—305.

准和要求,不难发现的是这给教师教育的职前培养提出了更高的要求与标准,即学生在教师教育的职前培养阶段就应该达到上述相应的标准,否则将很难适应美国社会的需求。

奥巴马接任美国总统之后,对于教师教育职前培养阶段的质量显示出了更加高昂的热情与空前的重视,并为此颁布了一系列的法案或者条例来提升教师教育的职前培养质量,如 2009 年《美国恢复与再投资法案》、2010 年《改革蓝图》、2011 年《我们的未来,我们的教师》、2012 年《教师培养改革法案》、2014 年《全民拥有卓越教育者计划》(*Excellent Educators for All Initiative*)等等。这些法案都着眼于教师教育职前培养质量,并围绕如何提升教师质量展开了一系列努力,如《美国恢复与再投资法案》规定:为增加就业、复苏经济,联邦政府将在教育领域投入 1 000 多亿美元,以期通过大幅度提高教育投入来重振美国经济。同时教育部长邓肯也表示了巨额的教育投资主要花费在四个方面:提升教师质量、提高学科标准、使用数据记录每一名学生的进步过程、支持薄弱学校实施改革。如《我们的未来,我们的教师》旨在为美国未来十年制定全面综合的教师教育改革策略,为每位教师提供卓越的教师教育职前培养,从而为每位学生提供卓越的教师和卓越的基础教育等等。由此可见,奥巴马政府对于教师质量高度重视,希望通过在教师教育职前培养阶段的努力来提升美国教师队伍的质量。

(二)选择性教师路径所带来的竞争

20 世纪 80 年代初期,美国教师教育改革存在着两股对立的力量,一方是专业派,主要由教育领域的学者组成,他们希望对美国教师实施专业控制(professional control);另一方被称之为解制派,由各级政府政策制定者、商人和部分学者组成,他们认为美国的教育应该是民主控制(democratic control)。专业派与解制派的争议在于到底是由实践者知识和专长的专业化决策来控制教育,还是由代表大众偏好的外行决策者来控制教育,专业派所支持的是大学教师教育,形成一股以专业化为核心的教师教育改革浪潮,通过加强专业教育,延长教师职前培养时间,严格教师入职标准,对教师培养和教师职业形成专业控制;而解制派则开始推行选择性教师证书项目(alternative teacher certification program)——通过招收具有学士学位但是并没有接受过正式教师教育训练的个体,通过修读由学区设置的一定学时的课程之后,进入教师职业,解制派希望通过选择和解除制度限制的方式来对教师培养和教师职业实施民主控制,让更多的人有机会进入教师职业,让教师职业面向市场和大众。除了这一政治立场以外,选择性教师项目的出台还有一个很重要的背景即当时美国社会教师短缺。

20世纪七八十年代里,美国教师职业薪酬低,工作条件不好,从业者缺乏职业升迁的机会,选择其他行业的机会多等诸多因素,使得教师职业的离职率很高,出现了教师供给数量不足等现象,设置选择性教师证书项目也是为了补充教师队伍的数量,吸引优秀人才加入教师队伍。①

1982年,美国弗吉尼亚州政府首先设置了选择性教师证书项目,在全州实施教师资格证书制度的前提下,允许未修读过教育专业课程的个人通过修读其他形式的课程进入教学岗位。随后,加州、得克萨斯州和新泽西州分别于1983年、1984年设置了该项目,发展到1999年,美国有40个州和哥伦比亚特区均开始设置选择性教师证书项目。从数量上来看,在1986年,通过选择性途径获得教师资格的数量为550人,到2009年发展到了59 000人。② 由此可见,选择性教师证书项目越来越得到民众、市场与社会的支持和认可,其中大众的影响力与支持力度在持续扩大,政府包括州政府和联邦政府教育部也是持支持态度的。尽管选择性教师证书项目得到了众多的支持,但也引发了不少争议,例如通过选择性教师证书项目获得教师职业资格的教师的质量问题、教学成效问题以及该项目本身对于教学专业化的否定以及对教师教育的否定等等。尽管存在争议,但选择性教师证书项目的出现与存在以及不断增加的支持等都对美国教师教育的职前培养产生了冲击,这意味着至少一部分人或者一部分市场对于教师教育职前培养阶段所培养的教师质量持否定态度与立场,这给教师教育带来了极大的影响与竞争压力。如何提升教师教育培养教师的形象与地位,让民众、市场、学校、政府等相信教师教育所培养教师的质量,对于教师教育而言,提升职前培养质量是最为关键、最为重要的,只有这样才能让高校所培养出来的教师得到社会与市场的认可与肯定。

(三)"驻校模式"所引发的挑战

如果说选择性教师路径主要还是基于教师短缺而不得已为之的一种选择性做法的话,驻校模式则是学区对高校教师教育质量和选择性教师质量持质疑态度的一种反映。学区是教师的最直接消费者,当学区对新入职的教师即来自大学或者学院的毕业生或者是获得了选择性教师证书的人不满意的话,则开始决定自己培养教师。学区先调查自己的教师需求,然后根据需求的数量与质量要求培养适合本学区需要的教师,即驻校模式,又称教师教育培养的第三条道路,以波士顿学区为例:波士顿学区创建

---

① 周均. 美国教师教育理论与实践[M]. 北京:北京师范大学出版社,2015:126—127.
② 同上,126—128.

的教师培养模式包括未来教师的录取与筛选、培养、分配工作、入职指导以及教师领导力的形成等过程，整个项目的实施时间为四年，其中培养阶段为一年，入职指导以及教师领导力的形成阶段为三年，该模式录取具有本科学位的人员进行培养，属于研究生层次的培养，整个过程尤其是培养环节主要是在学区所辖的中小学完成，所以得名为"驻校模式"(Urban Teacher Residency, UTR)。目前，波士顿、芝加哥、丹佛、费城、纽约、孟菲斯等学区先后共设置了九个驻校模式，并成立驻校模式联盟，还制定了"驻校模式质量标准"。[①]

尽管当前驻校模式培养教师的方法并不普及，但这却是学区——教师教育最主要的市场对于教师教育质量不满意的本能反应与所寻求的解决之道，它们认为高校教师教育所培养的学生不能满足学区的发展需求，同时对于通过选择性路径获得教师证书的人员也持质疑态度，所以选择了自己来培养，而且完全依据学区的实际发展需求来培养适合数量和质量的教师，该教师的培养模式与路径也与常规的高校教师教育不同，它主要在学区的中小学课堂完成，而非大学或者学院。这一模式完全打破了以往的由高校的教师教育学院培养教师的路径，而是依托学区的中小学校；指导教师也是由中小学校的卓越教师来担任，以类似于师徒制的形式进行指导与培养。驻校模式的诞生是21世纪以来美国教师教育最大的市场——学区对于寻求适合本学区需求的高质量教师或者是卓越教师的最真实反映，这也是当下美国教师教育所面临的挑战的真实写照。

选择性教师证书项目、驻校模式等教师教育的第二条、第三条道路的不断涌现与普及，既是美国社会重视教师质量的体现，也是社会上下对于传统教师教育不满的真实反映，无论是社会还是市场都在积极地寻求提升教师质量的路径，所以才有选择性路径、驻校模式等的应运而生。这样的教师教育背景是机遇与挑战并存的，全社会对于教师质量的重视无疑是教师教育的福音，这说明教师教育是有大有可为的空间的，但同时又意味着极大的挑战，如果教师教育院校不努力提升质量，有可能有更多类似于驻校模式、选择性路径等的新型教师教育模式涌现，这给传统的教师教育带来的压力是不言而喻的。所以，在这样的时代背景下，唯有努力提升培养质量，给学区和社会输送一批又一批高质量的、卓越的师范毕业生，才有可能满足社会与市场对于教师教育质量的需求。

---

① 周均.美国教师教育理论与实践[M].北京：北京师范大学出版社，2015：139.

基于上述这样的时代背景与教师教育背景,美国众多培养教师的教师教育学院或者大学纷纷开始致力于卓越教师的培养,通过创建或者设计自己的"卓越教师职前培养项目"或者"卓越教师准备项目"等,并努力融合各方面的资源如学区、中小学校、政府、市场、专业组织等的力量协同培养卓越教师,期望通过提升自己的教师教育职前培养质量,在应对来自社会与市场等各方面挑战的同时满足全美上下对于卓越教师的需求。

第二节 培养现状

20 世纪 80 年代,由多名大学教育学院的院长组成的霍姆斯小组发表了《明日之教师》的报告。霍姆斯小组与卡内基工作小组不同,它完全由承担教师教育培养任务的高等院校内部成员组成,研究教师教育内部出现的问题,旨在通过教师教育内部的力量来改变教师培养方式,调整教育学院的功能,改革师资培养课程,加强大学与中小学的合作,以提高教师教育质量[①]:如在教师教育课程方面,《明日之教师》提出取消本科层次的教师教育职前培养,设立硕士学位课程,要求有一年的实习时间,通过延长学科知识的学习和教学实践的时间来加强对师范生的专业知识与技能的培养。在《明日之教师》之后,霍姆斯小组还连续发表了《明日之学校》(1990)和《明日之教育学院》(1995)两份报告。这些报告均提出要从高校内部开始实施改革,提出教师教育培养院校应该提高师资培养的标准,加强职前培养工作中对学术性知识的培养,同时通过专业发展学校加强大学与中小学的联系,联合致力于推进与提升教师教育职前培养的专业性和教学技能的发展,以此来培养高质量的毕业生,为中小学输入高质量的教师。

1998 年,美国教育委员会(American Council of Education,简称 ACE)组建了教师教育院校校长特别小组(Presidents' Task Force on Teacher Education)。该小组对美国教师教育等展开了为期一年的调查研究,于 1999 年发布了《感触未来:改变教师培养方式——美国大学校长行动方案》,以下简称《感触未来:改变教师培养方式》,该报告旨在推动各教师教育培养院校的校长和领导们积极地改革现有的教师培养方式。它首先明确三个前提,即中小学的教学质量不能满足 21 世纪的需求、教师的培养是美国各相关高等院校的基本责任、高等院校校长的果断行动是实现卓越教师教育和中小学教育的必要条件。在此基础上,《感触未来:改变教师培养方式》为教师教育相关的

---

① 吴锋民. 大国教师教育[M]. 北京:中国社会科学出版社,2013. 45.

高等院校提出了十项行动方案：高等院校的校长应努力让教师教育成为院校的中心任务之一；高等院校校长要加强教师教育和大学使命间的联系；确定对学校范围内的教师职前培养项目的质量检测；院校管理委员会应设定严格的、周期性的和独立的教师职前培养项目的质量评估机制；教育学院教师和其他文理学院的教师应相互协调课程与教学；确保师范生能够将信息技术运用于教学中；鼓励教育学院开展研究生教育、设置奖学金和让准教师们学会研究；加强各院校间的师范生的流动和选拔；确保师范生毕业开始教学后仍然能够得到相关的支持与指导；积极发现与教师和教学相关的问题并参与政策制定、提供发展建议。^① 这篇报告发布后，被发送给超过 3 500 位美国大学和学院的校长和相关系统的总负责人，以及国会成员、州立法者和其他教育行政官员。同时，该小组还设立了教师教育校长网络工作网站(Presidents' Network for the Education of Teachers，简称 PRESNET)，该网站的设置不仅增强了这份报告的影响力，同时也以论坛的形式为教师教育的领导者就教师教育分享观点和信息提供了平台。《感触未来：改变教师培养方式》发布后产生了积极的影响，如高等院校开始将教师培养问题提升至重要位置、文理学院等均积极地参与到教师培养项目中来等等，这些均彰显了该报告对于教师教育职前培养的推进作用。此外，在此报告的影响下，很多州(如路易斯安那州、马里兰州、内布拉加斯州、北卡罗莱纳州等)的高等院校的校长聚集在一起召开会议，为推动卓越教师培养项目的发展采取积极行动。这份世纪之交发布的报告，为 21 世纪以来美国各相关高等院校的卓越教师职前培养项目的发展奠定了坚实而有力的基础。

世界高等教育分为两大体系，一为欧洲大陆传统的高等教育体系，一为盎格鲁—撒克逊传统的高等教育体系。欧洲大陆传统的高等教育体系有三个特点：第一，高等教育属于国家体制。也就是说，高等院校受到政府的直接领导和严格控制。第二，政治系统与学术系统不分。在这些国家，公办大学实际上是政府的附属机构，没有独立的法人地位。公办大学的教师往往具有公务员的身份，国家对大学进行具体的监督管理，表现最突出的就是政府可以绕开学校，直接任命讲座教授。在这种体系里，大学校长没有什么权力，基本上被大学基层学术组织架空了。第三，实行教育国家主义政策。大学被视为致力于国家福利事业的单位。大学的办学定位是满足国家和社会需求，崇

① Touching the Future：Final Report ［EB/OL］. http://www. acenet. edu/news-room/Documents/Touching-the-Future-Final-Report-2002. pdf，2015 – 05 – 06.

尚的是专业教育与精英教育的结合。这种体系的代表性国家就是欧洲大陆的一些国家,像意大利、瑞典、法国、德国、俄罗斯等。盎格鲁—撒克逊传统的高等教育体系有如下特点:第一,与欧洲大陆的国家体制不同,它的高等教育体系是松散的,没有统一的目标。他们认为高等教育体系应该是非政府型、非控制型的,所有高等院校受市场体制的驱动。第二,它的政治系统和学术是分离的,大学一般具有法人地位。他们普遍认同大学自治、学术自由的价值观,这种信念是如此的强烈,以至于政府都不好意思向大学提要求,认为如果向大学提太多的要求,就有干预学术自由的嫌疑,是一种不道德的行为。他们认为教育不是为了训练人力资源,而应该是培养人,教育应该指向人的精神和灵魂。这种体系崇尚为教育而教育,为知识而知识,为学术而学术,代表性国家有英国、美国、澳大利亚、新西兰、加拿大等。[①]

　　美国的高等教育体系是典型的盎格鲁—撒克逊传统的高等教育体系,其教师教育院校——为中小学培养教师的高等院校也深受这一传统的影响。美国高等院校在为中小学培养卓越教师事务上也深深地体现出了它的松散的、非政府的、受市场体制驱动的高等教育体系特点,并不是由政府指定或者"分封"某一所或者某些院校来培养卓越教师,而是自由的、基于市场需求的设计与培养,即每一所教师教育院校都可以创建或者设计自己的"卓越教师职前培养项目"或者"卓越教师准备项目"等,然后依据培养的实际情况来接受政府的评估或者专业、民间机构的认证与排名等,进而获得更多的拨款资助与政策扶持等。由此可见,美国的中小学卓越教师职前培养,与我国有着极大的不同,并不是几所高校或者几十所高校在为中小学培养卓越教师,而是几乎所有的教师教育院校都在努力地提升自己的教师教育项目的培养质量,进而通过"竞争式"的评估或者认证、排名等去获得来自政府、社会的更大认可与资助。所以,不断地提升质量是永远的方向与追求,一旦松懈,就会有别的院校追赶上来,而能够被政府评估或者专业机构认证为是最高水平或者最为卓越的卓越教师职前培养项目的蛋糕只有那么大,只能靠不断地提高质量来赢得奖励并满足社会需求。当前,美国众多高等院校都有自己的中小学卓越教师职前培养项目或者计划,由于篇幅的限制,本书在此不一一罗列这些院校,而是以2014年全美教师质量委员会对培养中小学卓越教师的大学所进行的质量排名为例,下表3.1和表3.2分别截取了排名前100左右的院校,由此

---

① 周光礼. 大学面临重新洗牌,应如何谋出路[EB/OL]. http://learning. sohu. com/20150906/n420501998. shtml, 2015 - 09 - 06.

可以"管窥一斑而知全豹",了解美国致力于卓越教师职前培养的院校数量与规模,以及美国中小学卓越教师职前培养的现状。

表 3.1 2014 年美国小学卓越教师职前培养项目中质量排名前 100 名的院校一览表

排名	院　校		层次
1	Dallas Baptist University	达拉斯浸会大学	本科
2	Texas A&M University	得克萨斯农工大学	本科
3	Ohio State University	俄亥俄州立大学	研究生
4	Northwestern State University of Louisiana	路易斯安那西北州立大学	本科
4	University of Dayton	代顿大学	本科
4	University of Houston	休斯顿大学	本科
6	Louisiana State University and Agricultural & Mechanical College	路易斯安那州立大学农工学院	本科
8	Eastern Connecticut State University	东部康奈迪克州立大学	本科
8	Miami University of Ohio	俄亥俄迈哈密大学	本科
10	McDaniel College	麦克丹尼尔学院	本科
10	University of Texas at Austin	得克萨斯大学奥斯汀分校	本科
11	University of Delaware	特拉华大学	本科
12	Fort Hays State University	福特汉斯州立大学	本科
13	CUNY-Hunter College	纽约城市大学亨特学院	本科
13	Montclair State University	蒙特克莱尔州立大学	本科
13	University of Montana	蒙塔纳大学	研究生
14	Gordon College	高登学院	本科
14	Lipscomb University	利普斯科姆大学	研究生
14	Southeastern Louisiana University	东南路易斯安那大学	本科
14	Texas A&M University-Corpus Christi	得州农工大学—科珀斯克里斯蒂分校	本科
14	University of Arkansas at Monticello	阿肯色大学蒙蒂塞洛分校	本科
16	Arizona State University	亚利桑那州立大学	本科
16	Northwest Nazarene University	西北拿塞勒大学	本科
16	Western Governors University	西部总督大学	研究生
18	Purdue University	普渡大学	本科

排名	院　　　校		层次
18	University of Colorado Boulder	科罗拉多大学波德分校	本科
18	University of Houston	休斯顿大学	研究生
19	Ball State University	鲍尔州立大学	本科
19	Delta State University	德尔塔州立大学	本科
22	Cedarville University	塞达维尔大学	本科
22	Elon University	依隆大学	本科
22	Johns Hopkins University	约翰霍普金斯大学	研究生
22	Southern Methodist University	南方卫理公会大学	本科
27	Minnesota State University-Mankato	明尼苏达州立大学曼卡多分校	本科
27	Northwestern Oklahoma State University	西北俄克拉荷马州立大学	本科
27	University of Memphis	曼菲斯大学	本科
27	Winthrop University	温斯洛普大学	本科
27	Wright State University	莱特州立大学	本科
32	Missouri State University	密苏里州立大学	本科
32	Neumann University	纽曼大学	本科
34	Montana State University	蒙塔纳州立大学	本科
34	Salisbury University	赛尔思贝丽大学	本科
34	University of Louisiana at Lafayette	路易斯安那大学拉斐特分校	本科
34	University of North Carolina at Wilmington	北卡莱罗纳大学威明顿分校	本科
37	Iowa State University	爱荷华州立大学	本科
37	Longwood University	朗伍德大学	本科
37	Michigan State University	密西根州立大学	本科
40	Boise State University	博伊斯州立大学	本科
40	Henderson State University	汉德森州立大学	本科
40	Oklahoma Baptist University	俄克拉荷马浸会大学	本科
40	University of Mississippi	密西西比大学	本科
44	University of Iowa	爱荷华大学	本科
44	University of Maryland-College Park	马里兰大学帕克分校	本科
44	University of South Dakota	南达科塔大学	本科

排名	院 校		层次
47	Furman University	弗曼大学	本科
47	Georgia Southern University	乔治亚南方大学	本科
47	Murray State University	莫瑞州立大学	本科
47	University of Utah	犹他大学	本科
51	Colorado Christian University	科罗拉多基督大学	本科
51	Purdue University-Calumet	普渡大学盖莱默分校	本科
51	University of Alabama in Huntsville	阿拉巴马大学亨茨维尔分校	本科
55	Austin Peay State University	奥斯汀皮耶州立大学	本科
55	East Tennessee State University	东部田纳西州立大学	本科
55	Radford University	瑞德福大学	研究生
55	SUNY-Fredonia	纽约州立大学福利多尼亚分校	本科
55	University of Houston-Clear Lake	休斯顿大学清湖分校	本科
60	Tarleton State University	塔尔顿州立大学	本科
60	Tusculum College	塔斯库勒姆学院	本科
60	University of Maryland-College Park	马里兰大学帕克分校	研究生
60	University of Nebraska-Lincoln	内布拉加斯大学林肯分校	本科
63	Arcadia University	阿卡迪亚大学	本科
63	Christopher Newport University	克里斯托弗纽波特大学	研究生
63	Coastal Carolina University	卡莱罗纳海岸大学	本科
63	Houston Baptist University	休斯顿浸会大学	本科
63	Loyola University Chicago	芝加哥罗耀拉大学	本科
63	University of Kansas	堪萨斯大学	本科
63	University of Virginia	弗吉尼亚大学	研究生
63	Whitworth University	惠特沃斯大学	本科
71	College of William and Mary	威廉玛利学院	研究生
71	Delaware State University	德拉维尔州立大学	本科
71	Regent University	瑞金大学	本科
71	Towson University	陶森大学	本科
71	University of Rhode Island	罗德岛大学	本科

排名	院　　校		层次
71	William Carey University	威廉卡瑞大学	本科
78	Alvernia University	阿尔福尼亚大学	本科
78	Bethel University	贝塞尔大学	本科
78	Concord University	康科特大学	本科
78	Kutztown University of Pennsylvania	宾夕法尼亚库兹城大学	本科
78	Louisiana Tech University	路易斯安那科技大学	本科
78	Nicholls State University	尼古拉斯州立大学	本科
78	Texas A&M University-Texarkana	得州农工大学德克萨肯纳分校	本科
78	University of Alabama	阿拉巴马大学	本科
78	University of North Carolina at Chapel Hill	北卡莱罗纳大学教堂山分校	本科
78	Wilmington University	威明顿大学	本科
88	St. John Fisher College	圣约翰费希尔学院	本科
88	Tennessee Technological University	田纳西科技大学	本科
88	University of California-Santa Barbara	加州大学圣芭芭拉分校	研究生
88	University of Texas at Arlington	得州大学阿林顿分校	本科
88	Wittenberg University	威腾伯格大学	本科
92	Brigham Young University-Idaho	杨百翰大学爱达荷分校	本科
92	CUNY-Hunter College	纽约城市大学亨特学院	研究生
92	University of California-Berkeley	加州大学伯克利分校	研究生
92	University of Vermont	弗蒙特大学	本科
92	University of Wisconsin-Eau Claire	威斯康星大学水清分校	本科
97	Florida State University	佛罗里达州立大学	本科
97	Oklahoma State University	俄克拉荷马州立大学	本科
97	University of Florida	佛罗里达大学	本科
97	University of Minnesota-Morris	明尼苏达大学莫里斯分校	本科
97	University of Oklahoma	俄克拉荷马大学	本科
97	University of Texas of the Permian Basin	得州大学帕米亚盆地分校	本科
101	Flagler College	弗拉格勒学院	本科
101	Mercyhurst University	梅西赫斯特大学	本科

排名	院　　校		层次
101	St. Edward's University	圣爱德华大学	本科
101	Texas Tech University	得州科技大学	本科
101	University of North Carolina at Charlotte	北卡莱罗纳大学夏洛特分校	研究生
101	University of St. Thomas	圣托马斯大学	本科
101	Utah Valley University	犹他谷大学	本科

（资料来源：National Council on Teacher Quality. http://www.nctq.org/teacherPrep/review2014.do，2015－05－15.）

表3.2　2014年美国中学卓越教师职前培养项目中质量排名前100名的院校一览表

排名	院　　校		项目
1	Lipscomb University	利普斯科姆大学	本科
1	Western Governors University	西部总督大学	本科
3	Fort Hays State University	福特汉斯州立大学	本科
4	College of William and Mary	威廉玛丽学院	研究生
4	Montclair State University	蒙特克莱尔州立大学	研究生
5	Furman University	弗曼大学	本科
5	Henderson State University	汉德森州立大学	本科
5	Miami University of Ohio	俄亥俄迈哈密大学	本科
5	University of Houston	休斯顿大学	本科
5	University of California at Los Angeles	加州大学洛杉矶分校	研究生
5	University of Virginia	弗吉尼亚大学	研究生
8	CUNY-Hunter College	纽约城市大学亨特学院	研究生
8	East Tennessee State University	东部田纳西州立大学	本科
8	Miami University of Ohio	俄亥俄迈哈密大学	研究生
8	University of California-Irvine	加州大学欧文分校	本科
8	University of California-San Diego	加州大学圣地亚哥分校	研究生
8	University of North Carolina at Asheville	北卡莱罗纳大学阿什维尔分校	本科
8	University of Tennessee	田纳西大学	本科
12	Austin Peay State University	奥斯汀皮耶州立大学	本科
14	Northwest Nazarene University	西北拿塞勒大学	本科

排名	院　　校		层次
14	University of Iowa	爱荷华大学	本科
15	James Madison University	詹姆斯麦迪逊大学	研究生
15	Virginia Commonwealth University	弗吉尼亚联邦大学	研究生
15	Wright State University	莱特州立大学	研究生
17	Maryville College	玛丽维尔学院	本科
17	University of North Carolina at Chapel Hill	北卡罗莱纳大学教堂山分校	研究生
19	Clemson University	克莱姆森大学	本科
19	Mansfield University of Pennsylvania	宾夕法尼亚曼斯菲尔德大学	本科
19	Ohio State University	俄亥俄州立大学	研究生
19	University of Arizona	亚利桑那大学	本科
23	Coe College	科伊学院	本科
23	Indiana University-Bloomington	印第安纳大学布鲁明顿分校	本科
23	University of South Dakota	南部达科达大学	本科
27	Arizona State University	亚利桑那州立大学	本科
27	University of Arkansas at Monticello	阿肯色大学蒙蒂塞洛分校	本科
28	CUNY-Hunter College	纽约城市大学亨特学院	本科
28	Middle Tennessee State University	中部田纳西州立大学	本科
28	Southeastern Louisiana University	东南路易斯安那大学	本科
28	University of Memphis	孟菲斯大学	研究生
32	Bloomsburg University of Pennsylvania	宾夕法尼亚布鲁斯堡大学	本科
32	Clayton State University	克莱顿州立大学	研究生
32	College of Charleston	查尔斯顿学院	本科
32	Dallas Baptist University	达拉斯浸会大学	本科
32	Gordon College	高登学院	本科
32	University of Kentucky	肯塔基大学	本科
37	Boise State University	博伊斯州立大学	本科
37	CUNY-Brooklyn College	纽约城市大学布鲁克林学院	研究生
37	Union University	联合大学	本科
37	University of North Carolina at Wilmington	北卡来罗纳大学威明顿分校	本科

排名	院　　校		层次
41	Hope College	霍普学院	本科
41	Northwestern State University of Louisiana	西北路易斯安那州立大学	本科
43	Ithaca College	伊萨卡学院	本科
43	Marietta College	玛丽埃塔学院	本科
43	SUNY-Binghamton University	纽约州立大学宾汉姆顿分校	研究生
43	University of Redlands	雷德兰兹大学	本科
43	University of South Carolina-Columbia	南卡莱罗纳大学哥伦比亚分校	本科
43	Vanderbilt University	范德堡大学	研究生
43	Whitworth University	惠特沃斯大学	本科
50	East Tennessee State University	东部田纳西州立大学	研究生
50	Eastern Connecticut State University	东部康奈迪克州立大学	本科
50	Radford University	瑞德福大学	研究生
50	University of Hartford	哈特福德大学	本科
50	University of Illinois at Urbana-Champaign	伊利诺伊大学香槟分校	本科
50	University of Minnesota-Morris	明尼苏达大学莫里斯分校	本科
50	University of Montana	蒙塔纳大学	研究生
56	Texas Southern University	得州南部大学	本科
56	Tusculum College	塔斯库勒姆学院	本科
57	Ashland University	阿什兰大学	本科
57	Gustavus Adolphus College	古斯塔斯奥德普斯学院	本科
57	Gwynedd-Mercy College	威内德莫西学院	本科
57	Lebanon Valley College	黎巴嫩谷学院	本科
57	Marist College	玛丽斯特学院	本科
57	Mills College	米尔斯学院	本科
57	Murray State University	莫瑞州立大学	本科
57	North Carolina State University at Raleigh	北卡莱罗纳州立大学罗利分校	本科
57	Neumann University	纽曼大学	本科
57	Ohio Wesleyan University	俄亥俄卫斯理大学	本科
57	St. Edward's University	圣爱德华大学	本科

排名	院　　校		层次
57	St. Olaf College	圣奥拉夫学院	本科
57	Tennessee Technological University	田纳西科技大学	本科
57	University of Akron	爱克朗大学	本科
57	University of California-Berkeley	加州大学伯克利分校	研究生
57	University of Minnesota-Duluth	明尼苏达大学德鲁斯分校	本科
57	University of Northwestern-St. Paul	西北大学圣保罗分校	本科
57	University of Oklahoma	奥克拉荷马大学	本科
57	University of Pittsburgh at Bradford	匹兹堡大学布拉德福德分校	本科
57	University of St. Thomas	圣托马斯大学	本科
57	University of Tennessee-Martin	田纳西大学马汀分校	研究生
57	William Jewell College	威廉贾维尔学院	本科
79	Kean University	肯恩大学	研究生
79	Rider University	莱德大学	本科
79	Rowan University	罗文大学	本科
82	Arizona State University	亚利桑那州立大学	研究生
82	Delaware State University	德拉维尔州立大学	本科
82	Minnesota State University-Mankato	明尼苏达州立大学曼卡多分校	本科
82	Minnesota State University-Mankato	明尼苏达州立大学曼卡多分校	研究生
82	University of Georgia	乔治亚大学	研究生
87	Christopher Newport University	克里斯托弗纽波特大学	研究生
87	Dakota State University	达科塔州立大学	本科
87	Missouri University of Science and Technology	密苏里科技大学	本科
87	Northwestern Oklahoma State University	西北俄克拉荷马州立大学	本科
87	Ohio Northern University	俄亥俄北部大学	本科
87	Southern Methodist University	南方卫理公会大学	本科
87	Texas Tech University	得州科技大学	本科
94	Oregon State University	俄勒冈州立大学	研究生
94	Purdue University-Calumet	普渡大学盖莱默分校	本科
94	Saint Joseph's University	圣约瑟夫大学	本科

排名	院　　　校		层次
94	University of Arkansas	阿肯色大学	研究生
94	University of Cincinnati	辛辛那提大学	本科
98	Georgia Southern University	乔治亚南方大学	研究生
98	Misericordia University	米塞利科蒂亚大学	本科
98	Valdosta State University	瓦尔多斯塔州立大学	本科
98	Valdosta State University	瓦尔多斯塔州立大学	研究生
103	Alice Lloyd College	爱丽丝罗伊德学院	本科

（资料来源：National Council on Teacher Quality. http://www. nctq. org/teacherPrep/review2014. do，2015 - 05 - 15.）

第四章　美国中小学卓越教师职前培养的质量保障：政府保障

中小学卓越教师的职前培养主体是高等院校，但是政府包括中央政府和地方政府等都是直接相关者，它们以各种形式如政策、制度、拨款、评估、监督等影响着卓越教师的职前培养工作及其质量。尽管形式不同，但政府与高等院校的共同目标却是一致的，即确保并提升卓越教师职前培养的质量。那么，美国各级政府特别是联邦政府和州政府是通过什么样的方式以及如何影响与保障各高等院校所实施的卓越教师职前培养项目的质量的呢？它们分别做了什么？扮演了什么样的角色？发挥了什么样的作用呢？

第一节　联邦政府：政策制定与资金拨款

20 世纪 90 年代以来，美国联邦政府逐渐意识到基础教育的改革离不开教师教育的改革，二者不能如以往一般，行驶在不同的路径上。为此，联邦政府开始逐步在教师教育方面加大自己的影响力与作用。1992 年，联邦政府正式将教师教育写入法案——1992 年《高等教育法》授权法案，该法案对教师质量进行了专门的描述，这里的教师质量包含了职前的培养和职后的培训。但当时的授权法案对教师培养并没有开展整体的设计，仅仅涉及了对所培养的师范生的质量评价，包括学科知识和教学技能的培养状况等。

1998 年联邦政府对《高等教育法》进行了再次授权，此次的授权修订增加了新的关于教师教育的内容，新条款规定了教育部部长每年向国会递交关于教师培养质量全国报告的制度。同时，还规定了教师职前培养工作的问责制度，要求各州和实施教师职前培养工作的高等院校收集教师职前培养的各项质量数据,并以报告的形式递交给联邦政府,联邦政府还就此设立了专项的资金拨款。而且,1998 年的《高等教育法》首次明确要求就教师培养质量情况提供三个年度报告:首先,高等教育机构要向所在州提供相关数据,这些数据包括所培养的师范毕业生在州证书和教师资格考试中的通过率;第二份报告则是各州结合高等院校提供的数据和其他的数据整理成的递交给教育部的质量报告;第三份报告则是教育部部长将各州递交的质量报告整理成全国教师职前培养的质量报告递交给国会。① 该法案对各州所实施的质量评估指标进行了指引,具体指标包括教师资格证书考试的通过率、师范生进入教育专业的标准、鉴定高等院校培养情况的标准等等。

进入 21 世纪,小布什入主白宫。2001 年小布什政府颁布《不让一个孩子掉队法案》,这是小布什任内最为重要也是进入 21 世纪以来美国联邦政府最具影响力的教育法案之一。它在教师教育上最大的作用是它代表美国历史上第一次以立法的形式对教师质量做出了明确的界定:高质量教师——对于所有公立中小学教师而言,高质量教师就是那些持有州政府颁发的教师资格证书、通过了州政府的考试,具有扎实的任教科目学科知识的教师,其中也包括了那些通过选择性通道获得教师资格证书的教师。法案还提出了小学高质量教师、中学高质量教师的具体标准与要求等。小学新教师应该具有学士学位,持有教师资格证书,通过了州一级教师考试而展示出其具有学科专业知识,具有教授阅读、写作、数学和其他小学基本科目的教学技能;中学新教师应该至少具有学士学位,主修过任教科目,持有教师资格证书,通过州一级的任教科目而展示出其在该学科领域具有很高的水平。② 除了这些规定以外,法案还提出要求美国所有教师要在 2006 年必须都达到高质量教师的标准。尽管《不让一个孩子掉队法案》所提出的高质量教师并非本书所界定的卓越教师,只是美国中小学教师的基础标准,但是它对于提升美国基础教育教师队伍的整体质量与素质有着十分重要与关键的作用,而这对于美国各高校为中小学职前培养卓越教师也有着极大的推进作用。

尽管在奥巴马政府之前,美国高等院校并没有大规模地开始启动与实施中小学卓越教师职前培养工作,但是联邦政府对教师教育职前培养工作的质量早就已经表现出了浓厚的兴趣并展开了积极的努力。自奥巴马接任美国总统之后,联邦政府对于教师

① Meeting the Highly Qualified Teachers Challenge: The Secretary's Annual Report on Teacher Quality [R]. U. S. Department of Education Office of Postsecondary Education, 2002.
② 洪明. 美国教师质量保障体系历史演进研究[M]. 北京:北京师范大学出版社,2010:304—305.

教育职前培养工作的质量则是显示出了更加高昂的热情,并为此颁布了一系列的法案来提升教师教育的职前培养质量,这一方面直接促使了各高等院校开始实施中小学卓越教师职前培养工作,另一方面又直接促进了中小学卓越教师职前培养质量的提升。

一、2009 年《美国恢复与再投资法案》

2009 年 2 月,美国奥巴马总统签署了《美国恢复与再投资法案》。该法案规定,为增加就业、复苏经济等,联邦政府将在教育领域投入 1 000 多亿美元,以期通过大幅度提高教育投入来重振美国经济。美国教育部部长邓肯也表示了巨额的教育投资主要花费在四个方面:提高教师质量、提高学科标准、使用数据来记录每一名学生的进步过程、改革薄弱学校。为了配合和推进教育改革计划的实施,联邦政府在《美国恢复与再投资法案》中设置了"力争上游"项目(Race to the Top,以下简称 RTTT 项目)。联邦政府拨款 43.5 亿用于 RTTT 项目,旨在改革美国基础教育,推进教育的卓越发展。其中 2.97 亿美元用于"教师激励奖学金",奖励提高学生学业成绩的卓越校长和教师,并鼓励卓越教师留任于高需求的学区和学校。2010 年 2 月出台的 2011 年联邦政府财政预算的教育经费中,用于奖励使学生学业成绩显著提高的教师和校长以及其他计划的资金达 9.5 亿美元,5 亿美元用于开发新的测试工具,4.5 亿美元用于开发新的教师培养途径。这些措施为卓越教师和校长的招募、培养、激励和留任等做好了充分的准备。

RTTT 项目聚焦美国基础教育四个关键领域的改革:开发严格的标准和实施更高标准的评估;采用更优质的数据系统为学校、教师、家长提供学生的学业成就信息;支持教师和学校领导更优质的发展;改革薄弱学校。[①] 其中关键的一点就是促进教师和学校领导的卓越发展,通过资金刺激支持州政府实施计划来招募、培养、激励和留任卓越教师和校长,特别是对最薄弱和最需要的地区和学校而言。RTTT 项目要求各州采取更为严格的教师教育问责机制,并推广卓越教师职前培养工作。为了推动各州致力于卓越教师职前培养工作的发展,RTTT 项目设立了专门的竞争资金以支持各州建立完善的卓越教师职前培养系统从而保障卓越教师职前培养的有效实施,各州获得RTTT 项目资金的标准主要有:所培养学生的学业成就和学业增长的数据与他们的

---

① White house. Race to the Top [EB/OL]. https://www.whitehouse.gov/issues/education/k-12/race-to-the-top,2014-12-23.

教师相联系,并将这些信息和该州内相关高等院校的教师职前培养工作结合起来,在全国范围内公开报告各州教师职前培养工作的质量数据,一方面可以检阅各州高等院校教师职前培养工作的成效,另一方面也可以在全美范围内推广成功的卓越教师职前培养工作经验。①

　　继联邦政府提出 RTTT 项目之后,美国各州政府为了在经济危机中获得可观的教育资金,均为此展开了积极的努力,纷纷向教育部递交本州的教师职前培养报告,报告本州的教师教育培养现状和存在的问题,以及如何结合联邦政府所制定的政策与制度来推进本州的卓越教师职前培养工作。2010 年,联邦政府依据各州的申报材料,选拔出了第一批获得 RTTT 项目拨款资助的 12 个州,分别是特拉华州、佛罗里达州、乔治安纳州、夏威夷州、马里兰州、马萨诸塞州、北卡罗莱纳州、纽约州、俄亥俄州、罗德岛州、田纳西州、哥伦比亚特区。这些州将在联邦政府的资金资助下改进本州的教师教育质量评估机制和提升本州教师教育职前培养的质量等,这不仅促进了各高等院校努力通过卓越教师职前培养项目等来获得州政府的肯定与支持,也大力提升了教师职前教育的质量。除此之外,联邦政府还要求已获得拨款资助的各州,除了为与各教师职前培养相关的高等院校提供详细的指引之外,还应收集与整理全州内教师职前培养工作的数据并向全州公开发布,以让所有相关高等院校了解详细情况,并依据各高校的实际培养情况评定出卓越教师职前培养院校,在全州内推广这些高校的培养经验等。② 与此同时,联邦政府还要求获得资助的各州政府提供详细的资金如何有效利用以提升本州教师职前培养质量的绩效报告,这既是已获得拨款的各州的义务,也是联邦政府决定是否对该州继续实施资助的重要依据。

　　《美国恢复与再投资法案》及 RTTT 项目的提出与实施,使得美国联邦政府对教师职前培养项目的质量保障从原来的关注培养过程开始转变到重视培养结果,即从原来只关注所培养师范生获得教师资格证书的数量到关注对毕业生开展的有效性教学,这种有效性的评价是和其所教授学生的学业成绩直接相关联的。正如美国教育部部长邓肯指出的那样,"在此项目(RTTT 项目)之前只有路易斯安那州追踪教师职前培养的有效性,事实上全国每个州都应该如此……激励各州都来提升教师职前培养项目

---

① Getting Better at Teacher Preparation and State Accountability [R]. Center for American Progress, 2011:12.

② Evaluating the Effectiveness of Teacher Preparation Programs for Support and Accountability [R]. National Comprehesive Center for Teacher Quality, 2012.8: 5.

的有效性。"①由此可见，《美国恢复与再投资法案》及其提升教师教育职前培养质量的RTTT项目是美国高等院校致力于卓越教师职前培养的重要推进力量，也是各州政府纷纷开始重视与提升本州教师教育职前培养质量的重要影响因素。

二、2011 年《我们的未来，我们的教师》

2011 年 9 月，美国教育部颁布的《我们的未来，我们的教师》，旨在为未来十年制定全面综合的教师教育改革策略，为每位教师提供卓越教师培养机会，从而为每位学生提供卓越的教师和卓越的基础教育。正如奥巴马所说："美国的未来有赖于教师。这就是为什么我们采取措施来培养教师，让他们做好成为卓越教师的准备并鼓励他们留任于教师职业。同时也是我们创造新的教学途径和新的激励政策鼓励教师到最需要他们的学校去的原因。"②《我们的未来，我们的教师》报告先详细分析了美国教师教育当前所面临的挑战，分别如下：

第一，教师职前培养项目设置与社会需求脱节。虽然美国有很多的教师职前培养项目，然而很多现有的培养项目并不能满足社会、家长、学生、准教师等相关利益群体的需求。一些学区多紧缺科学、技术、工程和数学等学科方面的教师，在特殊群体（残疾人、天才或智障）的英语教学领域的师资也很缺乏，但是有关项目却往往不能改善这一状况。超过 50％的学区都反映很难招聘到在科学和特殊教育方面的高质量的教师，超过 90％的少数民族集中的区域反映，很难吸引到数学和科学方面的优质教师。

第二，教师来源质量得不到保障。据统计，在美国只有 23％的教师是来自师范院校的毕业生，而且其中有 14％来自高贫困学校，由此可知，准教师的来源质量参差不齐，得不到保障。此外，很多教师职前培养项目并不能为准教师们提供缜密系统的实践训练。目前，只有 50％的准教师能够获得有监督的实践训练，超过 60％的教育学校的校友反映，他们所在的学校并没有为其提供"课堂实境"的培养，而这些实践经验是他们毕业后在教学过程中所必需的。此外，很多州并没有设置关于入选教师行业的高标准，这也使得师资队伍水平参差不齐。

---

① Arne Duncan. Teacher preparation: Reforming the Uncertain Profession [EB/OL]. http://www. ed. gov/news/speeches/teacher-preparation-reforming-uncertain-profession，2014-12-26.

② Our Future，Our Teachers: The Obama Administration's Plan for Teacher Reform and Improvement [EB/OL]. http://www. cesmee. hs. iastate. edu/resources/national/Obama％20Plan％20-Teacher％20Ed％20Reform％209-11. pdf，2014-12-25.

第三，师资队伍的发展不能满足学生群体的多样性发展。教师职前培养中所面临的最大挑战是，教师队伍的发展并不能满足全美学生群体的多样性发展需求。伴随着黑人学生群体和西班牙学生群体的增加，美国的学生群体日趋多样化，而相应的教师队伍还是保留着以白人教师占主导的状态。与38%的有色人种的学生相比，只有14%的教师是有色人种，只有2%的教师是非裔美国人，另外2%的教师是拉美裔。

第四，教师职前培养项目缺乏有效监督。美国职前培养项目存在很多问题，其中一个主要原因是缺乏有效的监督。根据《高等教育法》的规定，各州政府要提高本州内低效的培养项目的质量。据统计，2010年，在超过1 400个教师职前培养的高等教育机构中，州政府确定的低效项目只有37个，有39个州没有发现任何低效项目。在过去的十几年里，有27个州从未识别出低效的教师培养项目。教师培养项目有效监督的缺乏，使得各州的教师培养项目缺少明确的质量标准，这也使政府的拨款未能得到充分有效的利用。

第五，缺乏有效的教师资格认证系统。全美有超过95%的申请人通过教师资格认证考试，但是传统的教师资格认证的纸笔考试已经不能反映出新教师所需要的技能，也不能反映准教师在教室中是如何执行教学的。新入职的教师中，有62%的人报告他们在面对教室实境时感到手足无措。传统的教师资格认证考试已经不能有效发挥教师资格认证的作用了，教师职业标准有待提升，教师资格认证的测评方式有待完善和改变。① 针对这些问题与挑战，《我们的未来，我们的教师》也提出了相应的策略，具体如下：

第一，注重结果。美国现存的有关教师教育的报告和问责制是根据《高等教育法》制定的，但是这些报告的数据并不能造就有意义的改变。这是因为，报告中的数据既不是基于项目有效力的有意义的指标，也不是基于对项目来说最重要的措施。2011年，联邦教育部与教师培养协会合作开展简化规则的工作，目标是在减少州和教师培养项目负担的同时更好地实行管理。并规定，项目有效性的指标应主要由三类成果决定：1.调查教师培养项目所培养的毕业生所教的中小学学生的成长情况。从"力争上游"计划在各州的运行经验来看，路易斯安那州、北卡罗莱纳州、田纳西州和纽约市学区都要求报告培养项目的毕业生所教学生的学习成果，并要求通过多种有效手段检视

① 王凤玉，欧桃英. 我们的未来　我们的教师——奥巴马政府教师教育改革和完善计划解读[J]. 清华大学教育研究，2012. (4)：35—36

学生的成长与培养项目的毕业生的关系。2. 就业率和留任率。在适应学区需求的前提下，为了衡量教师培养项目在培养和支持教师方面所采取的方式的有效性，联邦政府要求各州报告培养项目所培养出的毕业生的就业情况和留任率。尤其要报告毕业生是否就任于教师稀缺地区，以及他们在那些高需求地区的留任年限。2. 调查培养项目的负责人及毕业生，以判定近期的培养项目是否为毕业生提供了成为合格教师所必备的技能，并收集能够反映项目质量和改善成果的数据，从而可以更好地完善教师培养项目，致力于培养出优质准教师。以上三类成果的调查将会分阶段在未来几年内全面执行，从而创建出全州学业数据库。许多州已经着手追踪教师就业率数据，并将学生与教师以及教师与培养项目联系起来。其他的调查也在联邦政府与《州财政稳定恢复法案》486亿美元的投资以及"州纵向数据系统"4亿赠款的支持下取得了可观的进展。

第二，选拔卓越。在2012年财政预算中，有1.85亿美元用于补助各州教师培养项目的改革，这将改善现有的高等教育教师教育补助计划（TEACH）所提供的1.1亿美元的补助现状，修正后的计划称为"大学校长的教学人员"计划。该计划的资金将会按一定的标准分配给各州，而这些州必须确保教师培养的高标准。首先，州要确定教师鉴定和证书的发放取决于教师的表现，且教师资格的鉴定不再仅仅通过传统的纸笔考试来进行，新的教师资格鉴定方式必须能反映出教师在实际教学中的教学能力。其次，各州要严格设置标准，在对学生知识的增长、就业和留任率以及对家长满意率的调查结果的分析基础上鉴定本州教师培养项目的优劣，从而确定本州所要重点资助的对象，将有效资源最优化使用，协助优秀的培养项目，撤销资助持续出现不良状况的差的培养项目。最后，各州可以批准任何满足教师培养高审批标准的非传统培养方式的教师培养项目。联邦政府将会预留高达20％的资金（60亿美元）用于支持各州实施这些计划。此外，联邦政府还将预留额外的5％（15亿美元）的资金用于州与州之间联合培养卓越教师，这些卓越教师将会获得成为领导人的机会，并有获得额外补偿的资格。"大学校长的教学人员"计划将大量资金用作教学奖学金。各州将给予优秀项目以大量的资金支持，而优秀的培养项目则会在培养的最后一年将所获得的"大学校长的教学人员"计划的资金奖给取得高成就的学生，金额高达1万美元，并且优先考虑那些来自低收入家庭的学生。培养项目往往对这些学生进行一些稀缺教师的科目的培养，如科学、技术、工程和数学，或是培养这些人员到稀缺教师的领域，如教母语非英语的学生或是特殊学生，并要求他们必须承诺在这些高需求的学校至少留任三年。采取奖学金制度的目的是为了吸引新教师到高需求的学区和学校任教。然而,每年大约有1.1亿美元在不考虑质量的情况下资助给了教师培养项目,而这些项目则在学生尚未准备好或是尚且缺乏从事教师职业的有效经验之前就将奖学金发放给了学生,从而导致近80%的受助人未能履行他们为教学服务的职责,导致奖学金的发放未能达到预期效果。为此,联邦政府提出对于未能履行职责的学生采取有息偿还援助的政策。此外,联邦政府通过鉴定和资助优秀培养项目,确保将奖金奖励给那些致力于服务高需求地区及学科的教学人员。联邦政府还规定,在该计划中获得资助的人员在其参与学术项目期间还可以继续接受联邦政府的资助。并规定,所有的准教师,不管是否参与到最优秀的培养项目中,都有权利获得以收入为基础的贷款,并且可以通过从事为公众服务的工作来偿还联邦政府学生贷款,这包括从事教师行业。这一举措,较之于之前每月偿还收入10%的还贷方式,有效地减轻了准教师的负担。

第三,定向投资。由于美国师资队伍的发展不能满足学生群体多样性发展的需求,因此政府急切需要培养适应于少数民族教学需求的教师。少数民族服务机构(MSIs)承担了一半以上的少数民族教师培养工作,但与同类机构相比却缺乏资金支持。为了更好地支持少数民族服务机构的教师培养项目,联邦政府将为奥古斯·F·霍金斯中心的卓越项目提供4000万美元的资助。主要针对以下五个方面进行改革:1.提高准教师的入选或离开标准;2.通过广泛的干预来帮助有希望的准教师达到标准,特别是帮助准教师通过严格的入选和证书考试;3.重新设计,确保培养项目既有学术性又具实践性;4.训练所有准教师收集和使用有效数据来控制课堂实践;5.与当地学区或有经验的非盈利组织合作。联邦拨款有效期限为三年,三年后达标的将可享受额外两年的财政补助,合格的机构还可能获得作为管理补助的2%的资金。上述倾斜性的资助政策和措施,使少数民族服务机构中的教师培养项目资金来源得到了保障,促使其在培养少数民族教师方面发挥更大的作用。①

《我们的未来,我们的教师》在一定程度上可以算是奥巴马自担任美国总统以来所颁布的最有影响力的教育政策,一方面,它大力地强调了卓越教师职前培养工作的重要性,同时,它又提出了卓越教师职前培养的评价标准与发展方向,还设置了相关的项目与计划、划拨相应的资金等来扶持各州推进卓越教师的职前培养,同时又依托这些

---

① 王凤玉,欧桃英.我们的未来 我们的教师——奥巴马政府教师教育改革和完善计划解读[J].清华大学教育研究,2012.(4):36—38.

保障美国教师教育职前培养的质量,确保高等院校培养出越来越多美国社会所需要的卓越教师。

三、其他相关政策法规与资金拨款

1. 2010 年《改革蓝图》

2010 年 3 月,美国教育部颁布《改革蓝图》法案。在该法案中,奥巴马政府肯定了布什总统签署的《不让一个孩子掉队法案》在过去 8 年的时间里在促进学校改革以及缩小学生学业成就差距上做出的巨大贡献,但同时认为该法案存在较大弊端,包括如下三点:第一,各州为完成目标而降低了学业标准;第二,给学校误贴了"失败"的标签,以及用"唯一方式"对这些学校进行干预;第三,在学生成长及学校进步方面努力不足。由此,奥巴马政府将通过《改革蓝图》来弥补《不让一个孩子掉队法案》的不足之处,重点改革这几个方面:第一,《改革蓝图》为所有学生设置了更高的学术标准,即"为大学和就业而准备"的标准;第二,《改革蓝图》提出了更为公平的责任制,来奖励卓越与进步;第三,给予各州及教育者以"弹性空间",鼓励因地制宜解决当地教育问题;第四,运用严格而有意义的干预手段扭转"表现不佳"学校的局面。该法案的主体部分长达 400 页,对教育提出新的要求,即更高的学术标准、更严格的评价体系、更卓越的教师、更高的创新要求,这些是为了在全球化大背景下为美国培养符合适应世界范围内的具有竞争性的合格公民。该法案的发布表明了新世纪伊始在奥巴马带领下的美国政府对提高基础教育质量的目标和决心,也标志着美国新一轮基础教育改革的开始,而达到这样的目标的途径就是通过全美国上下的一致努力,同时法案为各州和地方政府在开展教育改革和联邦教育经费的具体使用方面提供了竞争性的相关政策,督促其完成承诺的目标。①

《改革蓝图》提出了五大优先改革区域,包括为进入大学或步入职业的学生做准备、为学生选择更卓越的教师和校长、提高改革标准和相关资金投入以督促各州改革、为每一名学生创造平等的机遇和公平条件、不断完善与创新以促进全面教育。在"为学生选择更卓越的教师和校长"这一优先改革区域中,联邦政府提出了"尊重项目"(Respect Project),即"确认教育成功、专业卓越和合作教学"项目(Recognizing

---

① 荣艳. 奥巴马时期美国基础教育政策走向与趋势——基于《改革蓝图》的视角[D]. 西北师范大学硕士学位论文,2012:24.

Educational Success, Professional Excellence, and Collaborative Teaching, 简 称
Respect 项目),所谓教育成功是对确认改进学生学习与成绩的承诺;专业卓越意味着
促进连续的提高实践,并确认、奖励和学习成功的教师和校长;合作教学意味着专注于
分享责任与决策,并创建校长和教师能一起工作与学习、相互监督并相互提升的学校。
具体来讲,尊重项目的根本目的在于,通过改革中小学教师的职业生涯路径与促进教
师的发展,提升美国中小学教师队伍的质量和美国中小学的教育质量,进而使得中小
学教师能赢得更多的社会尊重,使教师职业再度成为美国最受尊重与欢迎的职业之
一,吸引美国最为优秀和聪明的年轻人和大学毕业生从事教师职业,并愿意为此服务
与奉献终生。为了尊重项目的顺利推行与实施,奥巴马政府将为此投资 50 亿美元。①
尊重项目为美国中小学教师重新塑造的职业路径如图 4.1 所示:从实习教师/学生教
师(the Resident Teacher 或者 the Student Teacher)到初任教师(the Novice Teacher)、
从初任教师到专业教师(the Professional Teacher)、从专业教师再到卓越教师(the
Master Teacher)、最后到教师领导(the Teacher Leader),尊重项目还详尽地阐述与制
订了这些不同职业生涯阶段教师职业发展的标准与要求。② 尽管这并不是卓越教师职
前培养的路径,但是却给美国卓越教师职前培养提供了有益的目标导向与培养启示。

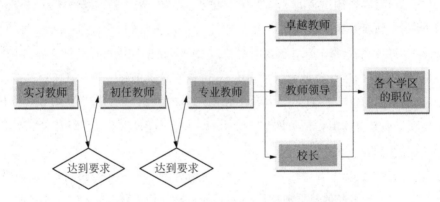

图 4.1　美国中小学教师新的职业发展路线图

　　(资料来源: Sample Teacher Roletructure. http://www. ed. gov/teaching/national-conversation/vision/section-ix-appendix-sample-teacher-role-structure[EB/OL],2012 - 12 - 28.)

---

① Introduction [EB/OL]. http://www. ed. gov/teaching/national-conversation/vision/section-i-introduction,
2012 - 12 - 18.

② Sample Teacher Role Structure [EB/OL]. http://www. ed. gov/teaching/national-conversation/vision/
section-ix-appendix-sample-teacher-role-structure, 2012 - 12 - 28.

除了尊重项目以外,在"为学生选择更卓越的教师和校长"这一优先改革区域中,奥巴马政府也在积极推进教师职前培养、在职教师培训和学校改革三位融为一体,这种一体化进程不仅有助于提高教师教学工作效率,也有助于提高学生学业成就。联邦政府提供1亿美元资金用于推动基础教师改革项目和中小学与大学合作的教师教育改革项目。联邦政府希望通过教师教育改革项目,推进职前、在职、中小学校的改革,进而提升教师教育的职前培养质量、在职培训质量和中小学校的整体教育质量。

2. 2012 年《教师培养改革法案》

2012 年 9 月,美国教育部为了提升高需求学校的教师质量,颁布了《教师培养改革法案》(又称《教育者准备改革法案》)。该法案的主要目的是改革与加强教师职前培养项目的绩效,构建与支持多方的伙伴关系以满足教师和教育领导者的需求。该法案与教师职前培养相关的主要内容包括:

第一,改进和扩大"教师质量伙伴助学金项目"(the Teacher Quality Partnership Grants Program)。这一项目是在 2011 年的《改革蓝图》中提出的,主要是为高需求的中小学校即薄弱学校等准备和提供卓越教师,那么在职前培养上便将职前培养教师的高等院校、高需求学校的教育行政部门、高需求学校等联系起来,建立合作伙伴关系。2012 年《教师培养改革法案》不仅继续强化了这一项目,还将合作伙伴关系下培养的对象从原来的教师拓展到校长、图书管理员、学校咨询员和其他教育者。除此之外,通过这一项目改革教师教育院校的职前培养模式,特别是通过教师或者校长实习项目(Teacher or Principal Residency Programs)来加强与推进教师教育院校的本科培养模式。同时,还扩大了对薄弱中小学校的界定,让更多的学校能够获得"教师质量伙伴助学金项目"的资助。在 2012 年和 2013 年里,美国联邦政府分别为"教师质量伙伴助学金项目"投资了 0.428 亿美元和 0.4 亿美元。

第二,改革教师培养项目的报告制度。联邦政府要求所有的教师教育院校均要向公众报告自己院校在教师准备项目上的几个关键指标的内容,如项目质量、项目表现、项目绩效等,而这些关键指标应通过采用教师培养绩效评估的形式以数据来报告与呈现。同时,联邦政府还要求各州通过一个透明的程序如与教师教育者协商等来制定与确定本州的教师培养项目评价标准,这些标准除了要能有效评价出该州的教师培养质量以外,还要能获得公众的支持。但是,联邦政府和州政府均不能对各教师教育培养项目进行质量排名。为了这一改革措施,联邦政府在 2012 年和 2013 年里,分别给"州政府改进教师质量助学金"(Improving Teacher Quality State Grants)拨款 24.66 亿美元和 23.38 亿美元。

第三,其他。发展与实施一个有效且可靠的教师质量评价系统以决定新教师在进入教室后的有效性,为低质量的教师准备项目提供各方面的支持,发展与制定一个质量评价体系以评价教师职后专业发展项目的质量与有效性。[①]

3. 2014 年《全民拥有卓越教育者计划》

2014 年 7 月 7 日,美国教育部发布了《全民拥有卓越教育者计划》公告,以下简称《卓越教育者计划》,该计划旨在帮助各州、各学区为卓越教师提供多方面支持,以满足薄弱学校和弱势学生群体的教育需要。与以往美国联邦教育政策的大动作相比,《卓越教育者计划》既没有《不让一个孩子掉队法案》的法律约束力,也不像《美国恢复与再投资法案》那样倾注巨额财力,但《卓越教育者计划》诞生于美国总统奥巴马的第二任期,指向性极强,实际上也是奥巴马第一任期教育改革的拓展与延伸。《全民拥有卓越教育者计划》主要有三大内容:

第一,"公平配置教师综合计划"(Comprehensive Educator Equity Plans)。联邦教育部要求各州统计本州具体的师资情况,在与本州教师、校长、学区、家长和社区组织充分协商之后,制定新的综合性的师资公平计划。这些计划将能够适应本地区实际情况,确保每个学生都能拥有教学效能卓越的教师。另外,计划还要求各州教育部门的负责人在 2015 年 4 月之前向联邦教育部提交所在州的"师资公平配置规划"(Teacher Equity Plans)。这些规划于 2006 年由各州首次制定,之后虽有所更新,但由于联邦政府对此的监管较为松散,因而各州的"师资公平配置规划"内容相对陈旧,实施效果不佳,这次出台的《卓越教育者计划》便要求各州对此进行全面修订和更新。

第二,"公平配置教师支持网络"(Educator Equity Support Network)。联邦教育部投入 420 万美元用于兴建一个技术支持网络,帮助各州和地区制定并实施本地教育规划。该支持网络将会开发师资规划模板以供参考,各地的教师和校长还将从中分享各自的工作经历,吸取社区的实践经验,相互借鉴,共同面对挑战。总之,这一网络将为高需求学校即薄弱学校的教师提供全面的支持。

第三,"公平配置师资文件夹"(Educator Equity Profiles)。为了帮助各州改进师资公平配置规划,增强社区吸引、容纳卓越教师的能力,联邦教育部已在 2014 年秋季

① American Association of Colleges for Teacher Education. Summary of the Educator Preparation Reform Act [R]. American Association of Colleges for Teacher Education,2012.9

发布"公平配置师资文件夹"。文件夹也会收录各州低收入和少数族裔学生在拥有卓越教师方面的真实情况,以帮助各州掌握学校内部和学校之间的卓越教师配置差距。同时,文件夹还特别关注薄弱学校在聘请和留任卓越教师方面所作的努力及取得的成绩。除此之外,各州还将得到由民权数据收集库(Civil Rights Data Collection)提供的完整的数据文件。根据这些数据材料,各州将能够进行详细的数据分析,对当地师资失衡的状况进行深入而全面地探讨,进而提出相应的改进策略。[①]

尽管《全民拥有卓越教育者计划》并不完全以职前培养卓越教师为根本出发点,但是它所提出和倡导的"全民拥有卓越教育者"这一理念的确给了美国教师教育重要的未来方向与努力目标。全民拥有卓越教师,这不仅需要职后的有效培训和中小学校的专业发展,更需要职前的努力培养,职前的培养是决定这些学生能否成为卓越教师的基础,所以,从这一点上来讲,教师教育的职前阶段也是全民是否拥有卓越教师的基础所在。由此,《全民拥有卓越教育者计划》意味着美国联邦政府已经将卓越教师作为了美国教师教育未来的方向,而这应该从职前阶段便努力做起来。

4. 教师培养质量年度报告

除了上述政策法规以及资金拨款以外,联邦政府还要求州政府依据联邦政府的各项法律政策,参照自己本州的实际情况,制定相应的政策以落实联邦政府的相关政策与规定。联邦政府对于州政府落实联邦政府政策以及各高校的教师教育培养质量的评估与监督主要依靠"教师培养质量年度报告"(the Annual Quality Report of the Teacher Preparation Program)来完成。"教师培养质量年度报告"的主要制作流程是:由政府层面特别是联邦政府规定年度质量报告所必需呈现和分析的基本内容(当然,州政府也可以有自己本州的特别规定),然后由实施教师教育培养工作的高校收集与整理、归纳与分析相关的数据与信息等进而形成自己的"教师培养年度质量报告",最后递交给州政府,州政府依据全州所有教师教育院校的报告整理形成本州的报告递交至联邦政府;然后由联邦政府和州政府依据高校的培养质量报告,决定所给予高校的拨款额、项目审批等。一般来讲,美国"教师培养质量年度报告"主要包括如下三个方面的内容:

---

① 吴路珂. 从公平走向卓越——美国《全民拥有优秀教育者计划》介评[J]. 比较教育研究,2015.(4): 78—80.

第一部分：项目的准备工作

（1）入学标准。入学标准的评价主要是学生进入卓越教师职前培养项目时的学业成绩，以考入高校的成绩、入选卓越教师培养项目的笔试与面试成绩等为主要评价内容。[①]

（2）教师队伍。对承担卓越教师培养项目的教师队伍的质量评价，包括全职教师、兼职教师、研究生助教、来自中小学的合作教师等的数量，以及他们的质量构成如博士、专家、学者、中小学教师等的比例。

（3）组织保障。监督高校是否为卓越教师培养项目创建了专门的组织或者保障部门，以及所创建部门的人员构成、任务分工等情况，是否能从组织上确保卓越教师培养项目的可行性与质量。[②]

第二部分：项目的具体实施

（1）培养内容与结构。主要包括如卓越教师培养项目的培养目标、课程设置、课程大纲、课程教学内容、课时安排、作业布置等，依据这些指标，评判卓越教师培养项目的专业化程度与质量高低。

（2）实践环节。主要是对实践时间的长短、实践的内容与方式这两个方面的内容实施评价，在实践内容与方式的评价上主要包括如对学生实践教学的观察与分析、对学生所撰写教案的分析、对实践中所开展的科学研究工作的观察与分析等。

（3）学生知识与技能掌握程度。这在卓越教师培养项目快要结束的时候进行，全面综合地考核学生各方面的知识与能力，即学生参加州教师资格证书考试的平均成绩、合格率、优秀率等，卓越教师培养项目在成绩、合格率、优秀率等各项指标上的要求更高。[③]

第三部分：项目培养的毕业生质量

（1）毕业生的就业率与留任率。就业率主要指卓越教师培养项目所培养的毕业生从事教师职业的比率，毕业生分别去了什么样的地区、学校与学科，以及有多少毕业生是就业于高需求的地区、学校和学科等；留任率主要是考察这些学生在毕业 1 年、3

---

① Henry, G. T., Bastian, K. C., and Smith, A. A., Scholarships to Recruit the "Best and Brightest" into Teaching [J]. Educational Researcher, 2012,(1): 90.

② Feuer, M. J., Floden, R. E., Chudowsky, N., and Ahn, J. Evaluation of Teacher Preparation Programs: Purposes, Methods, and Policy Options [M]. Washington, DC: National Academy of Education, 2013. 30 - 31.

③ 同上,29 - 30.

年、5年后是否继续从事教师工作,是否还在同一所学校任教,任教学科有没有变化等情况。

（2）毕业生与用人单位的满意度。毕业生对职前所接受的卓越教师培养项目的满意度包括是否对其教学有作用、是否帮助其成为卓越教师做好了准备等;而用人单位的满意度主要是卓越教师培养项目毕业生在工作上的表现、是否能满足学校的需求等。

（3）毕业生所教学生的学习成绩。这主要由卓越教师培养项目的毕业生所教学生的学习成绩来评定,特别是通过与非卓越教师培养项目的毕业生所教学生的学业成绩进行比较等,确定卓越教师培养项目的毕业生是否真的卓越。[①]

第二节　州政府：政策落实与评估监督

20世纪90年代以前,美国各州政府都对本州教师职前培养占有完全的主导权,为了提高本州教师培养的数量和质量,它们各自采取了一系列的措施,包括加强和全国教师教育认证委员会等民间机构的合作对本州内各高校的教师培养项目实施认证、提高进入教师培养项目的测试标准、严格规范教师证书或执照标准、实施各式各样的评估等。进入90年代以后,联邦政府意识到自己在全国教师培养方面的重要作用,通过颁布政策和资金拨款等形式来发挥联邦政府在全国教师培养中的角色,加强联邦政府在教师培养方面的主导作用,旨在缩小各州的差距,协调各州在教师培养方面的均衡而卓越的发展。而各州政府在联邦政府政策和资金的刺激下,在整体上采取执行联邦的政策,而在具体方面则结合本州的具体实际制定相关的政策或法律法规来推动与落实本州教师培养的事务。

在执行联邦政府政策和依据联邦政府政策制定本州具体政策的事务上,美国大部分的州主要通过三项措施来实施与保障卓越教师职前培养质量,即审核、认证和证书制度。第一,教师职前培养项目的审核。州教育行政部门依据联邦政府政策法规设置本州相关项目的审核要求与标准,审核主要针对教师培养项目的初始认证,这决定着项目是否能够获得实施许可。教师培养项目实施前将项目的计划(项目名称、课程的

① National Comprehesive Center for Teacher Quality. Evaluating the Effectiveness of Teacher Preparation Programs for Support and Accountability [R]. National Comprehesive Center for Teacher Quality, 2012. (8):15-19.

具体科目、教学的时间安排、师资安排等)递交给州教育部门以接受审核,审核通过方可实施。此外,还要接受州教育部门相关小组的周期性的检查(时间为 4 年、5 年或者 7 年,因各州而异)。除了亚利桑那州外,美国其余各州都会在公立高校实施教师职前培养项目之前对其进行审批,确认其是否有资格进行卓越教师的职前培养工作,有些州甚至还对私立院校实施审批制度。① 第二,教师职前培养项目认证制度。美国大多数州政府都鼓励或者要求承担教师职前培养工作的高等院校寻求全国性的、非政府的专业认定机构的认证,如全国教师教育认证委员会或是教师教育认证委员会,这样有助于节约州和认证机构的时间和花费,同时又能保证州的各项目能够满足全国的要求与达到相关的标准。所谓认证,通常是高标准的,即要求高校的培养工作达到这些认证机构所设置的既定标准,从而让公众相信高校所实施的培养工作和所培养的毕业生是卓越的,是值得尊重与信任的。② 认证包括对项目各方面进行鉴定,包括项目的设计、项目中的教师、项目的资源和管理、项目的成效等。同样,州政府要求这些教师职前培养项目每隔几年便再次接受认证,以确保项目的时效性与长效性。最后,教师资格证书制度。美国所有的州都要求从高校所培养的教师必须达到该州政府教师资格的最低标准,必须通过相关的考试包括如学科知识和技能相关的考试、相关的教学实践要求测试等等。只有达到了最低标准的学生才能获得教师资格证书,这是高校所培养的毕业生进入教师职业的必要条件,也是最低知识与技能标准。

近年来,随着卓越教师职前培养越来越成为美国社会上下、政府等等所关注的问题,美国各相关高校也开始纷纷将自己的培养目标指向卓越教师,这样的背景下,州政府在坚持上述做法的前提下也纷纷地进行了新的改革与实施了新的做法,以保障本州卓越教师职前培养项目的质量。因为美国州数量较多,此处无法一一详尽叙述它们所制定的政策或者实施的新的措施,以下选择路易斯安那州、得克萨斯州和俄亥俄州三个州为案例对美国各州政府的做法与措施等进行说明。之所以选择这三个州是因为它们极具代表性:它们均属于美国首批率先对卓越教师培养项目实施质量评价方式有效转变的六个州之一,这六个州分别是路易斯安那州、得克萨斯州、田纳西州、北卡

---

① Allen, Michael. Eight Questions on Teacher Preparation: What Does the Research Say? A Summary of the Findings [EB/OL]. http://www. ecs. org/html/educationissues/teachingquality/tpreport/home/summary. pdf, 2015 - 05 - 10.
② 鞠玉翠. 论争与构建——西方教师教育变革关键词及启示[M]. 济南:山东教育出版社,2011. 133.

莱罗纳州、俄亥俄州和佛罗里达州。这六个州中有些是"力争上游"项目的获得者（田纳西州、北卡莱罗纳州、俄亥俄州、佛罗里达州），也有些州没有获得该项目的资金支持（路易斯安那州、得克萨斯州）。①

一、路易斯安那州

路易斯安那州因为拥有美国最先进和最全面的学生和教师数据系统而著称，②而这离不开其在过去十几年里致力于建立全面的数据系统来评价教师质量的努力。自1998年《高等教育法》再授权法案颁布后，路易斯安那州便于1999年成立了教育卓越蓝带委员会（Blue Ribbon Commission for Educational Excellence），该委员会与大学、中小学等合作共同创建了 P-16 系统（从小学到大学毕业），以实施和完成卓越教师的选拔、培养、支持、就业和评价等全部工作。通过州教育卓越蓝带委员会，路易斯安那州对本州内的卓越教师职前培养项目的开展设置了四个层次的质量保障：

第一层次，对教师教育职前培养项目进行审批。为了转变州内高校的教师职前培养模式，提升培养质量，路易斯安那州提出"教师职前培养转变计划1.0"（Teacher Preparation Transformation 1.0）。计划要求州内所有相关高校都要对其教师教育职前培养模式进行重新设计，而设计的标准与要求就是"卓越教师"。2001年到2003年间，该州内所有的公立和私立院校均按照州政府所设定的要求和标准对其教师职前培养项目进行了重新设计与规划。这些重新设计的项目全都提交给教育卓越蓝带委员会，委员会对这些项目的设计给予指导和监督，并将这些项目交由其所聘请的专家进行评估，达到标准与要求的方能开始实施培养工作。

第二层次，对项目实施过程实施评价。路易斯安那州要求各实施教师职前培养项目的院校必须接受与通过全国教师教育认证委员会的认证。1954年成立的全国教师教育认证委员会的主要认证对象是各实施教师教育职前培养的机构，即实施中小学教师、幼儿园教师等职前培养工作的高等院校。其认证标准主要在于这些高等院校有没有为美国培养卓越教师。除了要求各教师教育职前培养机构通过全国教师教育认证

① Evaluating the Effectiveness of Teacher Preparation Programs for Support and Accountability [R]. National Comprehesive Center for Teacher Quality，2012.8：23.

② Towards A National Framework for Evidence of Effectiveness of Teacher Education Programs [EB/OL]. http://www. aascu. org/uploadedFiles/AASCU/Content/Root/PolicyAndAdvocacy/PolicyPublications/07_perspectives(1). pdf，2015-05-10.

委员会的认证以外,路易斯安那州还采取了网络评价的形式对各高等院校所培养的师范生的学科知识、教学技能和专业品质等进行绩效评价,以考核高校的培养质量。

第三层次,对项目培养结果进行评定。路易斯安那州要求各培养院校出具年度报告,并呈交州政府。年度报告包含的主要内容有:项目所培养的学生数量、学生的教学见习实习数量(时间等)、指导见习实习的教师数量、实习见习的师生比、教师资格证书考试的通过率、毕业生对项目的满意度、项目的毕业生数量及其就业情况等等。基于各高校提交的年度报告,州政府对这些培养院校进行考核与评分,并依此将院校的职前培养分为卓越、合格、风险水平、低水平等等级,不同等级的院校将会得到不同的拨款与指导。

第四层次,对项目的价值增值评估。2004年伊始,路易斯安那州开始计划采用价值增值评估方法——通过测量 P-12 学生学习结果并将其与所授课教师在职前接受的教师教育职前培养项目联系起来,由此来评估高校的教师职前培养质量。价值增值评估方法的基本原理是保持学生如经济背景、家庭因素等常数因子不变,通过学生在成绩测试中的增长来衡量教师的教学效果。[①] 2007年,路易斯安那州在全美率先试行实施价值增值评估方法对州的部分高校的教师职前培养项目进行评价。2012—2013年,开始正式对全州所有的教师职前培养项目(包括传统教师职前培养项目和选择性教师职前培养项目、公立和私立的教师职前培养项目等等)实施价值增值评估。通过价值增值评估,路易斯安那州发现路易斯安那大学卓越教师职前培养项目所培养的毕业生在任教中小学时,存在中小学生问答题方面表现不佳等问题,为此该大学的教师职前培养项目根据这些问题进行了培养方案的调整,加强了对师范生在英语写作教学、英语口头表达等诸多相关方面的培养;与此同时,路易斯安那大学根据州的价值增值评估结果,成立了专门的教师团队来检测自己教师培养项目的课程、教学方法等如改变数学教学专业的课程序列,增加大学教师对实习生的观察等,以改进培养方案和提升培养质量。[②] 随着价值增值评估的普遍使用并取得了较好的评估成效,它也越来越成为该州全面审核与评估该州教师教育特别是卓越教师职前培养质量的方法。自2013年伊始,该州教育行政部门与相关大学共同合作,致力于开发出全面综合的教师

---

① Value Added Proves Beneficail to Teacher Preparation [EB/OL]. http://www.edweek.org/ew/articles/2012/02/22/21louisiana_ep-2.h31.html, 2015-05-10.

② Evaluating the Effectiveness of Teacher Preparation Programs for Support and Accountability [R]. National Comprehesive Center for Teacher Quality, 2012.8:25.

教育职前培养项目的质量评估指标体系与实施系统,目的在于能真正鉴别出卓越教师培养项目和非卓越教师培养项目的区别与差异,以推广经验与改进落实,从而全面提升该州教师教育职前培养的整体水平。

二、得克萨斯州

2009 年,得克萨斯州的立法机构通过了州议案 174(Senate Bill 174)。该议案要求对该州所有教师教育职前培养院校进行考核与评估,它规定每年对所有相关培养院校进行审查,并将审查结果公布于众,接受民众与社会的监督;评选出卓越教师职前培养院校,对其予以鼓励和奖励,并在全州范围内推广其经验;对那些绩效差的教师职前培养项目提供帮助与指导,促进其改善与发展。该州对教师教育职前培养的监督与评价以及对质量的保障主要在四个方面来实施与展开:所培养学生参加教师资格证书考试的合格率;中小学校对新入职教师质量的评价数据;新教师任教前三年中所教学生学业成就的提高情况;对学生教学实践与质量的持续性调查。

首先,毕业生参加教师资格证书考试的合格率。得克萨斯州要求所有教师教育职前培养项目的毕业生必须参加该州的教师标准测试(Texas Examinations of Educator Standards),只有通过了这个标准测试,才能获得教师资格证书。州政府依此来了解与评估各高校的教师教育职前培养质量。随着卓越教师职前培养在美国的推进,得克萨斯州政府的教师证书委员会(Texas State Board for Educator Certification,简称 SBEC)将通过教师资格证书考试的合格率标准从 2009—2010 学年的 70% 提高到 2011—2012 学年的 80%,也就是说那些实施卓越教师职前培养的院校的毕业生在教师资格证书考试中的合格率必须在 80% 及以上。[①]

第二,中小学校对新入职教师质量的评价。2010 年,得克萨斯州教师认证委员会实施了一项新的评价方式,即对所有中小学校长展开调查,主要调查卓越教师职前培养项目毕业生在中小学校的表现情况,主要的调查内容包括:教师的理论背景、教师的课堂管理能力、教师的教学实践能力、教师对英语是第二语言学生的教学情况、教师信息技术整合教学能力、教师对促进学生成长与发展的准备与实施情况、教师的心理素质、教师的反思能力、教师的评价能力、教师与社会(包括学校、家长、同事、社区等)

---

① Evaluating the Effectiveness of Teacher Preparation Programs [R]. National Comprehensive Center for Teacher Quality,2012.8:27.

的相处情况等。这一质量评价主要是以对中小学校长进行问卷调查的形式开展,调查问卷要求校长针对所列的问题在四个选项中进行选择,分别是准备完全、准备合格、准备不充足、没有准备。教师认证委员会基于校长们的选择进行统计,进而获得关于新教师准备情况的统计得分,并依此了解与评价院校的培养质量。为确保评价的公正有效,调查者要求被调查的校长们所作出的评价一定要基于对新教师的行为观察之上。

第三,毕业生所教学生的学业成就。为了更好地了解与保障该州各高校的卓越教师职前培养项目的质量,得克萨斯州教育行政部门与中小学、大学等合作,采集项目毕业生在中小学校所教学生在州标准测试中的成绩,将结果与教师的绩效联系起来,并重点考察与分析新教师任教前三年中所教学生成绩的提高情况,由此考察卓越教师职前培养项目的毕业生的适应与发展情况。州政府也会基于这些数据,给予相应院校以反馈和建议,进而提高这些院校的卓越教师职前培养质量。

最后,对学生教学实践与质量的持续性调查。得克萨斯州教育行政部门通过对卓越教师职前培养项目的学生在教育实习见习中的表现采取现场观察与评估的方式,对他们至少进行三次观察,每次观察 45 分钟,观察之后给予这些学生直接的反馈与发展意见①。除了现场观察与评估以外,德州教育行政部门还对项目毕业生进行毕业离校前的问卷调查以搜集他们的实习情况。问卷主要包括如实习指导教师的指导情况、实习前的期望与实习后的收获之间的差距、实习指导教师的指导是否有效、实习指导教师有没有进行深入全面的观察等等。通过对学生的问卷调查,了解各培养院校是否重视学生的教学实践与教学质量,并将对学生问卷调查的结果与之前由教育行政部门组织的实地观察、毕业生任教学生的成绩等联系起来,由此考核与评估院校的实际培养质量。

除了上述四个关键评价指标与评价方式以外,得克萨斯州所有教师教育职前培养院校还必须提交有关教师培养的数据与资料,包括申请进入该校参与职前培养的学生数、正式进入培养的学生数、学习结束后的学生数、学生的就业情况、毕业后担任教师且持续担任教师的人数等等数据与信息。通过上述四个方面的途径,得克萨斯州确保着该州内的教师教育职前培养质量,并通过一系列措施来保障全州内卓越教师的职前培养质量。

---

① Evaluating the Effectiveness of Teacher Preparation Programs [R]. National Comprehensive Center for Teacher Quality, 2012.8: 29

三、俄亥俄州

为了改善和提高全州的教师职前培养项目质量,2009 年俄亥俄州召开了第 128 届联合大会,会议通过了 H. B. 1 法案,以重新设置该州的教师教育职前培养项目的质量评估体系。[①] 为了实施该法案,俄亥俄州教育行政部门与各高等院校的教师教育职前培养项目的相关负责人一起协商、起草与确定项目质量评价标准与体系,确立了该州的教师教育职前培养项目的年度质量报告制度。该年度质量报告制度要求俄亥俄全州内所有公立和私立的教师教育职前培养项目负责人每年向州教育行政部门提供本院校的项目培养数据与质量情况,然后由州政府对各高校的信息进行调查与审核,最后整合这些数据与信息形成州的教师教育职前培养质量年度报告。2012 年,俄亥俄州面向全州发布了该州的第一份年度质量报告,以接受社会、民众的监督。通过对俄亥俄州发布的两次年度质量报告(2012 年和 2013 年)以及各高等院校提交的相关项目质量报告的整合,笔者发现俄亥俄州对卓越教师职前培养项目质量评价与保障主要包括以下五个方面的内容:

第一,教师资格证书考试成绩。俄亥俄州与得克萨斯州一样,要求全州所有高校的教师教育职前培养项目的学生必须参与该州的教师资格证书考试,州政府可以依据各高校的毕业生参加考试的成绩确定高校的培养质量,以及哪些高校的培养项目更加卓越。

第二,学生的教学实践情况。俄亥俄州要求高校在为中小学校培养卓越教师的过程中应该重视教学实践工作,即学生必须完成一定小时数的教育教学实习与见习工作,包括听课、上课、社区活动等等。而且,越是卓越,越应该加强教学实践的比例。

第三,毕业生的学术成就。这一部分的考核主要是将所培养的卓越教师的入学成绩、专业选拔时的成绩、参加州教师资格证书的考试、毕业时的学科成绩等等进行比较与整合,最后形成对其相关学术成就的评价。

第四,教师表现评价(Teacher Performance Assessment,简称 TPA)数据。这一评价模式是由美国教育学院联合会(American Association of Colleges for Teacher Education,简称 AACTE)和州首席学校管理者理事会(Council for Chief State School Offiecers,简称 CCSSO)为教师教育职前培养项目联合开发的全国教师教育职前培养

---

① Measuring the Performance of Educator Preparation Programs [EB/OL]. https: //www. ohiohighered. org/sites/ohiohighered. org/files/uploads/education-prep/documents/OhioPreparationMetrics_Aug2012. pdf,2015 - 05 - 11.

教师绩效评价系统。① 这种评价方式可以帮助各州评价与考核该州的教师职前培养项目,并改进与提升各州教师职前培养项目的质量。该评价方式的评价标准是在参照美国国家专业教学标准委员会的卓越教师认证标准和美国州际新教师评估与支持联盟(Interstate New Teacher Assessment and Support Consortium,简称 INTASC)的初始教师认证标准的基础上形成的,它主要是记录下教师进行单个单元教学时进行教学计划、教学实施、教学自我评价三个步骤的情况并展开具体的评价。这三个步骤均有自己不同的评价标准,记录内容包括课程计划、教学录像、所教学生的作业完成情况、课后的自我评价和反思等等,它以在真实的教学环境中对教师的综合知识和教学技能、教学品质等展开全面深入的考察与评价见长,能够比较真实地反映所培养学生的水平与质量。依据 TPA 的标准,俄亥俄州为该州师范生的教学评价设置了七个方面的测量指标,分别是学情、内容、评估、教学、学习环境、合作和交流、专业责任和反思,针对不同的标准实施具体的评价工作,以测量学生的真实水平。②

第五,毕业生满意度调查。卓越教师职前培养项目所培养的毕业生是否认为高校给其提供了真正卓越的职前教育了呢? 俄亥俄州相关教育行政部门与协会组织合作开发了毕业生满意度调查问卷,该问卷参照全美相关认证机构标准、州教师资格证书考试标准、相关教学专业标准等形成,主要包括三个方面的内容,即学生在学科知识、教学技能、专业品质三个领域的准备情况:如所参与的卓越教师职前培养项目是否为师范生在学科知识和学术内容方面做好了准备,是否为师范生能够根据不同的教学情况采取不同的教学策略做好了准备,是否为师范生在教学中能够将教学目标和州的课程目标相联系做好了准备,项目是否为师范生能够理解学生、多样文化、语言技能和经验做好准备,是否为师范生能公平对待学生和建立尊敬、支持与关爱的学习环境等做好了准备等等。③

除了上述五个方面的内容以外,俄亥俄州政府还希望各卓越教师教育职前培养院

---

① Teacher Performance Assessment [EB/OL]. https://www. ohiohighered. org/education-programs/ TPA,2015 - 05 - 11.

② Ohio Standards for the Teaching Professional [EB/OL]. https://www. ohiohighered. org/sites/ ohiohighered. org/files/uploads/education-prep/documents/OSTP_edTPA_Crosswalk. pdf,2015 - 05 - 11.

③ 2013 Educator Preparation Performance Report [EB/OL]. https://www. ohiohighered. org/sites/ ohiohighered. org/files/uploads/education-prep/documents/2013_Performance_Report_Statewide. pdf, 2015 - 05 - 11.

校提供项目卓越之处和改革之处的陈述报告,例如培养学生的国际教学经验、对新兴信息技术的整合与使用情况、与中小学校的长期伙伴关系、与薄弱学校或者高需求学校合作并提高其绩效、毕业生到困难地区工作的情况等等。当然,这些内容并非是强制性的,但是众多的卓越教师职前培养院校均会主动提交这些材料。

路易斯安那州、得克萨斯州和俄亥俄州三州在卓越教师职前培养质量保障上既有共性,也有特色,例如注重所培养学生通过州教师资格证书的情况,重视培养过程的实习实践,强调所培养学生在具体工作中的表现以及所教学生的学业提升情况,还关注所培养学生自身的满意度等等。它们通过各种形式如问卷调查、项目审批、数据分析、资格考试等来实施联邦政府的政策法规和落实自己的政策制度,依此达成评价与保障自己本州各相关高校的卓越教师职前培养质量的目的。上述三州尽管不能完全代表美国所有各州的具体保障情况,但却是美国当下在卓越教师职前培养质量保障上相对先进的,十分具有代表性与推广性,不仅得到了联邦政府的肯定与认同,也成为了其他各州学习与效仿的对象。

综上所述,美国联邦政府和州政府都在积极地保障着美国各高校所实施的卓越教师职前培养项目的质量,以确保所培养的教师不仅能满足社会和民众的需要,更重要的是依托这些项目所培养的卓越教师推进美国基础教育的改革与发展并提升美国教育的整体质量(包括基础教育和高等教育)。在具体的保障中,联邦政府主要通过制定政策法规等来引领各州的具体培养,并通过资金拨款等形式来确保政策法规的具体落实和成效;而州政府则是在联邦政府的引领之下,结合自己本州的实际情况与特色等,制定具体的政策与制度来实施与保障卓越教师职前培养项目的质量,它们除了通过项目审批、认证等形式以外,还依托教师资格证书考试、项目培养过程的实地考察与评价、项目所培养毕业生所教学生成绩的数据分析、毕业生的满意度调查等等多种途径来保障本州各相关院校的卓越教师职前培养的质量。

第五章　美国中小学卓越教师职前培养的质量保障：高校保障

高校是中小学卓越教师职前培养工作的主体，它们直接承担并具体实施从入学到毕业、从课程到教学、从实习到评价等等培养过程的所有环节，而正是这些环节影响与决定着卓越教师职前培养是否真正卓越与高质量。既然高校在卓越教师职前培养中发挥着如此重要与关键的作用，那么，美国的高校是如何做的呢？它们采取了什么样的措施和做法来保障自己所培养的学生成为真正的卓越教师呢？

第一节　入学、专业选拔与课程设置

一、入学、专业选拔

为了保障真正对教师职业有热忱且适合担当教师的学生进入教师教育职前培养项目学习，美国众多相关高校均会组织入学的相关选拔，一般会组织入学选拔，有些高校更为严格，还会在入学选拔的基础上组织专业选拔。自 21 世纪以来，特别是奥巴马时期，美国全国上下如此重视教师教育职前培养项目的质量，特别是不少院校开始着力于卓越教师职前培养项目的背景下，入学选拔与专业选拔也得到了越来越多高校的关注与重视。众多致力于从职前便开始培养卓越教师的高校更是加大了对入学选拔和专业选拔的重视程度以及选拔的严格程度，以确保真正聪颖且有意愿的学生进入卓越教师职前培养项目学习。

首先是入学选拔。进入卓越教师职前培养项目的学生，首先需要通过大学的入学选拔才可以进入大学进行一到两年的通识课程、基本的学科专业和教育专业基础课程的学习。高校的入学选拔标准基本上包括：大学入学考试成绩、高中学习成绩单、推荐书、大学要求的入学论文等。不同的大学可能在具体要求上有所不同，以多次获得卓越教师教育项目奖的陶森大学①为例，它的入学选拔标准包括：高中学业成绩单、大学入学成绩——大学入学的学术能力评估测试（SAT）成绩不低于5 404分或大学入学考试（ACT）成绩不低于1 718分、完成递交给大学规定的论文、两份推荐信，此外根据不同的主修专业还有不同的要求。② 同时，为了适应多元化背景下的中小学校对多元文化背景教师的需求，高校也会根据一定的比例招收拥有多元文化背景的学生。

其次是专业选拔。被选拔进入大学后，学生经过一到两年的通识培养，可以通过申请正式进入到卓越教师职前培养项目以接受学科专业课程和教育专业课程的系统培养。专业选拔的标准一般是建立在前期课程学习的基础之上，主要包括：规定学分课程的完成率、课程的平均绩点（GPA）、教育专业基础课程的平均等级、通过Praxis Ⅰ教师证书的考试③或是州设置的进入教学专业基础知识和技能的测试成绩、规定时间的中小学教学经历、学生的无犯罪记录证明等若干方面；另外还有一些教师职前培养项目会对学生的品质进行评定，看其是否适合担任教师。不过，学生学业表现还是最为主要的考察方面，同样以多次获得卓越教师教育奖的院校——北科罗拉多大学④为例，该校的小学卓越教师职前培养项目将选拔标准设定为：课程的平均绩点不低于2.75（满分为4）；完成规定的教育基础课程学习（共15学分），且平均等级不低于3.0；⑤通过Praxis Ⅰ的考试，签署能够完满完成职前培养项目的保证书、无犯罪记录背景证明等。在专业选拔标准方面，并不是所有的教师职前培养项目都会设定很严格的标准，不少项目的专业选拔标准也会较为宽松，这样可以鼓励更多的学生报考教育专

① 陶森大学：它的教师培养项目在1998年获得由教师教育者协会颁布的卓越教师教育项目奖。2005年获得马里兰州学监和课程发展协会颁发的卓越教师奖。2008年获得由美国公立大学联合会颁发的卓越教师教育奖，同年还获得由教师教育学院联合会授予的教师教育卓越贡献奖。

② TOWSON. Undergraduate Admmissions [EB/OL]. http://www.towson.edu/main/admissions/apply/freshman/index.asp, 2015-05-22.

③ 美国教师资格证书考试主要包括两个测试，分别是测试Ⅰ（Praxis Ⅰ）和测试Ⅱ（Praxis Ⅱ），两个测试相互独立。其中，测试Ⅰ是职前技能测试（Pre-professional Skills Tests），目的是测试师范申请者是否具备进入教师教育职前培养项目所必需的基本专业技能，包括在阅读、写作和数学三个方面的能力。而测试Ⅱ则是学科评估（Subject Assessments），主要是考核与评估考生具体学科教学所必须的学科知识和教学知识，从而确定其是否能胜任某学科的教学工作。

④ 北科罗拉多大学：该校的教师教育培养项目于2002年获得过由教师教育者协会颁发的卓越教师教育项目奖，而且2007年还获得美国公立大学联合会颁发的卓越教师教育奖。

⑤ PTEP Coursework Checklist [EB/OL]. http://www.unco.edu/cebs/teachered/PDF/Checkpoints/Elementary_PTEP_coursework_cklist.pdf, 2015-05-22.

业。但拥有卓越教师职前培养项目的高校则不同,它们普遍设置了严格的专业选拔标准,以保障进入卓越教师培养项目的学生均是卓越且具有热忱的学生,同时也能避免入学选拔中所可能出现的选拔错误,以确保卓越教师职前培养项目从源头上便是卓越的。

入学选拔和专业选拔,是美国众多实施卓越教师职前培养项目的高校为确保其卓越性所十分倚重的方法和途径,聪颖且对教师职业具备热忱是学生能够被成功地培养成卓越教师十分重要的前提。随着这些高校在卓越教师职前培养上的成功,入学选拔与专业选拔也得到了越来越多高校的重视,它们普遍增加了选拔的内容,加强了选拔的标准,以确保教师职前培养的质量。

二、课程设置

为了保障自己学校的中小学卓越教师职前培养项目的高质量,各高校均从课程设置上展开了积极的努力,以确保学生们能获得最好的职前培养。为了更好地了解美国高校的卓越教师职前培养项目的课程设置情况,本书特别选择了四所大学即北科罗拉多大学、陶森大学、西卡莱罗纳大学、西北密苏里州大学,分别以它们所实施的小学卓越教师职前培养项目的课程设置和中学卓越教师职前培养项目的课程设置为案例,以呈现与阐述美国高校是如何通过课程设置来保障中小学卓越教师职前培养质量的。其中,北科罗拉多大学和陶森大学的课程设置是以通识课程、专业必修课程、教育类课程、学科课程等为单位展开的,而西卡莱罗纳大学、西北密苏里州大学则是以学年为单位进行课程设置的。

(一) 北科罗拉多大学

第一类: 小学卓越教师职前培养的课程设置[①]

1. 通识课程(共 40 学分)

① 写作(Composition):大学写作(College Composition,3 学分);大学研究报告(College Research Paper,3 学分)。

② 数学(Mathematics):数学基本原理Ⅰ(Fundamentals of Mathematics Ⅰ,3 学分);数学基本原理Ⅱ(Fundamentals of Mathematics Ⅱ,3 学分)。

---

① Elementary Education: Teacher Licensure [EB/OL]. http://unco. smartcatalogiq. com/en/current/Undergraduate-Catalog/Undergraduate-Programs/Bachelors-Degrees/Elementary-Education-BA-Teacher-Licensure-K-Grade-6-Emphasip,2015 - 06 - 12.

③ 人文艺术（Arts and Humanities）：文学概论（Introduction to Literature,3 学分）；艺术鉴赏/音乐入门/戏剧入门（Art Appreciation or Introduction to Music or Introduction to the Theatre,三选一,3 学分）。

④ 历史（History）：从开始到 1877 年美国历史调查（Survey of American History from Its Beginnings to 1877,3 学分）。

⑤ 社会和行为科学（Social and Behavioral Sciences）：当代经济介绍/美国政府（Understanding the Contemporary Economy or United States National Government,二选一,3 学分）；世界地理/美国地理（World Geography or Geography of the United States,二选一,3 学分）。

⑥ 物理和生命科学（Physical and Life Sciences）：地球科学概念（Earth Science Concepts,3 学分）；物理科学概念（Physical Science Concepts,4 学分）。

⑦ 国际研究（International Studies）：国际研究（International Studies,3 学分）。

⑧ 多元文化研究（Multicultural Studies）：多元文化研究（Multicultural Studies,3 学分）。

2. 专业必修课程（共 21 学分）

① 科罗拉多历史（Colorado History,3 学分）。

② 生命科学概念（Life Science Concepts,3 学分）。

③ 儿童、青少年和青年人文学（Literature for Children, Adolescents and Young Adults,3 学分）。

④ 科学研究原则：在混乱中找到秩序（Principles of Scientific Inquiry：Finding Order in Chaos,3 学分）。

⑤ 基础数学Ⅲ（Fundamental Mathematics Ⅲ,3 学分）。

⑥ 教学写作（Teaching with Writing,3 学分）。

⑦ 当代社会艺术（Arts in Contemporary Society,3 学分）。

3. 核心领域（共 15 学分,分 20 个领域,任选其中一个或者几个领域）

① 数学和科学（Maths and Science）：生物（Biology）、化学（Chemistry）、地球科学（Earth Sciences）、数学（Mathematics）和物理（Physics）。

② 社会研究（Social Studies）：公民学（Civics）、地理（Geography）和历史（History）。

③ 语言艺术（Language Arts）：语言艺术（Language Arts）、英语为第二语言（English as Second Language）、法语（French）、德语（German）和西班牙语（Spanish）。

④ 综合研究（Integrated Studies）：环境研究（Environmental Studies）、多元文化研究（Multicultural Studies）、创造性戏剧（Creative Drama）、音乐教育（Music Education）、音乐表演（Music Performance）、视觉艺术综合（Visual Arts Integration）、视觉艺术制作（Visual Arts Studio）。

4. 教育课程（共 48 学分）

① 小学教学艺术方法（Methods of Teaching Art in the Elementary School, 1 学分）。

② 小学教学作为一门专业（Elementary Teaching as a Profession, 1 学分）。

③ 小学健康教育（Health Education in the Elementary School, 1 学分）。

④ 学前到三年级的早期读写（Emergent Literacy, Pre-K through Grade 3, 3 学分）。

⑤ 数学实践（Mathematics Practicum, 1 学分）。

⑥ 综合社会研究和数学方法（Integrated Social Studies and Mathematics Methods, 6 学分）。

⑦ 教育的社会基础（Social Foundation of Education, 3 学分）。

⑧ 小学课堂的特殊学生（Exceptional Students in the Elementary Classroom, 2 学分）。

⑨ 小学课堂教育中的科技（Technology in Education for Elementary Classroom, 1 学分）。

⑩ 教育技术在小学教学中的运用（Educational Technology Applications for Elementary Teaching, 1 学分）。

⑪ 小学教师的音乐教育方法（Music Methods for Elementary Teachers, 1 学分）。

⑫ 小学教师的教育心理学（Educational Psychology for Elementary Teachers, 3 学分）。

⑬ 小学教学科学（Teaching Science in the Elementary School, 3 学分）。

⑭ 小学教师的体育教育方法（Physical Education Methods for Elementary Teachers, 1 学分）。

⑮ 小学课堂中对英语语言学习者的教学（Teaching English Language Learners in the Elementary Education Classroom, 3 学分）。

⑯ 中级读写（Intermediate Literacy, 3 学分）。

⑰ 读写实践（Literacy Practicum，2 学分）。

⑱ 教学实习（Student Teaching，12 学分）。

第二类：中学卓越教师职前培养的课程设置

1. 通识课程（与前面的小学卓越教师职前培养项目的通识课程一致，此处不再赘述）。

2. 中学课程专业设置（分专业由文理学院培养）。

3. 中学类教育课程设置（共 39—42 学分）①

① 中学教学观察和分析 I（Observation and Analysis of Secondary Teaching I，1 学分）。

② 学校教育概念：背景和过程（Conceptions of Schooling：Context and Process，4 学分）。

③ 中学教学观察与分析 II（Observation and Analysis of Secondary Teaching II，2 学分）。

④ 对中学中的特殊学习者课程的适应、调整和整合（Adaptation，Modification，and Integration of Curriculum for the Secondary Exceptional Learner，3 学分）。

⑤ 中学教师的教育心理学（Educational Psychology for Secondary Teachers，3 学分）。

⑥ 学科的语言开发和读写（Developing Language and Literacy in the Content Areas，3 学分）。

⑦ 中学临床实践（Clinical Experience：Secondary，2 学分）。

⑧ 中学教学中教育技术的运用（Educational Technology Applications for Secondary Teaching，3 学分）。

⑨ 学科教学法（Content Methods，3—6 学分）。

⑩ 教学实习（Student Teaching，14 个学分）。

（二）陶森大学

第一类：小学卓越教师职前教育的课程设置②

1. 通识课程（共 62 学分）

① 基础类（Fundamental，共 13 学分）：陶森大学研讨会（Towson Seminar，3 学

---

① Secondary Teacher Educcation Program ［EB/OL］. http://unco. smartcatalogiq. com/en/current/Undergraduate-Catalog/Course-Descriptions/STEP-Secondary-Teach-Ed-Prog, 2015 - 06 - 12.

② Elementary Education Majors ［EB/OL］. http://www. towson. edu/coe/eled/documents/ELEDCheckli-st. pdf，2015 - 06 - 12.

分）；通识教育写作（Writing for Liberal Education，3 学分）；数学概念/结构 II（Mathematics Concepts/Structures II，4 学分）；创造性和创造性发展（Creativity and Creative Development，3 学分）。

② 方法类（Ways of Knowing，共 13 学分）：艺术与人文（Arts and Humanities，3 学分）；心理学基础（Introduction to Psychology，3 学分）；生物：生命科学（Biology：The Science of Life，3 学分）；生物：生命科学实验室（Biology：The Science of Life Lab，1 学分）；物理科学 I（Physical Science I，3 学分）。

③ 写作类（Writing in Chosen Field，3 学分）：小学教师写作（Writing for Elementary Educators，3 学分）。

④ 视野类（Perspectives，15 学分）：历史/当代视野：美国城市学校（History/Contemporary Perspective：American Urban Schools，3 学分）；19 世纪中期以前的美国史/19 世纪中期以后的美国史（History of US to Mid-19th Century or History of US since Mid-19th Century，二选一，3 学分）；世界区域地理/国家关系地理/地理人文基础（World Regional Geography or Geography of International Affair or Introduction To Human Geography，三选一，3 学分）；多样化社会下的教学和学习（Teaching and Learning in a Diverse Society，3 学分）；教育、伦理和变迁（Education，Ethics，and Change，3 学分）。

⑤ 进入教师专业的附加类课程（Additional Prerequisites，17 学分）：小学的学习者（The Elementary School Child as Learner，3 学分）；阅读基础和其他语言艺术基础（Fundamentals in Reading and Other Language Arts，3 学分）；数学概念和结构 I（Mathematics Concepts and Structures I，4 学分）；几何原理（Elements of Geometry，4 学分）；特殊教育基础（Introduction to Special Education，3 学分）。

2. 专业课程（共 61—62 学分）

① 水平 I 类课程（Level I，14—15 学分）：儿童文学和其他教学阅读材料（Children's Literature & Other Material for Teaching Reading，3 学分）；班级中的多元语言学习者（Linguistically Diverse Learners in the Classroom，3 学分）；阅读或语言艺术的教学原则与实践（Principle/Practition of Instruction in Reading/Language Arts，3 学分）；语言和读写实习（Language and Literacy Internship，3 学分）；艺术与儿童（Art and the Child，3 学分）或小学体育教学（Teaching Physical Education in Elementary School，3 学分）或小学音乐教学方法（Methods of Teaching Music in Elementary

School，2 学分）（三选一）。

② 水平 II 类课程（Level II，18 学分）：生命科学/环境教育（Life Sciences or Environmental Education，二选一，3 学分）；教学媒体的运用（Utilization of Instructional Media，3 学分）；小学数学教学（Teaching Mathematics in the Elementary School，3 学分）；小学数学的监督、观察和实践（Supervision/Observation/Participation Elementary School Mathematics，3 学分）；地球/空间科学（Earth/Space Science，3 学分）；小学科学教学（Teaching Science in Elementary School，3 学分）。

③ 水平 III 类课程（Level III，15 学分）：儿童和小学课程/评估（Child & Elementary School Curriculum/Assessment，3 学分）；专业发展学校见习 I（Professinal Development School Internship I，3 学分）；小学社会研究教学（Teaching Social Studies in Elementary School，3 学分）；阅读/语言艺术原则与实践的评价（Principle/Practition Assess in Reading/Language Arts，3 学分）；特殊教育的课程/方法（Curriculumn/Methods of Inclusion，3 学分）。

④ 水平 IV 类课程（Level IV，15 学分）：专业发展学校实习 II（Professional Development School Internship II，12 学分）；专业发展学校实习 II 研讨会（Professional Development School Internship II Seminar，3 学分）。

第二类：中学卓越教师职前培养项目的课程设置①

1. 教育类必修课程

① 核心课程：语言交流基础（Fundamentals of Speech Communication，3 学分）；美国城市学校的历史和当代视野（Historical and Contemporary Perspectives on America's Urban Schools，3 学分）；多样化社会的教与学（Teaching and Learning in A Diverse Society，3 学分）；美国历史（American History，3 学分）；教育、伦理和变迁（Education, Ethics, and Change，3 学分）。

② 入门课程：青少年学习、发展和多样化（Adolescent Learning, Development, and Diversity，3 学分）；综合教学技术（Integrating Instructional Technology，3 学分）；幼儿园到 12 年级的特殊教育入门（Introduction to Special Education K - 12，3

---

① Middle School Education [EB/OL]. http://www. towson. edu/coe/sced/undergrad/documents/middle. pdf, 2015 - 06 - 18.

学分）。

③ 初中相关课程：中学教育原则（Principles of Middle Level Education，3 学分）；中学的阅读和写作（Using Reading and Writing in the Secondary School，4 学分）；中学见习（Internship in Secondary Education，2 学分）；中学的阅读教学（Teaching Reading in the Secondary Content Area，3 学分）；学科课程的教学法（Methods of Teaching Major Subject，6 学分）；教学实习（Student Teaching，12 学分）；教学实习分析（Analyzing Student Teaching，2 学分）。

2. 中学学科核心课程

陶森大学的初中卓越教师职前培养的学科课程分为四个方向：分别是英语、数学、科学和社会研究，学生从四个方向中选两个进行学习。

① 英语（共 21 学分）：美国文学（American Literature，3 学分）；英国文学（British Literature，3 学分）；美国文学的多样化（Diversity in American Literature，3 学分）；语言学和语法（Linguistics and Grammar，3 学分）；世界文学/非西方文学（World Literature/Non-Western Literature，3 学分）；高级写作（Advanced Writing，3 学分）；青少年文学（Young Adult Literature，3 学分）。

② 数学（共 21 学分）：初中代数和数字概念（Algebra and Number Concepts for Middle School Teachers，3 学分）；初中统计与概率（Statistics and Probability for Middle School Teachers，4 学分）；初中几何（Geometry for Middle School Teachers，3 学分）；微积分Ⅰ（Calculus Ⅰ，4 学分）；微积分Ⅱ（Calculus Ⅱ，4 学分）；初中问题的解决（Problem Solving for Middle School Teachers，3 学分）。

③ 科学（共 22 学分）：化学（Chemistry，4 学分）；生物原理和生物实验室原理（Principles of Biology & Principles of Biology Lab，4 学分）；初中物理（Physics for Middle School Teachers，3 学分）；初中地球—空间科学（Earth-Space Science for Middle School Teachers，3 学分）；自然科学领域（Field and Natural Science，3 学分）；小学和初中的教学设计（Teaching Engineering Design in Elementary and Middle Schools，2 学分）；气象学（Meteorology，3 学分）。

④ 社会研究（共 33 学分）：人类学（Anthropology，3 学分）；经济（Economy，6 学分）；地理（Geography，6 学分）；历史（History，12 学分）；政治学（Political Science，3 学分）；社会学（Sociology，3 学分）。

（三）西卡莱罗纳大学①

西卡莱罗纳大学的卓越教师职前培养项目主要是培养小学卓越教师，它的课程体系是按照大一、大二、大三、大四学年分别设置的。

1. 大一学年

① 新生研讨会(Freshmen Seminar，3 学分)。

② 科学(Science，6 学分)。

③ 社会科学(Social Science，6 学分)。

④ 美术(Fine Arts，3 学分)。

⑤ 健康(Health，3 学分)。

⑥ 英语—写作Ⅰ(English-Composition Ⅰ，3 学分)。

⑦ 历史(History，3 学分)。

⑧ 沟通学导论(Introduction to Communication，3 学分)。

⑨ 第二学术领域(Second Academic Concentration，3 学分)。

2. 大二学年

① 第二学术领域(Second Academic Concentration，12 学分)。

② 人文学科(Humanities，3 学分)。

③ 英语—写作Ⅱ(English-Composition Ⅱ，3 学分)。

④ 多样化社会的教师领导(Teacher Leadership in a Diverse Society，3 学分)。

⑤ 儿童艺术(Art for Children，1 学分)。

⑥ 世界文化(World Culture，3 学分)。

⑦ 算数理论Ⅰ(Theory of Arithmetic Ⅰ，3 学分)。

⑧ 小学课程(Elementary Curriculum，3 学分)。

⑨ 小学音乐(Music for Elementary Classroom Teachers，1 学分)。

⑩ 小学体育(PE for the Elementary Teachers，1 学分)。

3. 大三学年

① 儿童文学(Children's Literature，3 学分)。

② 幼儿园到三年级的数学方法(Math Methods K - 3，3 学分)。

---

① Curriculum Guide for BSED in Elementary Education［EB/OL］. http：//www. wcu. edu/WebFiles/
WordDocs/STL-Elem-Ed-Checklist-Updated-June-2015. docx，2015 - 06 - 24.

③ 发展心理学：童年期(Developmental Psychology：Childhood, 3 学分)。

④ 阅读/语言发展和指导(Reading/Language Development and Instruction, 3 学分)。

⑤ 算数理论Ⅱ(Theory of Arithmetic Ⅱ, 3 学分)。

⑥ 语言艺术方法(Language Arts Methods, 3 学分)。

⑦ 科学方法(Science Methods, 3 学分)。

⑧ 社会研究方法(Social Studies Methods, 3 学分)。

⑨ 早期见习Ⅰ(Practicum Ⅰ, 3 学分)。

⑩ 3—6 年级数学方法(Math Methods 3—6, 3 学分)。

⑪ 学习和教学的心理学运用(Psychology Applied to Learning and Teaching, 3 学分)。

⑫ 第二学术领域(Second Academic Concentration, 3 学分)。

4. 大四学年

① 实习Ⅰ(Internship Ⅰ, 3 学分)。

② 课堂设计(Designing Classrooms, 3 学分)。

③ 创造性回应学习社区研讨会(Creating Responsive Learning Communities Seminar, 2 学分)。

④ 数字素养方法(Digital Literacy Methods, 3 学分)。

⑤ 中段学习者阅读(Content Reading for Intermediate Grade Learners, 3 学分)。

⑥ 实习Ⅱ(Internship Ⅱ, 9 学分)。

⑦ 实习生研讨会(Seminar for Student Teachers, 3 学分)。

(四) 西北密苏里州立大学

第一类：小学卓越教师职前培养的课程设置①

1. 大一学年

第一学期：

① 观察与活动(Observation and Activity, 1 学分)。

② 写作Ⅰ(Composition Ⅰ, 3 学分)。

---

① B. S. Ed. Elementary Education/Elementary Subject Area Concentration [EB/OL]. http://www. nwmissouri. edu/advisementassistance/pdf/education/BSEdElementary. pdf, 2015 - 07 - 01.

③ 口语交流基础(Fundamentals of Oral Communication，3学分)。

④ 新生研讨会(Freshman Seminar，1学分)。

⑤ 艺术鉴赏(Art Appreciation，3学分)。

⑥ 地理通论(Introduction to Geography，3学分)。

第二学期：

① 小学文学(Literature for Elementary School，3学分)。

② 写作Ⅱ(Composition Ⅱ，3学分)。

③ 物理科学/实验(Physical Science/Lab，4学分)。

④ 数学基础(Fundamentals of Math，3学分)。

⑤ 教育计算/技术(Educational Computing/Technology，3学分)。

⑥ 核心课程领域(Area of Concentration Course，3学分)。

2. 大二学年

第一学期：

① 特殊教育基础(Introduction to Special Education，3学分)。

② 普通生物学(General Biology，4学分)。

③ 小学生发展报告(Report Pupil Progress，2学分)。

④ 美国政府和政治(American Government & Politics，3学分)。

⑤ 文学通论(Introduction to Literature，3学分)。

⑥ 健康和体育方法(Health and PE Methods，3学分)。

第二学期：

① 小学/初中代数和几何(Algebra & Geometry for Elementary/Middle，3学分)。

② 课堂行为管理(Classroom/Behavior Management，3学分)。

③ 美国——一项历史调查(America — A Historical Survey，3学分)。

④ 人文学科/哲学(Humanities/Philosophy，3学分)。

⑤ 语言要求(Language Requirement，3学分)。

暑期课程：

① 核心课程领域(Area of Concentration Course，3学分)；教育心理学(Educational Psychology，3学分)。

② 经济调查(Survey of Economy，3学分)；核心课程领域(Area of Concentration Course，3学分)。

3. 大三学年

第一学期：

① 小学科学方法（Methods in Elementary School Science，3 学分）。

② 阅读/语言艺术教学（Teaching Reading/Language Arts，4 学分）。

③ 多元文化（Multiculture，3 学分）。

④ 小学社会研究（Elementary School Social Studies，3 学分）。

⑤ 核心课程领域（Area of Concentration Course，3 学分）。

第二学期：

① 小学艺术（Art for Elementary，2 学分）。

② 诊断和正确阅读（Diagnostic and Correct Read，2 学分）。

③ 小学音乐（Music for Elementary，2 学分）。

④ 小学数学教学法（Math Methods for Elementary Teaching，3 学分）。

⑤ 发展心理学（Developmental Psychology，3 学分）或儿童心理学（Child Psychology，2 学分）。

⑥ 核心课程领域（Area of Concentration Course，5 学分）。

4. 大四学年

第一学期：

① 小学学科核心内容教学（模块）（Content Teaching Elementary School (Block)，3 学分）。

② 学校和社会（School & Society，3 学分）。

③ 阅读实践和研讨会（模块）（Practicum & Seminar Reading (Block)，3 学分）。

④ 小学语言艺术（模块）（Elementary School Language Arts (Block)，1 学分）。

⑤ 核心课程领域（Area of Concentration Course，6 学分）。

第二学期：

① 当前趋势研讨会（Current Trends Issues Seminar，1 学分）。

② 小学实习（Directed Teaching-Elementary，12 学分）。

第二类：初中卓越教师职前教育项目的课程设置[①]

1. 大一学年

第一学期：

① 新生研讨会（Freshman Seminar，1 学分）。

---

① B. S. Ed. -Middle School [EB/OL]. http://www. nwmissouri. edu/advisementassistance/pdf/education/ BSEdMiddleSchool. pdf，2015 - 07 - 01.

② 写作Ⅰ(Composition Ⅰ，3学分)。

③ 教育计算/技术(Educational Computing/Technology，3学分)。

④ 数学要求(Math Requirement，3学分)。

⑤ 美术或人文学科/哲学(Fine Arts or Humanities/Philosophy，3学分)。

⑥ 社会科学要求(Social Science Requirement，3学分)。

第二学期：

① 初中教学实践Ⅰ(Middle School Teaching Practicum Ⅰ，1学分)。

② 写作Ⅱ(Composition Ⅱ，3学分)。

③ 口语交流基础(Fundamentals of Oral Communication，3学分)。

④ 普通生物学(General Biology，4学分)。

⑤ 专业课程(Concentration，3学分)。

2. 大二学年

第一学期：

① 小学/初中代数和几何(Algebra & Geometry for Elementary/Middle，3学分)。

② 物理科学(Physical Science，4学分)。

③ 特殊教育基础(Introduction to Special Education，3学分)。

④ 多元文化(Multiculture，3学分)。

⑤ 文学基础(Introduction to Literature，3学分)。

第二学期：

① 专业学科课程(Concentration，9学分)。

② 美术或人文学科/哲学(Fine Arts or Humanities/Philosophy，3学分)。

③ 美国政府和政治(American Government & Politics，3学分)。

④ 教育心理学(Educational Psychology，3学分)。

3. 大三学年

第一学期：

① 专业学科课程(Concentration，12学分)。

② 阅读和语言/艺术教学(Teaching Reading & Language Arts，4学分)。

③ 青少年心理学(Early Adolescent Psychology，2学分)。

第二学期：

① 初中教学实践Ⅱ(Middle School Teaching Practicum Ⅱ，1学分)。

② 初中学校(The Middle School，3学分)。

③ 专业学科课程(Concentration，9学分)。

④ 专业学科方法(Concentration Methods，2—3学分)。

暑期课程：

① 语言要求(Language Requirement，3学分)。

② 专业学科课程(Concentration，12学分)。

4. 大四学年

第一学期：

① 初中写作教学(Teaching Writing in the Middle School，2学分)。

② 学科阅读教学(Teaching Reading in Content Areas，2学分)。

③ 课堂管理技巧(Techniques in Class Management，2学分)。

④ 初中课程、方法和实践(Middle School Curriculumn，Methods，Practition，3学分)。

⑤ 学校和社会(School & Society，3学分)。

⑥ 专业学科方法(Concentration Methods，3学分)。

第二学期：

① 研讨班—初中教育(Seminar-Middle School Education，1学分)。

② 实习(Directed Teaching-Middle School，12学分)。

通过上述北科罗拉多大学、陶森大学、西卡莱罗纳大学、西北密苏里州大学四所大学的案例，不难发现美国高校在中小学卓越教师职前培养的课程设置上，有着宽口径(以通识课程为例)、重实践(以教学见习实习为例)、多元文化(以多门跨文化、交叉学科课程等为例)等突出特征。

第二节 高校—政府—中小学校(U-G-S)协同培养

美国各教师教育院校在准备与实施卓越教师培养项目的过程中，逐渐形成了以大学(university)—政府(government)—中小学校(school)(U-G-S)合作为主要路径的卓越教师培养机制。当前，美国实施"卓越教师职前培养项目"的大学，无论是致力于小学卓越教师培养，还是着力于培养中学卓越教师等，在具体的培养路径上，大都采用U-G-S协同培养的方式。基于此，本书特别选择美国在卓越教师协同培养上经验丰富的四所大学：俄勒冈州的西俄勒冈大学、马里兰州的陶森大学、科罗拉多州的北科罗拉多大学以及得克萨斯州的休斯顿大学清湖分校，以详细阐述美国卓越教师职前协同培养的过程。之所以选择这四所大学，是因为他们所实施的卓越教师培养项目不仅得到了美国各级政府的肯定与认同，而且还都荣获了美国公立大学联合会颁发的"卓越教师教育奖"和美国教师教育者协会颁发的"卓越教师教育项目奖"，他们得到政府、公立大学联合会、教师教育者协会等肯定与奖励的最主要原因就是在于他们所采用的U-G-S协同培养路径及其通过这一协同培养路径所培养的卓越教师的高质量与高成就。[①]

一、卓越教师培养委员会。为了服务于本校的卓越教师培养项目，四所大学都成立了专门的组织机构来商讨与推进全校的卓越教师培养事务，如休斯顿大学清湖分校的卓越教师教育咨询委员会（Outstanding Teacher Education Advisory Committee，简称 OTEAC）、陶森大学成立的"卓越教师教育执行董事会"（Teacher Education Executive Board，简称 TEEB）、北科罗拉多大学成立的"专业教师教育团队"（Professional Teacher Education Unit），西俄勒冈大学成立的"教师教育合作伙伴团队"（Teacher Education Partners Unit）等。

无论是伙伴团队、执行董事会，抑或是教育团队等，尽管名称不一（以下统称"培养委员会"），但在具体的人员构成、分工协作等方面都大体相同。四所大学的培养委员会都是先于招生之前的一年左右成立，一直持续到培养项目结束。培养委员会的成员构成主要是学区的教育行政人员，大学教育学院、文理学院等相关学院的教师，中小学校的校长、学科教师等人员。具体人员的联系与组织主要由大学（并以教育学院为主）负责，大学与地方学区政府、中小学等合作，然后根据各方意见选拔与邀请相关人员成为该委员会的成员。卓越教师培养委员会中尽管有政府、大学、中小学校等多方来源的构成，但它们在培养委员会中所提供的信息与发挥的作用则均不相同，如地方政府和学区政府等主要提供相关信息如卓越教师需求数量与结构、卓越教师政策与标准、政府与社会需求信息等，大学则主要提供大学已有师资、课程等信息，中小学校则主要提供中小学的用人需求与质量要求等信息，但卓越教师培养项目的事务均是由三方共同商讨决定，培养委员会定期召开会议，商讨与决定卓越教师培养项目的所有事宜，包

① AASCU. Christa McAuliffe Excellence in Teacher Education Award [EB/OL]. http://www.aascu.org/programs/TeacherEd/CMA/, 2015-03-01.

括培养目标的设置,课程的开发与设计,教学团队的组织,实习基地的建设,评价标准的设置等等,从而从源头与管理上真正做到了三方共同协作,确保了卓越教师培养项目从一开始便是基于社会、政府、用人单位、大学等多方共同的需求,同时培养委员会作为常设机构,全程组织与管理卓越教师的培养,确保了卓越教师培养项目全程都有社会各方的声音,同时也确保了其培养质量是符合各方面的需求的。

二、师资共同体。师资共同体是美国各大学卓越教师培养项目 U－G－S 协同培养的另一个主要领域。在师资共同体的具体设置上,四所大学主要有两类模式,第一类是依据培养委员会的讨论与决议设置课程,从而依据具体的课程需求组建一个又一个的教学共同体;第二类是组建大的师资共同体,邀请与组织所有相关的老师成立师资共同体,师资共同体中又依课程划分为一个又一个小的课程教学共同体,但不同的课程教学共同体并不是彼此独立的关系,而是人员共享、教学资源共享等。每门课程主讲教师依据课程的需求,从师资共同体中选择适合自己的课程合作教师,然后开始课程的教学与评价等工作;其中第二类模式比较普遍与常见,下面以西俄勒冈大学的师资共同体为例展开论述。

西俄勒冈大学的师资共同体主要由三类群体构成,第一类是大学的教师群体,主要由教育学院和文理学院的教师组成,教育学院的教师承担教育学大类课程和相关课程的教学,文理学院的教师则承担数学、科学和人文学科等通识与核心课程的教学。[1]在这些课程的具体设置与实施上,一般还要征求所在州政府、地方学区和中小学的意见,按照他们的标准与政策、实际需求等来设置与展开教学。第二类是政府教育行政人员,特别是大学所在城市和所辐射学区的地方政府人员。与地方政府合作,主要是能够吸纳到相关专业人士、当局甚至退休了的教育行政人员、众多并非大学的实习基地学校的教师等。[2] 他们成为师资共同体的一员,发挥自己的优势与特长,成为相关课程或者实习工作的教师。第三类是实习基地学校的教师。这类教师主要来自大学的众多实习基地学校,他们除了是学生实习工作的最重要指导者以外,还担任学校的兼职教师(adjunct instructor),承担相关课程授课工作,将来自中小学教学一线的经验

① AASCU. 2010 Western Oregon University ［EB/OL］. http://www. aascu. org/uploadedFiles/AASCU/ Content/Root/Programs/TeacherEducation/10_WOU. pdf, 2015－03－01.
② 同上。

与教训等与学生分享。① 这三类人员构成师资共同体,他们共同合作承担西俄勒冈大学"卓越教师培养项目"的教学工作,以该校的《教育学基础》这门课程为例:由教育学院的教师承担"教育的历史发展、教育的相关理论"等部分的讲授工作,由文理学院的教师负责"教育与人文、科技的关系"等部分的授课,由学区教育行政人员承担"教育与政治、经济、社会的关系"等部分的教学工作,由中小学教师负责"教学、班级管理"等实践性强的内容的授课工作。②

西俄勒冈大学、陶森大学、北科罗拉多大学和休斯顿大学清湖分校四所大学的"卓越教师培养委员会"的人员与师资共同体的人员在构成上有部分重叠,但两者有本质的区别,卓越教师培养委员会主要负责统筹与规划整体的卓越教师培养项目,人员数量大都在 10 人左右,而师资共同体主要承担具体的课程教学工作,规模较庞大。

三、见习实习一体化。除了在课程教学上合作,见习实习过程中 U-G-S 协同合作,也是美国各大学"卓越教师培养项目"的特色。在传统意义上,主要由中小学教师负责大学生的见习实习工作,大学教师作为辅导者,但自 21 世纪"卓越教师培养项目"兴盛以来,政府、大学等在见习实习中的作用与影响越来越凸显。以下以陶森大学为例进行说明。

陶森大学"卓越教师培养项目"的见习实习工作主要分两个阶段进行:第一阶段是见习,在大三这一学年进行,要求学生每周至少要有两个半天到学校的实习基地学校去听课,并深入观察、记录与分析课堂,进行教学反思。在这个阶段,中小学校给大学生配备专门的主要指导者和辅助者,学生主要听取主要指导者教师的课程。大学教师也被要求一个学年至少与学生共同听取 20 节课,以便与学生共同观察、分析与反思课堂。③ 同时,地方学区则扮演着监督者的角色,他们随机到中小学校,了解学生的听课情况,并与大学生、中小学校指导者、大学教师等沟通,甚至共同观摩、分析与反思课堂。

第二阶段是长达一年的实习。在这一年的实习中,第一学期要求学生每周至少要有两天在实习学校中听课和担任辅助教师,第二学期则要求 15 周的时间完全在实习

① AASCU. 2010 Western Oregon University [EB/OL]. http://www. aascu. org/uploadedFiles/AASCU/Content/Root/Programs/TeacherEducation/10_WOU. pdf,2015 - 03 - 01
② WOU. Course Catalog [EB/OL]. http://www. wou. edu/provost/registrar/catalog/western_oregon_current_catalog. pdf,2015 - 03 - 05.
③ Towson. level 1 handbook [EB/OL]. http://www. towson. edu/coe/eled/documents/Level% 201% 20Handbook. pdf,2015 - 03 - 06.

学校承担部分教学工作和听课,以教学工作为主,并参与学校的各项研讨会、实施教学评价、承担班级管理等各项工作。[①] 在这个过程中,中小学校、大学所承担的任务与在见习阶段的类似,主要是学生指导、评价与考核等。地方政府除了继续扮演监督者的角色以外,还实施对陶森大学"卓越教师培养项目"的实习质量评价工作,他们随机抽样对学生的实习、中小学校的指导、大学教师的指导等工作进行观察,并依据所观察的结果对该校的卓越教师培养项目实习环节进行整体的评价与考核。

在陶森大学的 U-G-S 合作见习实习中,大学、中小学校、地方政府的角色与作用都得到了充分发挥,特别是通过地方政府的监督与评价,可以促进大学和中小学校更积极有效地开展见习实习工作。

四、电子"档案袋"式学业评价。近年来,随着信息化发展日新月异,实施"卓越教师培养项目"的大学也都纷纷采用电子"档案袋"式合作评价的方式对所培养的学生开展学业的评价工作。以下以北科罗拉多大学为例进行简要的说明,在第三节中还会有更详细的介绍。

北科罗拉多大学的电子档案袋式合作评价,是学生自进入"卓越教师培养项目"之后便给每位学生设立专门的电子档案袋,将学生在四年中的课程学习、见习实习等的证明学习成绩的信息都记录在该电子档案袋里。该电子档案袋包含在中小学见习实习的时间记录证明、相关成绩证明等,大学的相关课程文件证明,地方政府随机抽样的考核与评价证明等。[②] 同时,每名学生专属的电子档案袋中,还有一部分是学生自己所记录的自己的学习生活状态,如参与社会公益服务工作的相关文件与证明、社团活动的记录等,这些信息与记录证明也都需要政府、中小学校、大学等相关部门的证实,否则不能放入电子档案袋。北科罗拉多大学的电子档案袋除了记载和记录学生学习情况与学业表现以外,还是在线课程、在线作业布置的重要领地,中小学教师、大学教师等通过电子档案袋检查作业与评价学生,地方学区也通过该电子档案袋随机抽样检查与展开评价工作。[③] 由此,北科罗拉多大学的电子档案袋不仅只是记录四年培养的结果,而且还能体现培养过程的各个环节;同时,不仅有学生的自我评价,也有来自政

① Towson. Current Students [EB/OL]. http://www. towson. edu/coe/eled/current/index. asphttp://www. towson. edu/coe/eled/current/index. asp, 2015-03-06.
② UNCO. iWebfolio [EB/OL]. http://www. unco. edu/cebs/students/iwebfolio. html, 2015-03-07.
③ AASCU. 2007 University of Northern Colorado [EB/OL]. http://www. aascu. org/uploadedFiles/AASCU/Content/Root/Programs/TeacherEducation/07_colorado. pdf, 2015-03-09.

府、大学、中小学各方的评价内容与评价结果。最后，依据这份电子档案袋，多方协同组成的卓越教师培养委员会依次对学生做最终的学业评价，用人单位中小学也依此对学生进行任用的抉择，[①]同时这也是州和地方政府进行教师资格证书的认定等的重要参照，以及评定大学卓越教师培养项目质量高低的重要依据。由此可见，电子档案袋式合作评价，不仅能方便灵活地将多方评价有效整合，而且还能促使多方协同合作评价学生和评价培养项目本身，确保评价的科学性、客观性与有效性。

第三节　培养过程评价

美国众多实施卓越教师职前培养项目的高校在培养过程中实施两类评价：一类是对被培养学生的专业学习成长的评价，通过此评价来了解学生是否掌握了成为卓越教师必备的基本学科知识、教学技能以及专业素养。另一类则是项目相关参与者如高校教师、学生、中小学合作教师等对项目实施情况的评价和反馈，这有助于高校自身在实施过程中不断进行自我诊断与及时调整，以推动卓越教师职前培养项目更好地发展，保障项目的质量，以培养出更多适合美国社会需要的中小学卓越教师。

一、对学生学习过程的评价

经过入学选拔和专业选拔之后，进入卓越教师职前培养项目的学生正式进入专业学习阶段，专业学习阶段的学习内容主要包括学科课程和教育课程（包括理论课程和教育实习）等。在这一学习阶段，高校对学生的专业学习实施不间断评价，主要是由大学教师、中小学合作教师对学生课程作业完成情况、学生的课堂表现、在教育实习中的各项表现等实施评价，同时也包括学生的自我评价。这三方评价基本构成了卓越教师职前培养项目学生专业学习评价模式，以此保障被培养学生的质量。依据学生专业学习阶段的特点，将学生的学习划分为实习前的课程学习和实习后的实践学习，以下对学生学习过程的评价也将从这两方面展开论述与讨论。

（一）实习前的评价

卓越教师职前培养项目的学生在进入实习前会系统地进行学科课程和教育课程的学习，并还可能伴有部分的早期观察与见习活动。在课程学习方面，很多卓越教师

---

① UNCO. iWebfolio [EB/OL]. http://www.unco.edu/cebs/students/iwebfolio.html，2015 - 03 - 07.

职前培养项目会在培养之初就拟定好教学大纲或课程目录,明确课程的学习内容、学习目标以及根据目标设定的评估标准。教师根据教学大纲教学,并根据课程标准实施评价,学生则通过课程开展专业学习,并根据标准对自身的学习情况进行自我评估。以下以西肯塔基大学①和阿尔维诺学院等为例予以说明:

西肯塔基大学对进入卓越教师职前培养项目学习的学生的课程评价主要采用以标准为基础的评价方式,在其小学卓越教师职前培养项目中,大学教师根据肯塔基州教师标准开发了描述性的评估准则(每个评估准则内含多个评估指标)来鉴别学生的学习状况,并将每个准则分为四个水平:4—超出期望、3—到达期望、2—部分达到、1—没有达到。这些评估准则被运用到该项目的所有课程中(不包括最终的实习评分),根据设定的标准,教师实施授课、布置作业、安排教学实践活动等;学生则根据标准完成相应的课程作业和教学实践工作,并将自己的作业或实践表现记录上传给教师,最后由教师进行电子评分。②

阿尔维诺学院的卓越教师职前培养项目主要基于学生表现(performance-based)即是以学生能力为基础(ability-based)来进行课程的评价:为了确保师范生在知识、技能、品质和态度等方面得到整体发展,所有相关课程大纲都要求学生在课程学习中达到相应能力的发展水平,同时通过学习活动的安排和相关评估工作来培养师范生的教学专业能力以及来诊断他们的专业学习情况。③ 在一般教育能力方面,项目为师范生设定了八个方面的能力,包括沟通、分析、问题解决、决策评价、社会交往、全球视野、有效的公民身份和审美能力;而且根据知识和技能学习的不断深入,项目还为师范生在不同的能力方面设置了六个发展水平:六级是最高水平,四级是合格水平,四级以下即为不合格水平。同时,项目还为学生设定了五个方面的专业教育能力,包括概念化、诊断、协调、教学中的交流和综合交往,同时这五个方面也相应设置了上述六个发展水平。阿尔维诺学院依据不同能力方面的不同水平来对师范生实施专业学习评价,评价主要包括教师评价、外部评价(在教学实践中由中小学进行评价)和师范生的自我评价(有助于师范生反思能力的培养)三部分组成。每个学期结束师范生都会收到由这第

---

① 西肯塔基大学:于2008年获得由美国公立大学联合会颁发的卓越教师教育奖。
② Western Kentucky University. 2008 Western Kentucky University〔R〕. Washington, D. C.:American Association of State Colleges and University,2008:5.
③ Kenneth Zeichner, Lynne Miller, David Silvernail. Studies of Excellence in Teacher Education: Preparation at the Undergraduate Level〔M〕. Washington DC:AACTE Publications,2000:20.

三部分组成的自己的评价矩阵(matrix),该矩阵能表明师范生在不同的能力培养中所处的发展水平。阿尔维诺学院的卓越教师职前培养项目不会为师范生进行具体的评分,只有"合格"和"不合格"两个等级,如果是"不合格"则要求师范生进行课程重修,直到"合格"为止。[①]

专业课程学习结束后,学生们即进入实习阶段,但在正式进入教学实习之前,学生们还需要相关的考核与评估才能正式进入实习。为能够进入最终的教学实习所实施的评估工作是卓越教师职前培养项目中十分重要的评估环节之一,也是保障卓越教师职前培养项目质量的重要手段与方法。一般来讲,众多实施卓越教师职前培养项目的高校都会开展这一评估工作,主要是对学生的专业学习与成长情况进行一次较为整体与系统的评估,学生只有在各方面如知识、技能、品质、态度等达到项目设定的标准方能进入到教学实习中。整体来讲,尽管美国不同高校在具体的评估方面可能各有侧重,但大都基于自身的特点和培养传统、经验等来设置:有的卓越教师培养项目的标准与要求可能相对简单,有的则十分严格。以下以相对简单的北科罗拉多大学和十分严格的阿尔维诺学院为例予以说明:

北科罗拉多大学的小学教师职前培养项目,是著名的卓越教师职前培养项目,该项目的教学实习安排在大四阶段的最后一学期,进入该阶段的学生需要学习与完成所有的规定需要完成的课程,且平均绩点不能低于3.0;需要通过 Praxis Ⅱ 的考试;并获得一份教学实习的声明书。[②] 项目的大学教师会对这些资料进行审核,同时结合师范生的以往表现和成绩等对他们进行综合考察,考察通过的方能进入最终教学实习环节。虽然该校在教学实习前的评估相对简单,但是学生进入大四第一学期学习的时候已经经历了一次系统的评估,所以该项目的学生从选择进入该大学的小学教师培养项目的学习到进入正式的教学实习实际上需要经历三次评估选拔环节。

相较北科罗拉多大学较为简单的评估,阿尔维诺学院的师范生若想进入正式的教学实习环节,则需要经历他们进入该项目以来最全面也是最严格的一次系统评估。学生需要对实习前自己所有的专业学习情况进行资料汇总,包括通识课程、专业课程等等所有的学习情况,所有需要递交的资料包括如书面的作业样本、在早期教学实践中

---

① Arthur Levine. Educating School Teachers [EB/OL]. http://www. edschools. org/pdf/educating_teachers_report. pdf,2015 - 05 - 22.

② UNCO. Elementary Program Checkpoints [EB/OL]. http://www. unco. edu/cebs/teachered/undergraduate/elementary/current/Elem_Ckpt-rev. html,2015 - 05 - 24.

的课程计划样本、教学实践活动中的教学录像以及对这些教学录像的书面自我分析、其他一些能够展示自身优势的相关证明材料等等。教学实习的大学指导教师和中小学校教师等组成评估团队，由他们对学生们提交的材料进行评估，评估通过方能进入教学实习。除了决定能否进入教学实习以外，评估团队还将对学生的优势与劣势进行总结提炼，并将这些意见反馈给学生并给他们提供若干发展建议。学生们基于这些评估反馈与实习要求等确定自己的实习目标与计划，从而更好地展开实习，确保实习质量。[①]

由前所述，美国的高校除了重视对课程学习情况的评价以外，还重视对实习之前的评估，只有通过评估的学生才能实习，否则就要重修课程，直到通过评估。这既是美国重视高校卓越教师职前培养项目的体现，也是通过多次且严格的评估来保障项目真正卓越的方法，这一做法值得我国学习与借鉴。

（二）实习评价

通过教学实习前的评价，确保学生们达到了卓越教师职前培养项目在知识、技能、品质和态度等方面的要求之后，项目的学生们进入正式的教学实习阶段，成为一名实习教师，在中小学进行教学专业系统而集中的实习活动，接受来自中小学合作指导教师和大学指导教师的双重指导，同时也接受来自指导教师双方的评价。绝大多数的卓越教师职前培养项目在该部分的评价采取表现性评价方法，即通过对实习生在课堂的观察、实习生的教学计划、教学实习的具体实施、对教学实施的反思、批改学生的作业、参与学习共同体等一系列实习表现来评价实习生的实习情况。表现性的评价采取形成性评估和总结性评估两种方式，前者主要是对实习生在教学实习中的表现予以实时的实习反馈以帮助实习生改进与提高，后者则是对实习生的整个实习过程进行总结评分，这也就是实习生最终实习表现的成绩。在此阶段中，卓越教师职前培养项目通常采用的档案袋（portfolio）形式或是教师工作案例（teacher work sample）的形式来对实习生开展评价。这两种方式都能够很好地展示实习生在实习过程中的完整实习表现，已经成为了被普遍认可的对实习生实习情况展开评价的方式并被广泛运用于各卓越教师职前培养项目的实习评价。同时，实习生也能够通过档案袋或教师工作案例的整理对自己进行自我评价，从而更好地促进自我的成长。档案袋式的评价形式，尽管在

---

① Kenneth Zeichner, Lynne Miller, David Silvernail. Studies of Excellence in Teacher Education: Preparation at the Undergraduate Level [M]. Washington DC: AACTE Publications, 2000: 41.

前面 U - G - S 的协同培养过程中已经有所介绍,但主要是着眼于协同培养方面的阐述,以下是对其展开实习评价和对教师工作案例展开实习评价的介绍与讨论。

首先,实习档案袋。不同的卓越教师职前培养项目档案袋评价的使用范围有所不同,主要有两类,一类是全培养过程档案袋,实习档案袋只是其中一部分;一类是专门的实习档案袋。第一类是学生一进入教师培养项目,就为每位师范生设计了档案袋,但一般采用电子档案袋的形式,这一档案袋记录了师范生在整个专业学习过程中的所有表现,包括课程学习评价、平常的作业样本、教学实践、教学反思、教学实践的录像带等,其中还有的包含师范生的分析文本,如教学日志、实践中所教学生的作业样本、对自己课程学习的反思日志等。当然,实习生在实习阶段的表现也是档案袋的重要内容之一。第二类是专门的实习档案袋,里面包含着教学实习过程中的一系列重要与关键事件的记录,如实习生的教学计划、教学实习录像、教学后的文本反思、学生的作业样本、指导教师在实习中的观察和反馈等。档案袋所包含的资料是师范生在教学实习中思考、学习和综合表现的证明。[①] 一些项目为了帮助师范生有计划有目的地完成档案袋,会在师范生准备档案袋之前设置相关的档案袋评价标准,并将标准整合到课程学习方案中去,通过平常的教学让教师和师范生了解掌握实习标准与要求,以更好地运用实习档案袋,保障实习的质量。实习档案袋标准的设定通常会结合高校所在州的新教师标准或者是美国州际新教师评估与支持联盟和全国教师教育认证委员会等全国专业机构设定的标准。师范生则依据这些标准完成实习阶段的档案袋,教师根据他们提供的档案袋内容,并结合在实习阶段对他们的实习表现的观察对师范生的教学实习进行整体评估。下文将以陶森大学和圣克劳德州立大学为例进行说明。

陶森大学采用的是专门档案袋的评价方式,由中小学教师、高校教师、中小学管理者和社区成员代表对学生的档案袋进行评价。该档案袋主要以美国州际新教师评估与支持联盟的 10 条标准为准绳,要求学生的档案袋中至少要包含一个教学单元和反思的完整实施过程,以此来证明他们在教学知识和技能方面的掌握状况以及对他们所教学生产生的影响。在评价过程中,学生还需要就自己提供的材料,针对评价者所提出的问题如"这份档案袋中的资料如何能够证明你的教学对学生的学业产生了积极的

---

① (美)琳达·哈蒙德主编,鞠玉翠等译.有力的教师教育:来自杰出项目的经验[M].上海:华东师范大学出版社,2009:111.

影响"等问题进行回答。陶森大学为了帮助学生顺利完成档案袋,设置了一套完整的包括教学准备、教学实施、教学决策、教学反思和自我评价等在内的教学模板,高校指导教师也会给师范生提供帮助如指导和评价后及时给学生以反馈等。

圣克劳德州立大学[①]的卓越教师职前培养项目也采用专门的实习档案袋形式对学生的教学实习进行评价。它的实习档案袋主要包括两部分内容,分别是师范生的实习教学录像和师范生的自我评价,自我评价指的是学生对自己的实习进行的反思,反思的问题包括:教学取得了多大成功? 学生掌握了你设定的目标了吗? 教学目标是否适合学生? 你的评估策略是否有效? 你是如何进行调整的? 对课堂的反思(包括物理空间和学生行为),对学生的回馈是否准确、具有建设性、具体和及时? 你是如何思考教学使用的策略、活动、教材、资源……实习教学录像则是对实习中学生的某个单元的教学进行录制,并记录下学生自我反思的过程,最后整合进入实习档案袋。反思的内容包括教学的背景,身体语言,是否公正对待所有学生,是否使用合适而正确的语言包括语音、语调等,对学生的鼓励性策略,提问技巧,课堂管理技巧等等。此外,档案袋还包含对教学工作的描述如教学哲学、教学责任和目标、教学策略、教学内容的描述;为卓越教学所展开的努力;来自师范生的同学和所教学生、所教学生家长的评价、参与教学研讨会的情况等;未来的教学策略;其他如教学结果包括学生考试成绩、附加的材料包括来自同校生的信或同事的观察、特殊项目的经历等等。最后,同样由大学指导教师和中小学校合作指导教师组成评估小组,依据学生的实习档案袋对他们进行最终的实习评价。

其次,教师工作案例。所谓教师工作案例,也是对实习生实习情况进行评价的方式之一,主要是对学生的整个实习过程进行记录,包括教学背景的分析、教学计划、教学实施、教学评价、教学反思等。高校的卓越教师职前培养项目教师工作案例主要是针对单个学生的教学过程进行记录:师范生在教学实习中完成教师工作案例,并交由他们的教师(包括大学指导教师和中小学合作教师)进行评价。在实施该项工作之前,高校会为师范生设置相关的标准和提示等帮助师范生有针对性地开展单元教学工作。教学工作案例记录了师范生在真实教学环境中的整个教学过程。评价同样也由来自高校的指导教师、中小学合作教师等实施与完成,他们还会对学生的实习现场进行观

---

① 圣克劳德州立大学:于 2007 年获得由美国公立大学联合会颁发的卓越教师教育奖。

察,并提出发展建议与改进的反馈信息。以下以西俄勒冈大学①和西肯塔基大学为例进行说明。

西俄勒冈大学是美国采用教师工作案例的创始学校,如今采用教师工作案例评价学生实习表现的高校已经有400多所,教师工作案例不仅在卓越教师职前培养项目上十分普及,而且还被广泛使用于众多的教师教育职前培养项目。西俄勒冈大学将教师工作案例作为该大学师范生申请教师资格证书的条件之一,已经使用了20多年。其教师工作案例要求学生完成最少十次的课程教学,具体包括教学背景分析、目标的设计、原理的陈述、课程计划、对学生的学习前后测、评价分析、反思文章等内容。教师工作案例要求师范生完成围绕一个或多个教学目标实施完整的课程教学,大学指导教师和中小学合作指导教师对实施前后展开两次评估,以此评价与掌握师范生教学实践的真实情况,并将其进步情况测定为实习的主要成绩。正如该大学的教师所言"该种方法能够为师范生提供明确的教学指导,通过对师范生进行教学前后测、让师范生实施教学计划、差异教学、学生学习分析、教学结果的反思等来了解师范生的专业掌握情况,并保障项目的培养质量"。②

西肯塔基大学将教师工作案例作为实习的核心评价方法。在学生进入该大学的卓越教师职前培养项目的时候,就对他们实施关于教师工作案例的评分标准与要求等课程学习与早期培养内容。该校的教师工作案例,同样也以表现为评价基础,主要让师范生展示教学计划、教学过程、教学评价、分析学生学习以及自我反思等。教师工作案例的单元授课计划的周期为5—10天,通过5—10天实施单元授课计划,并由大学指导教师和中小学指导教师来观察与评价。③ 教师工作案例的目的主要在于提高师范生如下能力:考虑背景因素进行教学计划、设计学习目标、根据学习目标设计评价、设计挑战性和有意义的教学过程与方法、分析学生数据、基于学生和自我的表现进行反思。教师工作案例内容包括背景因素、学习计划、评价计划、教学设计、教学决策、学生学习分析、自我评价和反思七个部分,并将这七个部分与肯塔基州教师标准一一对应,将每个标准设置成四个水平:初始(Beginning)、发展(Development)、熟练

---

① 西俄勒冈大学:于2010年获得由美国公立大学联合会颁发的卓越教师教育奖。

② Western Oregon University. 2010 Western Oregon University [R]. Washington, D. C. : American Association of State Colleges and University,2010:5.

③ WKU. Teacher Work Sample [EB/OL]. http://www.wku.edu/teacherservices/student_teaching/documents/teacher_work_sample.pdf, 2015 - 05 - 13.

(Proficient)、典范(Exemplary)。大学指导教师和中小学指导教师通过现场观察等方式对师范生在实习过程中的单元教学按照上述七个标准分别进行四个水平的评价工作。

为了保证教师工作案例评分的可信度,高校的卓越教师职前培养项目通常会对选定的评价人员进行培养,评价合格后方能成为正式评价人员。如西肯塔基大学每年会安排30名来自中小学的教学实习指导教师以及大学指导教师参加培训。教师工作案例的评分采取至少两人的匿名评价方式,同时会将评价分数和实习指导教师的评分相对比,如果二者差距过大,则需要再次评价,由此来保障实习评价的信度与效度。[①]

二、项目实施过程的自我评价

除了对进入卓越教师职前培养项目的学生进行各方面的评价,如入学与专业选拔、课程学习评价、进入实习前的评价、实习评价等以外,高校还会组织对项目实施过程的自我评价工作,以确保项目自身的高质量。这一评价主要由项目相关者来实施与完成,如大学教师、师范生、中小学教师等,主要采用问卷调查等方式展开,分两类,一是对学生学习过程满意度的调查,二是项目的自我评价,以及时发现卓越教师职前培养项目存在的问题,并对这些问题进行改善,以保障项目的培养质量。

第一类评价:对学生满意度的调查。东卡莱罗纳大学[②]每年都会对本校卓越教师职前培养项目的师范生开展一项对教学和课程的匿名调查,以此保障所提供的课程能够满足师范生的需求,提高课程质量等。在实习结束后,师范生还要完成一份关于实习有效性的调查,如通过对师范生的实习情况的调查发现,学生认为在实习过程中需要教师给予更多的关注和指导;等等。通过从课程到实习全过程这一系列的学生满意度调查工作,能够帮助大学了解师范生的需求,同时也能根据学生的需求与反馈来反思自己的卓越教师培养项目,从而进行调整、改善与提高。同样,圣克劳德州立大学为了提升自身项目的质量,也开展了从课程教学到见习实习等全过程的学生满意度调查工作,下表5.1是该校学生对实习指导教师的评价表。

---

① WKU. TWS at Western Kentucky University [EB/OL]. http://www.wku.edu/rtwsc/members/wku.php, 2014 - 12 - 30.

② 东卡莱罗纳大学:于2002年获得由美国教师教育者协会颁发的卓越教师教育奖。

表 5.1　圣克劳德州立大学卓越教师职前培养项目学生对实习指导教师的满意度评价表①

	0=没有发生；NA=不适用	没有		有时		经常		
A	向师范生表明了实习目的	0	1	2	3	4	5	NA
B	经常对师范生进行课堂观察(每周至少三次)	0	1	2	3	4	5	NA
C	向师范生分享观察的结果与提供反馈意见	0	1	2	3	4	5	NA
D	开展有效的实习会议	0	1	2	3	4	5	NA
E	提供诊断、回馈和指导	0	1	2	3	4	5	NA
F	提供关键而有效的建议	0	1	2	3	4	5	NA
G	帮助师范生进行自我评价并提升师范生的反思技能	0	1	2	3	4	5	NA
H	让师范生充分表达需求和观点	0	1	2	3	4	5	NA
I	充分照顾师范生的需求与感受	0	1	2	3	4	5	NA
J	重视与关心师范生	0	1	2	3	4	5	NA

(资料来源：圣克劳德州立大学)

　　第二类评价：项目的自我评价。卓越教师职前培养项目的自我评价一般是由前面所提及的卓越教师培养委员会来主导实施，并主要是由项目中的大学教师、中小学合作教师等来实施与完成。东卡莱罗纳大学的大学授课教师、实习指导教师、中小学合作教师等会定期召开会议以讨论和反思其卓越教师职前培养项目的实施状况，根据需要对项目进行适当的调整：如开始使用电子档案袋、进行在线硕士教育课程的开发、持续对教师培养项目进行反思以符合州和当地的需求等。② 西肯塔基大学教育学院和行为科学学院负责组织了一支专业教育委员会(Professional Education Council，简称PEC)，其成员主要来自大学和当地中小学校。现在，该委员会的成员每月定期开会以讨论、商定该校卓越教师职前培养项目所有课程和学术政策，并通过大学的电子分数系统等来讨论和审核学生的学业数据，了解项目实施情况，如有数据变动或是问题则立即展开调查并采取相应的措施，依此来确保项目的顺利实施和卓越性。

<hr>

① A Handbook for Teacher Candidates K - 12 and 5 - 12 Student Teaching [EB/OL]. http://www. stcloudstate. edu/oce/teaching/documents/TCHandbookSecF14. pdf，2015 - 05 - 23.

② 2002 East Carolina University [R]. Washington，D. C. ：American Association of State Colleges and University，2002：5.

第四节　培养结果的评估

21 世纪以来,美国无论是专业外部还是专业内部都要求加大对教师职前培养项目的问责,且随着各州教师教育质量问责体系的建立、巩固与发展,"证据"越来越受到人们的关注。[①] 这里所谓的"证据",即证明教师教育职前培养项目真正有效的数据与材料,以数据等量化证据为主,但也有部分质性证据。近几年,教师教育专业内外部对卓越教师职前培养项目的质量评价也越来越推崇证据特别是量化证据,这就极大地推动了高校对其卓越教师职前培养项目开展结果的评估与调查,以了解自己的绩效,同时也更好地向外界和社会证明自己的卓越性。当前,证明卓越教师职前培养项目真正卓越的"证据"主要包括四个方面的内容:一是所培养的师范生通过州教师资格证考试获得证书的情况,二是项目中的毕业生的就业率以及留任率,三是对项目毕业生和其用人学校即中小学校的满意度调查,四是项目中的师范生或是毕业生对中小学生学习的影响情况。

一、教师资格证书通过率

对卓越教师职前培养项目的结果评价,首先需了解的就是项目中的师范生在州教师资格证书考试中的通过率以及最终获得证书的情况。美国大部分州都要求师范生获得教师资格证书前需要参与 Praxis 系列考试,该考试旨在保证各州教师进入教师职业前已经掌握了必需的知识。教师资格证书考试则是对教师职前培养项目中师范生的专业知识掌握情况的考察。作为卓越教师职前培养项目,为了保障自己学生在教师资格证书考试中的高通过率,很多高校均要求学生进入项目学习前需要通过 Praxis I 前教师职业知识考试,在进入正式教学实习环节中则要求通过 Praxis II 的学科知识和教学知识的测试。在美国,卓越教师职前培养项目在教师资格测试和证书的获得率上均有卓越的表现,他们的通过率基本保持在高水平,如西北密苏里州立大学[②]的教师培养项目有着 94% 的州 Praxis II 考试通过率;[③]同样,休斯顿大学清湖

---

① 鞠玉翠. 论争与构建——西方教师教育变革关键词及启示[M].济南:山东教育出版社,2011:117.

② 西北密苏里州立大学:于 2006 年获得由美国州立大学联合会颁发的卓越教师教育奖。

③ 2006 Northwest Missouri State University [R]. Washington, D. C.: American Association of State Colleges and University, 2006:3.

分校①在其所在的得克萨斯州设置的学科知识测试中有 97.9% 的师范生获得合格以及卓越水平,以及 98.1% 的师范生在专业教学知识和技能的测试中获得合格以及卓越水平,②这均是极高的通过率,也是其卓越性的最强有力的证明。

二、毕业生的就业率和留任率

项目毕业生就业率和留任率,是证明卓越教师职前培养项目真正卓越的第二类"证据"。毕业生就业率主要涉及的是项目培养的教师的就业状况,包括项目毕业生的就业前景、有多少毕业生就业于高需求教学地区、有多少毕业生任教于高需求的教学科目等。③ 至于毕业生留任率,一般认为,项目培养出来的教师越卓越,其在初任教师的几年中更能进行自我调整以改进在实际教学中的各种不适,适应教学工作,并一直留任于教师职业,而不是转换职业。依据这两方面的数据,卓越教师职前培养项目能够向社会和政府证明自己所培养的学生的卓越性和项目自身的卓越性。

一般来讲,卓越教师职前培养项目的毕业生在就业率和留任率两方面均超出全国的平均水平。2010 年西俄勒冈大学有 1 856 名毕业生就职于俄勒冈州的公立学校,其中 217 名毕业生(占 11.7%)就职于联邦政府认定的高需求学校,同时在联邦政府认定的高需求学区中有 93.8% 认为西俄勒冈大学的毕业生是卓越的。④ 西卡莱罗纳大学⑤对其毕业生的五年留任率进行调查发现,该大学所培养教师的留任率超过了 70%,这要比全国教师留任率(50%)高出许多。⑥ 就该大学所培养毕业生的较高留任率,该学院的主任认为:"在西卡莱罗纳大学,我们通过收集和分析毕业生的绩效数据,致力于提高改善职前培养项目。尽管我们的教师培养项目获得过有声望的奖项、获得州和全

① 休斯顿大学清湖分校:于 2008 年获得由教师教育者协会颁发的卓越教师教育项目奖,接着在 2009 年获得由美国州立大学联合会颁发的卓越教师教育奖,并且是该年度唯一一所获得该奖项的大学。

② University Houston-Clear Lake. 2009 University Houston-Clear Lake [R]. Washington, D. C.: American Association of State Colleges and University, 2009: 5.

③ Feuer, M. J., Floden, R. E., Chudowsky, N., and Ahn, J. Evaluation of Teacher Preparation Programs: Purposes, Methods, and Policy Options [M]. Washington, DC: National Academy of Education, 2013. 33.

④ 2010 Western Oregon University [R]. Washington, D. C.: American Association of State Colleges and University, 2010: 11.

⑤ 西卡莱罗纳大学:于 2006 年获得过由教师教育者协会颁发的卓越教师教育项目奖和 2007 年由美国州立大学联合会颁发的卓越教师教育奖。

⑥ How Do We Judge the Quality of Professional Educator Preparation? [EB/OL]. http://www.wcu.edu/WebFiles/PDFs/CEAP_TeacherEdMatters.pdf, 2015 - 05 - 25.

国的认证来显示我们的高质量,但是更重要的是我们的毕业生能够在每一天都致力于学生的学习。"①此外,如休斯顿大学清湖分校,其毕业生留任率也高达 77%,比全国教师留任率高出 27%,同时比该州 55% 的教师留任率高了 22%。②

三、对项目毕业生和其用人学校的调查

项目毕业生的满意度和项目用人单位中小学校对毕业生的满意度也是证明卓越教师职前教师培养项目卓越的重要"证据"。对项目毕业生的调查主要是毕业生评价其之前在大学所接受的培养项目对现在教学的作用,如在多大程度有助于解决教学工作上的问题、是否为其有效教学做好了准备等。③ 而对用人单位的调查主要是了解项目毕业生在工作中的表现状况,是否满足了学校的教学和发展需求等。这两个方面的调查除了能够检测项目的质量以外,还有利于项目根据反馈进行完善与提高。高校获得这一部分"证据"的方式主要是与项目所在州的教育行政部门合作对毕业生、中小学校展开调查,调查方式主要有问卷、访谈等。

对毕业生满意度的调查,以陶森大学、休斯顿大学清湖分校和北科罗拉多大学为例予以说明。2011 年陶森大学与中小学、地方学区合作展开了满意度调查,调查内容是该校毕业一年后学生在中小学的表现,满意度分为 5 级,5 分最高,陶森大学的满意度高达 4.2 分,在很多中小学都位居首位。④ 对毕业生也进行了最高分为 5 分的满意度调查,平均分为 4 分,⑤几乎所有毕业生都认为陶森大学给他们提供了卓越且实用的职前教师教育,这是他们能有高质量的教学表现和愿意继续担任教师的重要原因。同时马里兰州的教育行政部门也进行了满意度的访谈调查,结果显示:"陶森大学所培养的毕业生的确比其他学校的毕业生更为卓越,入职一年的表现不像是新教师,更

---

① How Do We Judge the Quality of Professional Educator Preparation? [EB/OL]. http://www.wcu.edu/WebFiles/PDFs/CEAP_TeacherEdMatters.pdf, 2015 - 05 - 25.

② University of Houston-Clear Lake. Christa McAuliffe Award for Exemplary Programs in Teacher Education [EB/OL]. http://www.aascu.org/uploadedFiles/AASCU/Content/Root/Programs/TeacherEducation/09_UH-Clearlake.pdf, 2014 - 09 - 12.

③ Evaluating the Effectiveness of Teacher Preparation Programs for Support and Accountability [R]. National Comprehensive Center for Teacher Quality, 2012. 8:15.

④ Towson University. Public Accountability Measures — First Year Graduate Employer Survey [EB/OL]. http://www.towson.edu/coe/ncate/surveysemp.asp, 2014 - 09 - 13.

⑤ Towson University. Public Accountability Measures — First Year Graduate Survey Classes of 2008 - 2013 [EB/OL]. http://www.towson.edu/coe/ncate/surveys.asp, 2014 - 09 - 13.

像是工作了若干年的高质量教师。"①2013年,休斯顿大学清湖分校与中小学、地方学区政府合作,对毕业一年后的毕业生进行了质量调查,87%的毕业生认为他们在休斯顿大学清湖分校所接受的卓越教师教育是十分有效与成功的,对他们的工作十分有帮助。北科罗拉多大学对毕业一年后的毕业生通过邮件或是电话的方式展开调查,如下表5.2所示,满意度打分等级分为4个,4分最高。从表5.2可以看出,项目毕业生对项目的评分多在3分及以上,可见毕业生的满意度还是较高的。依据调查结果,北科罗拉多大学不断调整、修改与完善自己的卓越教师职前培养项目,以确保所培养的学生越来越卓越。

表5.2 2013—2014年北科罗拉多大学对卓越教师职前培养项目
任教满一年的毕业生的满意度调查②

	4分	3分	2分	1分
1. 面对多元文化和多种族学生的准备情况	16.67%	63.89%	18.52%	0.93%
2. 教授英语为第二语言学生的准备情况	11.11%	57.41%	27.78%	3.70%
3. 教授特殊学生的准备情况	9.43%	59.43%	27.36%	3.77%
4. 满足该州教学标准的准备情况	33.33%	60.19%	5.56%	0.93%
5. 开发课程计划的准备情况	40.74%	56.48%	0.93%	1.85%
6. 运用多种教学方法的准备情况	29.91%	64.49%	4.67%	0.93%
7. 运用多媒体技术的准备情况	24.30%	45.79%	21.50%	8.41%
8. 管理学生课堂行为的准备情况	9.35%	49.53%	35.51%	5.61%
9. 管理班级的准备情况	12.15%	57.94%	21.50%	8.41%
10. 评价学生的准备情况	30.19%	65.09%	3.77%	0.94%
11. 运用评估结果改善教学的准备情况	22.86%	68.57%	7.62%	0.95%
12. 运用学科内容于课堂教学的准备情况	29.81%	54.81%	12.50%	2.88%
13. 和家长、学生家庭沟通的准备情况	9.52%	39.05%	43.81%	7.62%
14. 社区意识的准备情况	16.19%	58.10%	21.90%	3.81%
15. 反思意识的准备情况	35.24%	55.24%	8.57%	0.95%

---

① Towson University. Christa McAuliffe Award for Exemplary Programs in Teacher Education [EB/OL]. http://www. aascu. org/uploadedFiles/AASCU/Content/Root/Programs/TeacherEducation/08_towson. pdf,2014 - 09 - 13.

② UNCO. Alumni Survey [EB/OL]. http://www. unco. edu/cebs/pdfs/unctq/Alumni_Survey_B. pdf, 2015 - 01 - 03.

	4 分	3 分	2 分	1 分
16. 适应自身角色的准备情况	14.29%	46.67%	32.38%	6.67%
17. 运用各种交流技巧的准备情况	16.19%	74.29%	8.57%	0.95%
18. 实施发展性教学的准备情况	20.00%	71.43%	7.62%	0.95%
19. 教学实践的准备情况	36.19%	51.43%	8.57%	3.81%
20. 独立承担教学任务的准备情况	58.65%	36.54%	2.88%	1.92%
21. 成为一名卓越教师的准备情况	28.57%	61.90%	7.62%	1.90%

（资料来源：北科罗拉多大学）

　　对用人单位中小学校的调查，以北科罗拉多大学为例。大学自 2008 年起每年通过电子问卷的方式对毕业生所任教中小学校的校长进行满意度调查，调查内容主要是校长对该校毕业生在教育教学各方面表现情况的满意度，问卷调查的具体内容如下表5.3 所示。从表 5.3 中 2013—2014 年的数据可以看出，该校毕业生在教育教学工作等各方面都满足甚至超出了校长对他们的期望。

表 5.3　2013—2014 年北科罗拉多大学对卓越教师职前培养项目毕业生所任教中小学校长的满意度调查[①]

评 价 标 准	不适合	高于期望	达到期望	低于期望
1. 应用各种有效的教学策略	0.00%	42.86%	42.86%	14.29%
2. 针对特殊学生设置适当的教学目标	0.00%	35.71%	50.00%	14.29%
3. 选择有效的教学实现数学课程目标	28.57%	35.71%	28.57%	7.14%
4. 选择有效的教学实现阅读课程目标	0.00%	28.57%	57.14%	14.29%
5. 展示有效且适当的课堂管理技能	0.00%	35.71%	42.86%	21.43%
6. 展现了学科领域知识	0.00%	64.29%	28.57%	7.14%
7. 使学习者参与有意义的课程学习	0.00%	71.43%	14.29%	14.29%
8. 依据相应的教育理论开展教学	0.00%	42.86%	42.86%	14.29%
9. 运用各评价方式检测学生的学习	0.00%	35.71%	42.86%	21.43%
10. 运用标准指导教学	0.00%	57.14%	35.71%	7.14%
11. 表达教师的关爱，与学习者维持密切的关系	0.00%	57.14%	35.71%	7.14%

---

① UNCO. Employer Survey［EB/OL］. http://www.unco.edu/cebs/pdfs/unctq/Employer%20Survey_Principal_C.pdf，2015 - 01 - 03.

评　价　标　准	不适合	高于期望	达到期望	低于期望
12. 根据评价改进教学计划	0.00%	28.57%	50.00%	21.43%
13. 整合一门或多门学科内容	7.14%	42.86%	50.00%	0.00%
14. 对来自不同种族的学生采取有针对性的教学策略	7.14%	28.57%	50.00%	14.29%
15. 和学生家长进行有效沟通	0.00%	42.86%	57.14%	0.00%
16. 追求持续的专业发展和吸收新的教学实践与教学观念	0.00%	64.29%	28.57%	7.14%
17. 运用信息技术提高教学水平	0.00%	42.86%	57.14%	0.00%
18. 表现高职业素养	0.00%	50.00%	50.00%	0.00%
19. 成为学习共同体的一员,与同事和社区其他成员共同致力于促进学生的成长	0.00%	57.14%	35.71%	7.14%
20. 能够应对多元化个体	0.00%	50.00%	42.86%	7.14%
21. 创造性地解决问题	0.00%	57.14%	35.71%	7.14%
22. 遭遇挫折仍能坚持自己的教学目标和实现自己的教学任务	0.00%	57.14%	42.86%	0.00%

(资料来源：北科罗拉多大学)

四、对中小学生的学习影响

将项目毕业生毕业后所教学生的学业成绩与卓越教师职前培养项目的质量联系起来,是自奥巴马政府以来美国社会各界越来越倚重的评价项目实施结果的方法与手段,特别是自《我们的教师,我们的未来》颁布以来,更加倚重该方法。这一倚重背后的逻辑是评价项目质量最重要的是其"产品"质量,项目的"产品"是毕业生,所以毕业生是否卓越才是最为重要的。那么如何判断毕业生是否卓越呢？就是毕业生所教学生的学业成绩。近几年来,越来越多的卓越教师职前培养项目开始重视与关注项目毕业生所教学生的成绩,特别是学生毕业后工作的1—3年里所教学生的学业成绩。

在具体的评价方式上,最普遍采用的是对所教学生成绩进行前后测的方式,即教师任教前和任教后学生的成绩以及排名情况;同时还采用自己本校所培养的毕业生与其他大学所培养的毕业生所教相同学科年级学生成绩相比较的方式。除此之外,一些卓越教师职前培养项目则依托自己实施评价来了解所培养学生对中小学生学习的影响,如采用教师工作案例对此展开评估的西北密苏里大学。该大学的师范生在完成教师工作案例过程中,根据教学目标对学生进行前后测以了解学生对知识的掌握情况,以该校卓越教师职前培养项目中的一名数学师范生为例：他在教师工作案例中这样分析学生的数学学习情况，"通过对学生的前后测，学生掌握勾股定理的知识。在前测中，只有一名学生能够掌握勾股定理中的一个目标，即她仅仅知道在什么样的三角形中使用该定理。但是在教学结束后，72％的学生能够知道在什么情形中使用该定理。学生在前测中的平均成绩只有 23％，而在教学结束后的测试平均成绩是 80％。很明显的是大部分学生已经掌握了相关知识并达到了既定的教学目标"。① 高校通过对这些师范生的教学工作案例的评价，掌握与了解自己所培养的学生对中小学生学习的影响情况。另外，还有一些高校的卓越教师培养项目则通过获取州的数据展开对毕业生对中小学生的学习成绩影响的分析，如通过毕业生所教学生参加州的标准测试的成绩来了解毕业生任教情况以及对学生所产生的实际影响的中部密歇根大学②，该校的卓越教师职前培养项目立足于培养初中卓越教师。因为密歇根州的学生均需要参加本州设置的课程考试，即密歇根教育评估项目（Michigan Education Assessment Program，简称 MEAP），中部密歇根大学则以项目毕业生所教七年级的学生参加州的阅读和写作测试的成绩为评价依据，对自己毕业生所教学生成绩及其所产生的影响实施评价，结果发现毕业生所教学生成绩均超过 MEAP 设定的基点。由此可以看出，该大学的卓越教师职前培养项目所培养的毕业生对中小学生的学习产生了积极的影响。③ 除了上述对影响实施量化的检测方法以外，还有一些院校采用质量调查的方法，如大学与中小学合作实施课堂观察，以了解毕业生教学的有效性等从而判断他们是否对中小学生产生了积极正面的影响。

众多高校在实施卓越教师职前培养结果的评价上，大都会采取协同评价的方式，特别是与州政府的教育行政部门、中小学校合作评价。因为高校需要从州政府教育部门、中小学校等获得毕业生的就业信息、留任信息以及所教学生的情况等，这些方面的信息往往不是高校能够独立完成采集的，特别是项目毕业生就业之后的情况，只有与相关部门和中小学校合作，才可能获得最真实可靠的数据与信息，也才能依赖这些数据与信息来展开对项目本身的科学有效的分析与诊断，进而改进自己的卓越教师职前

① Northwest Missouri State University. 2006 Northwest Missouri State University［R］. Washington，D. C.：American Association of State Colleges and University，2006：7.

② 中部密歇根大学：于 2003 年获得由美国公立大学联合会颁发的卓越教师教育奖。

③ Central Michigan Universit. 2003 Central Michigan University［R］. Washington，D. C.：American Association of State Colleges and University，2003：6.

培养工作、提升卓越教师职前培养质量。

第五节 案例：恩波利亚州立大学

为了更好地了解美国高校是如何保障其卓越教师职前培养工作的质量的，本研究特别挑选了恩波利亚州立大学，对其展开全面具体的介绍以完整地呈现美国高校对卓越教师职前培养质量的保障措施。

一、学校介绍

恩波利亚州立大学位于美国堪萨斯州恩波利亚市，建于1863年，以卓越教师职前培养而闻名。大学所在的恩波利亚市于2006年荣膺"美国教师之城"（Teacher Town, USA）称号，建校之初，该大学名为堪萨斯州立师范学校（Kansas State Normal School），是堪萨斯州的第一所公立师范学院，以为当地培养教师为目的。作为历史悠久的职前培养教师的大学机构，恩波利亚大学被誉为全美教师名人堂的故乡。而其教师学院（Teacher College）更是该大学最引以为豪的学院。教师学院旨在将培养学生成为"能为社会提供服务，拥有广博精深的知识，有效参与教学实践，从容应对多元化，能够自我反思并参与专业共同体的教师"，即将学生培养成为"批判性的思考者、创造性的计划者和有效性的实践者"的统一。教师学院致力于通过卓越的教学来培养卓越教师以持续发展该大学的卓越教师教育传统。卓越教师的培养不仅仅是教师学院的使命，也是恩波利亚州立大学的重要使命。正如该大学校长所言："教师教育是我们皇冠上的宝石。"[1]教师学院曾获得美国教师教育者协会颁发的"卓越教师教育项目奖"，且还获得该机构颁发的卓越教师教育卓越教学实践的奖项（Distinguish Clinician in Teacher Education Award）。[2] 2006年，哥伦比亚大学教育学院的院长阿瑟莱文领导撰写的《教育中小学教师》的研究报告中将恩波里亚州立大学的教师教育职前培养项目作为全美四个典型的卓越教师教育项目之一进行了详细深入的介绍。此外，恩波利亚大学的调查显示该校毕业生所任教中小学校长都给予其毕业生极高的评价，认为其毕业生在知识和技能方面都受到了充分的培养。同时，该大学毕业生三年后的留任

---

[1] Arthur Levine. Educating School Teachers [EB/OL]. http://www.edschools.org/pdf/educating_teachers_report.pdf, 2015 - 03 - 02.

[2] ESU. About The Teacher College [EB/OL]. http://www.emporia.edu/teach/about/, 2015 - 03 - 01.

率高达 90%，现在全堪萨斯州约有六分之一的教师毕业于恩波利亚大学。[①]

恩波利亚大学的教师教育职前培养项目能够卓越并成为全美的典范的重要原因是其质量保障机制，这一保障机制以重视培养全程的质量评价而闻名。这一全程评价包括六个方面：入学选拔、专业选拔、实习选拔、实习评价、毕业评价和毕业后的追踪调查。

二、入学与专业选拔

(一) 大学入学选拔

恩波利亚大学是入学门槛低但宽进严出的典型代表。它的入学选拔以堪萨斯州的入学标准为基础，高中毕业生进入大学学习需要递交高中的学习成绩、大学入学考试成绩(ACT 或 SAT)以及推荐信，学生的入学成绩只要 ACT 不低于 21 分(满分 36 分)或 SAT 不低于 980 分(满分 2 400 分)。[②] 尽管进入恩波利亚大学的标准并不严格，但是进入大学之后还需通过层层选拔：如大三时教师学院的招生选拔、正式实习前的选拔以进入正式的教学实习环节，以及完成实习后通过教师资格考试即 Praxis II 等才能毕业和获得教师教育的相关证书。

(二) 进入教师教育专业的选拔

学生进入大学后，在其大一和大二期间，需要学习一系列的通识课程包括写作、演说、数学、美术、历史、文学、社会行为科学、文化多元性、生命科学、物理科学和体育健康等等，教师学院要求进入教师教育专业的学生的通识课程平均成绩(GPA)不低于2.75(满分为 4)。[③] 此外，进入教师教育专业课程学习之前，学生还被要求学习教育入门课程即教学入门(Introduction to Teaching)，还必须参加该门课程相应的实践活动，主要目的在于帮助学生通过学习与观察以对教学工作有初步的认识，该门课程必须得要获得"C"级及以上成绩。虽然教师学院要求的成绩并不是很高，但是进入卓越教师职前教育项目的师范生的平均成绩标准却远高于学院要求，例如 2013 年进入中学卓

---

① Edutopia. Emporia State University：Rigorous Assessment Maakes Hall-of-Fame Tkeachers [EB/OL]. http：//www. edutopia. org/schools-of-education-emporia，2015 - 03 - 02.

② ESU. Incoming Freshman Students [EB/OL]. http：//www. emporia. edu/admissions/freshman. html，2015 - 03 - 04.

③ The Teacher College Unit Assessment System [EB/OL]. http：//www. emporia. edu/dotAsset/ 1db24dd9-405d-4f05-b5c7-7a132649e777. doc，2015 - 03 - 03.

越教师职前培养项目的学生的平均成绩是 3.33,①而小学卓越教师职前培养项目的学生的平均成绩则需不低于 3.25。②

　　除了上述课程要求以外,申请进入卓越教师职前培养项目的学生还要求参加教师资格考试 Praxis Ⅰ,该项考试主要考察的是学生的基本知识技能,包括三个方面:数学、阅读和写作,学生必须通过考试方能进入该项目的学习。一些申请者如果特别优异,但在某门考试中差 1—2 分,他们也可能会被暂时录取,但是录取后他们必须进行相关课程的补修并通过考试,否则还是会被淘汰。③

三、过程评价

(一) 进入正式实习的选拔

　　如前面介绍的一样,恩波利亚大学的学生在完成所有相关课程的学习之后,还需要在知识、实践技能和教学品质这三个方面被评定为合格才能进入最终的教学实习环节。在知识方面,学生需要掌握学科知识和教学策略知识,教学策略知识包括课堂管理、课程设计、应对多元化学生、评价方法、学习共同体等。在技能方面,师范生需要能够展现专业能力并将理论和实践结合来促进教学、满足不同学生的需求、对学生进行评估诊断、实施课堂决策的技能、能够运用多种教学策略提高学生学习、持续的自我专业发展的技能等。在教学品质方面,师范生需能够满足专业和道德标准,具有在教学中进行批判性思考的意愿与能力,能够和同事、家长和社区成员以及其他的专业教师合作并改善学生学习的意愿与能力等。如果考核没有通过,学生则被建议退出卓越教师职前培养项目,进入大学的其他专业学习。

　　以中学卓越教师职前培养项目为例,学生需提交满足知识、技能和教学品质这三方面所要求的证据以及申请表,只有审核合格才能进入为期 16 周的正式实习环节。在知识方面,学生的通识课程和学科课程的平均成绩需达到 2.5 及以上,教育专业课程的成绩需达到 C 级及以上,并通过了将来任教学科的科系的审核;在技能方面,学生需要展示教学能力、成功完成教学实践活动、获得五位教师的肯定评价、完成一份教师

---

① ESU. Secondary Education Fall 2013 Admissions Report [EB/OL]. http://www.emporia.edu/dotAsset/4b3f0098-cad0-4c34-b296-923084f45b30.docx, 2015 - 03 - 05.
② ESU. Elementary Education Fall 2013 Admissions Report [EB/OL]. http://www.emporia.edu/dotAsset/1a579cce-16a9-4c2a-b506-a7c51ad26cc3.docx, 2015 - 03 - 05.
③ 李政云. 美国教师教育优秀项目比较分析与启示[J]. 湖南师范大学教育科学学报,2009,(1):68—73.

工作案例作业、通过招生委员会的审核等;在教学品质方面,学生需要应对并通过多样性能力的评估和教学品质等级的评估等。①

(二)实习过程的评价

实习是卓越教师职前教育项目的最终实践环节,也是最为重要的环节之一。为了确保师范生完成教学实习,大学指导教师和中小学合作教师将共同对学生的教学实习表现进行评分。教学实习评价包含六个方面:中小学合作教师的评价、大学指导教师的评价、师范生实习的中期评价、课程计划评价、多样性能力的评价、实习的终期评价。

基于表现性的评价——教师工作案例评价是恩波利亚大学的主要实习评价方式。该校的教师工作案例主要目的是帮助师范生展示自身的综合教学能力,包括根据所教学生及课堂环境的多样性设计教学、保证课堂教学目标和该州的课程目标一致、实施有效的课堂教学和教学评价、分析和反思自我的教学实践并进行相应的调整以促进自身的专业发展。其教师工作案例包含七个方面的评价:即背景信息和学习环境、学习目标设计、教学设计与实施、教学技能展示、课堂学习环境分析、对学生评价过程的分析、反思和自我评价。这七个方面又均下设不同的评价标准,如背景信息和学习方面的评价标准有两条:具有对教学环境因素和这些因素对教学与学生学习可能产生影响的意识,具有对学区、学校和课堂环境因素和这些因素对教学与学生学习可能产生影响的意识。② 不管共有多少条评价标准,每一个标准均有三个评价等级:0=不符合标准,1=部分符合,2=符合标准。大学的实习过程评价主要由大学指导教师和中小学合作教师共同实施,他们在评价前要接受相应的培养。评价由两位教师分别进行打分,如果二者分数一致则为最终成绩;如果二者的分数有显著差异,则由两位教师对学生的教师工作案例进行协商并确定最终的分数,以此保证评分的公正性与有效性。

四、结果评价与毕业追踪

(一)毕业评价

经过三次的选拔并完成教学实习后,也意味着卓越教师职前培养项目的培养工作即将结束。毕业的主要评价标准是要达到项目设定的要求,包括知识、技能和教学品

① The Teacher College Unit Assessment System [EB/OL]. http://www. emporia. edu/dotAsset/1db24dd9-405d-4f05-b5c7-7a132649e777. doc,2015 - 03 - 03.

② ESU. TWS Scoring Pages [EB/OL]. http://www. emporia. edu/dotAsset/b192ff65-a92a-4968-9f3f-fe4dca2477ad. pdf,2015 - 03 - 05.

质三个方面,才能完成项目的所有学习工作。在知识方面,学生被要求大学课程学习绩点达到 2.5 及以上,专业教育课程的成绩到达 C 级及以上,通过教学实习,通过教师资格二级考试即 Praxis Ⅱ。在技能方面,学院要求师范生成功完成为期 16 周的教学实习并获得 C 级及以上的成绩,以及通过教师工作案例的评定。① 在教学品质方面,师范生需要接受学院对师范生的教学品质的观察与审核。上述三个方面合格,才意味着真正达到了卓越教师职前培养项目的要求,完成了该项目的所有培养工作。

(二) 毕业追踪调查

恩波利亚大学教师学院会针对毕业后师范生开展一系列的后续追踪调查,主要通过问卷的方式收集与掌握毕业生的信息,同时对项目自身进行检测与诊断,进而根据反馈的信息分析项目的优劣之处。学院对毕业生展开每三年一次的调查追踪,调查对象主要是该校的毕业生以及毕业生所任教学校的管理人员,调查的内容主要分为三大块:知识、技能和教学品质。从 2000 年到 2009 年所进行的四次调查来看,恩波利亚大学的毕业生和其所任教学校对该校的卓越教师职前培养项目均给予了很高的评价。②

综上所述,美国高校在实施其卓越教师职前培养项目的过程中,主要依靠全过程的质量评价来保障其培养质量。这一全过程质量评价包括入学选拔、专业选拔、实习前的选拔、实习评价、项目自我评价、结果评价等多项评价。入学选拔、专业选拔、实习前的选拔等主要依托课程学习成绩、相关考试等来进行,通过多层且严格的选拔,确保真正聪颖且有教师职业热情的学生进入卓越教师职前培养项目学习,以此从源头和过程来保障项目质量。实习评价则主要是依托学生实习档案袋、教师工作案例等形式,通过实习指导教师的观察、教学实践打分等多种途径来评定学生的教学实践情况,如果实习不通过,则需要重修,甚至可能影响学生能否顺利毕业。项目自我评价则是学校通过问卷、访谈等形式调查学生的意见并获得反馈,组织大学教师和中小学校教师召开定期会议,通过项目自我反思等进行自我评估与诊断,进而不断地调整项目以保障项目的卓越性。培养结果的评估主要包括毕业生的教师资格证书通过率、毕业生的就业率与留任率、毕业生满意度和用人单位中小学校的满意度、对中小学生的学习影响等几个方面,这一评估主要由高校与州政府教育行政部门、中小学校等协作共同完

---

① The Teacher College Unit Assessment System [EB/OL]. http://www. emporia. edu/dotAsset/1db24dd9-405d-4f05-b5c7-7a132649e777. doc, 2015 - 03 - 03.

② ESU. Longitudinal Alumni Responses about the Quality of Their Teacher Education Preparation [EB/OL]. http://www. emporia. edu/dotAsset/d24582c3-550c-4d1c-8ef6-a02f6f669162. pdf, 2015 - 03 - 05.

成。通过这一从源头到过程、从实习到毕业、从培养主体——教师到被培养客体——学生、从学校到政府、从学生到用人单位等等全过程、培养的所有相关者均全员参与的质量评价与保障体系,美国相关高校在卓越教师职前培养项目上取得了重大的成功,不仅为美国社会培养了一批又一批所需求的中小学卓越教师,为提升美国基础教育的质量发挥了积极而卓著的贡献,更是为美国其他教师教育相关院校提供了必要的发展经验与发挥了榜样示范作用,为美国教师教育职前培养工作整体质量的提升起到了不可估量的重要作用。

第六章　美国中小学卓越教师职前培养的质量保障：社会保障

除了政府、高校以外，中小学校、社会相关组织机构等均或直接或间接影响着美国中小学卓越教师职前培养项目的培养质量与成效，在美国这样一个民间组织与专业力量如此发达的国家里，社会力量的作用更是得到了极大的彰显。事实上，如果能够充分借助社会相关力量的作用与影响来保障卓越教师职前培养的质量，于卓越教师职前培养而言更是一件有百利而无弊端的事情。由此，既然美国的社会力量在其卓越教师职前培养事务上发挥了如此积极与重要的作用，那么便更是值得全面深入研究以对我国有所借鉴与启示。那么，美国的社会力量是如何发挥保障作用的呢？都发挥了些什么样的作用呢？

第一节　专业认证：以美国教师培养认证委员会为例

在美国教师培养认证委员会（Council for Accreditation of Educator Preparation，简称 CAEP）成立之前，美国各高校的教师职前培养项目的认证工作主要是由全国教师教育认证委员会和教师教育认证委员会两大组织来实施与完成的。美国绝大多数州都选择这两个组织或者其中之一进行合作认证，或鼓励或要求州内的相关项目申请到这两个全国性的专业机构进行认证工作，到 2010 年，美国全国内有超过一半的教师教育职前培养项目是由这两个组织来实施认证的。全国教师教育认证委员会和教师教育认证委员会两个组织均是对教师教育职前培养项目进行认证的专业机构，前者主要是对实施教师教育职前培养项目的高校实施认证，后者主要是对项目本身进行认证与评价，尽管两者在具体的认证内容上有所区别，但均是为了保障教师教育职前培养项目的质量。

发展到 2010 年,作为全国专业认证机构的全国教师教育认证委员会和教师教育认证委员会均面临着共同的挑战,挑战一是为了发挥专业认证机构的效用,需要设置统一而严格的认证体系来改善和提高教师教育职前培养项目的质量,推动卓越教师职前培养的发展,以为中小学输入卓越师资,提高美国基础教育水平;另一挑战是来自外界的批评声音很大,即认证过程对项目输入的评价关注过多,而在重要的结果输出方面关注太少,导致职前培养质量得不到提高。此外,还面临着一个极其重要的背景变化:即前面所提及的美国教师教育政策发生了巨大转变,政府的政策和实践都表明了一种广泛的认知即卓越教师的职前培养对提升课堂中学生的学习起着关键作用。由此,全国教师教育认证委员会和教师教育认证委员会两个机构开始筹措协商合并两个机构成一个新的认证机构,这就是现在的美国教师培养认证委员会。历时三年的准备与筹备工作,2013 年 7 月美国教师培养认证委员会正式成立,成为一个独立的专业认证机构,以为美国高校的教师职前培养项目提供认证与质量评估服务。2013 年 8 月,美国教师培养认证委员会公布了新的认证标准。美国教师培养认证委员会计划到2016 年,其认证标准将完全取代全国教师教育认证委员会和教师教育认证委员会的认证标准,同时也将作为唯一的专业认证机构完全代替全国教师教育认证委员会和教师教育认证委员会的所有认证工作。① 2016 年之前的这段时间被设置为过渡期,全国教师教育认证委员会和教师教育认证委员会作为美国教师培养认证委员会的下属机构与美国教师培养认证委员会同时并存,各高校的教师职前培养项目除了可以申请美国教师培养认证委员会认证以外,同时也可以申请这两个下属机构中的任何一个接受认证。

美国教师培养认证委员会从筹备到正式成立,始终围绕着卓越教师培养这一理念展开,为此,美国教师培养认证委员会明确了自身的使命:即通过以"证据"为基础的认证来确保卓越教师职前培养项目的实施质量并支持项目的持续改善,以促进卓越教师的职前培养,从而促进与加强美国中小学生的学习。与此同时,美国教师培养认证委员会还设立了具体的策略目标以明确实施方向和指导具体的实践活动,其策略目标包括六个方面②:第一,提高教师职前培养的标准,美国教师培养认证委员会将设置明

① CAEP. History of CAEP [EB/OL]. http://caepnet.org/about/history,2015 - 05 - 12.
② CAEP. V, ission, Mission & Goals [EB/OL]. http://caepnet.org/about/vision-mission-goals,2015 - 05 - 13.

确的高标准,高标准的评价依据各种以证据为基础的评价方式对项目的表现和持续提高潜力进行衡量,从而对项目的质量做出精准的判断;第二,美国教师培养认证委员会将支持教师职前培养项目运用认证的过程来显示自身的高质量和推进项目的持续发展;第三,美国教师培养认证委员会将开发和实施专业的研究和政策的革新来支持项目质量的提升工作;第四,美国教师培养认证委员会将致力于不断提高机构的专业认证价值,从而保障有更多的州和学区依靠它的认证工作,包括对教师职前培养项目的审核、教师资格证书的颁发、教师招聘等多方面;第五,美国教师培养认证委员会致力于成为美国认证专业机构的典范,以提供卓越的专业认证和多种有效的认证途径;第六,美国教师培养认证委员会努力成为一个模范的专业学习组织来推进教师教育相关各方的共同发展。同时,为了有助于这些目标的成功实现,美国教师培养认证委员会专门成立了"标准和绩效报告委员会"(Commission on Standards and Performance Reporting)这一下属委员会,专门负责转变教师职前培养方式,建立严格的认证体系来推动教师职前培养项目的卓越发展和为提高中小学生的学业成就培养卓越教师。①

一、认证标准

美国教师培养认证委员会的认证标准由其下属机构"标准和绩效报告委员会"专门设置与负责实施。该标准建立在两项基本原则的基础之上:第一,有强有力的证据证明项目毕业生的教学胜任力;第二,有确凿的证据证明项目毕业的教师能够创造以证据为基础的文化氛围并且能够运用数据来维持和提高项目的质量。这两项基本原则的着力点在项目的结果(毕业生)和项目的持续发展两个方面。基于这两项基本原则,美国教师培养认证委员会在新标准的设置过程中邀请了与教师教育相关的各群体,如高校的教师职前培养项目负责人、学科专家、中小学教师、校长、学区学监、州政策制定者、教师专业组织代表以及公众代表等等,他们围绕着何种标准的设置能够真正有效地认证卓越教师职前培养项目展开讨论,或者说是他们就卓越教师职前培养的愿景应该包含哪些方面进行了合作探讨,最终各方达成一致意见:即新设置的标准应该保证认证建立在证据、持续改进、革新和教学实践的基础之上。由此,依据两项原则和各方的一致建议,该机构设置了五项认证标准。五项认证标准中,前三项关注的是

---

① CAEP Accreditation Standards and Evidence:Aspirations for Educator Preparation [EB/OL]. http://caepnet. org/~/media/Files/caep/standards/commrpt. pdf? la=en,2015 - 05 - 13.

对项目实施过程的认证，第四条是对项目结果与影响的认证，最后一条是项目自身建设方面的认证。

标准一：学科知识和教学知识（Content and Pedagogy Knowledge）：要求项目确保所培养的卓越教师具有完备的学科知识和教学知识技能，在完成项目之际能够运用教学专业知识来改进与提高所有学生的学习，帮助学生达到进入高等教育机构学习的准入学业要求。

标准二：教学合作和实践（Clinical Partnerships and Practice）：要求项目保证有"有效的合作伙伴和高质量的教学实践"作为培养项目的重要部分，从而保障师范生在知识、技能和专业品质等各方面得到培养和发展，进而在毕业后能积极作用于中小学生的学习和发展。

标准三：师范生的质量、招聘和选拔（Candidate Quality，Recruitment，and Selectivity）：要求项目在教师职前培养的整个过程中将培养教师的质量作为项目的首要目标，项目需要对项目初始的选拔、准入、专业课程学习、教学实习、项目完成等所有选拔高度负责。该标准要求项目在项目初始、项目实施中、项目完成时对所培养教师进行选拔，从而保证卓越教师职前培养质量。

标准四：项目影响（Program Impact）：要求提供证据证明项目的毕业生对中小学生的学习和发展、课堂教学、学校产生了积极而有效的影响，毕业生对项目中的教学相关性和有效性表示满意。这条标准又体现在四个方面：一是对中小学生的学习和发展的影响；二是通过结构性的课堂观察和对中小学生的调查来了解和评价毕业生在专业素养方面的表现；三是毕业生的留任率和用人学校对师范生满意度的调查数据；四是毕业生对项目与其教学工作的相关性和有效性的满意度调查数据。

标准五：项目的质量保障和持续的提升（Provider Quality Assurance and Continuous Improvement）：要求高校在对项目有效评价的基础上建立质量保障体系，支持项目的持续发展，同时运用研究成果、数据收集等建立优先发展事项、提高项目的能力和质量，对项目的有效性进行持续不断的评价与改进。

二、认证实施过程

尽管教师职前培养项目是否申请全国专业认证机构的认证是出于自愿，但美国众多州均会鼓励或者要求它们申请全国认证机构的认证，特别是卓越教师职前培养项目更是需要通过认证，并达到卓越的标准。为了保证认证实施的有效开展，美国教师培养认证委员会设置了四项认证原则①：一是弹性选择原则，鉴于项目的本身及其实施过程的多样性，美国教师培养认证委员会给予申请认证的项目以弹性选择，由其自行决定选择哪种认证途径以及所提交的认证证据类型；二是透明性原则，美国教师培养认证委员会致力于在项目的认证过程以及公布的报告中遵循透明公开的原则；三是形成性反馈原则，美国教师培养认证委员会致力于通过在认证过程以及后续的周期认证中提供有效的形成性反馈从而推动项目的发展；四是持续提高性原则，美国教师培养认证委员会通过前面的形成性反馈以及对卓越项目实践做法与经验进行鉴定与推广，同时美国教师培养认证委员会还鼓励认证项目通过研究、调查和实施的方式不断改善项目的实践从而推进卓越教师培养；美国教师培养认证委员会围绕上述的四项核心原则，展开了对申请认证的教师职前培养项目的认证工作。项目的认证工作采取周期认证形式，认证过程是以证据为基础展开的，主要体现为通过项目达到认证的高标准来改善中小学生的学习以及项目自身的不断发展。② 美国教师培养认证委员会的具体认证过程如下：

第一步，项目递交申请认证：如果之前没有接受过教师教育认证委员会或是全国教师教育认证委员会认证的项目，在申请美国教师培养认证委员会认证时需要递交认证申请，申请的内容包括项目的背景信息、项目计划、项目实施中的详细信息如关于设备设施资源、师资力量等能力方面的描述。只有美国教师培养认证委员会认为所递交的申请达到了认证的要求，项目方能进入正式的认证程序。

第二步，项目自身的评价方式：这一认证程序并非必须的，而是由各项目自愿选择。如果项目想在后续实施的自我评价过程中得到有效的支持，并能达到美国教师培养认证委员会的认证标准，即可以将项目自身所实施的评价方式以书面的形式递交给美国教师培养认证委员会，美国教师培养认证委员会将对这些方式进行评估并给予反馈，从而加强项目的评价与实施。

第三步，项目选择认证途径：美国教师培养认证委员会为项目提供了三种认证途径，不同的途径都有各自的侧重点，各需要认证项目可以根据自身的情况作出选择，但是无论选择哪一种认证途径，都需要在满足上述 5 条认证标准的基础上方能通过认

① CAEP Accreditation Manual ［EB/OL］. http://caepnet. org/～/media/Files/caep/knowledge-center/caep-accreditation-manual. pdf? la＝en, 2015－05－14.
② CAEP. Decision Process ［EB/OL］. http://caepnet. org/accreditation/caep-accreditation/decision-process，2015－05－14.

证。三种认证途径分别是：CAEP 简短询问途径（CAEP's Inquiry Brief（IB）pathway），这种途径以询问为基础，强调的是对项目所培养教师的结果的评价，项目需要就其使命和结果的相关问题在证据中提交培养结果方面的数据等证明；CAEP 选择性改善途径（CAEP's Selected Improvement（SI）pathway），项目需在基本满足 5 项标准的基础上选取其中一项或多项标准作为项目质量改善目标，项目需要就这个目标设定计划并在实施中不断调整，同时需要每年提供有效的证据来证明项目质量在不断提高；CAEP 转变计划途径（CAEP's Transformation Initiative（TI）pathway），它强调的是运用研究调查和发展的方式来进行认证，这种途径比较耗费时间，转变计划需要提前几年提交计划至美国教师培养认证委员会，在之后的实施中也需要不断地根据设计的转变计划开展调查、评估等来了解项目的运行状况与质量。

第四步，项目开展自我质量测评，以为认证收集与整理相关证据：每个项目都应该有自己的质量保障体系来实施项目的质量评价，如前面第五章所描述的那样。项目需要在美国教师培养认证委员会认证信息管理系统中上传评估数据和其他材料，而且需要根据不同的标准将这些评估数据进行系统分类。除了递交数据和证明材料以外，项目还需要递交与项目相关的背景介绍与自我质量评定的文字描述材料。

第五步，美国教师培养认证委员会审核项目材料。在各项目递交自我测评报告之后，美国教师培养认证委员会会委派接受过系统性培养的访问小组对项目的自我测评报告进行审核。访问小组一般由三到五名专家组成，这些专家可能是大学教师、学监、州教育部门官员、中小学教师、大学或者中小学相关领导与管理者等等，在他们接受系统性培养前会对其进行选拔，以保障访问小组的专家质量，从而确保审核过程的有效性与可靠性。美国教师培养认证委员会对项目的审核包括两个方面：对所递交的报告的内容进行审核和对项目实施考察，从而保证递交的报告的一致性和真实性。在审核的过程中，小组会给项目提供形成性的回馈，如项目提交的数据不够需要进行后续补充，信息不符之处进行修订等，小组在对项目进行实地考察之后需撰写项目的访问报告提交给美国教师培养认证委员会。

第六步，最终的认证决策阶段。最终的认证决策主要分为两步，第一步是美国教师培养认证委员会标准和绩效报告委员会选择三到四名代表成员组成审核小组（小组由教师职前培养项目的代表、项目所在州的代表、访问小组领导等组成），对项目的自我评价报告和访问小组的报告进行最终的审核，审核之后完成一份书面的建议报告。最后，由小组将审核小组报告、访问小组报告、高校递交的项目自评报告这三份报告一起递交给认证委员会,认证委员会依据这三份报告进行最终的认证决策。美国教师培养认证委员会将项目提供的证明数据对照每条标准的细化要求进行评估从而界定项目的认证级别。美国教师培养认证委员会对项目的认证设立了四个认证级别:一是拒绝认证,即初始认证的项目的各项指标都低于认证标准;二是撤销认证,即项目的质量指标未能满足两个或更多的标准;三是有条件的认证,即项目能够满足四条标准,而未能通过其中某条标准;四是完全认证,即项目满足五项标准;五是卓越认证,即项目达到了五项标准的要求且在一定水平上超出了标准认证值。①

第七步,项目每年还需要向美国教师培养认证委员会递交年度报告,美国教师培养认证委员会从项目处收集后续信息并实施连续的质量监管——美国教师培养认证委员会要求项目每年递交的年度质量报告应包括以下内容②:一是项目产生影响的数据,包括对中小学生学习和发展的影响数据、教学有效性评价数据、用人单位满意度的调查结果、毕业生满意度的调查结果;二是项目的成效数据,包括毕业率、教师资格证书考试通过率、就业率等。项目递交年度报告有两个好处:一方面能够帮助美国教师培养认证委员会掌握项目是否持续达成认证的标准并且在不断地努力改善与提升项目的质量;另一方面是美国教师培养认证委员会能够识别项目递交数据中的一些大的变化,根据调查结果来采取相应的措施,包括对项目的认证身份的取缔、要求后续几年的持续观察等,即方便实施形成性认证与评价。此外,美国教师培养认证委员会也将这些项目的年度报告整理成系统的年度报告进行公布,从而有利于社会公众了解与获取项目信息。

当前,美国教师培养认证委员会还在致力于精细化所有认证标准,如将入学选拔与专业准入标准更加细化等,让卓越教师职前培养项目有可以参照的标准。除了上述认证标准与程序以外,美国教师培养认证委员会还允许有特色、有特别贡献的项目自由申请,只要真正发挥了特别的作用,最终积极作用于中小学学生的学习与发展,美国教师培养认证委员会也将予以认证通过。由此可见,美国教师培养认证委员会既有设定的标准又同时给予卓越教师职前培养项目自由发挥的空间,这十分有利于促

---

① CAEP. Decision Process [EB/OL]. http://caepnet. org/accreditation/caep-accreditation/decision-process,2015 - 05 - 14.

② CAEP Accreditation Standards and Evidence:Aspirations for Educator Preparation [EB/OL]. http://caepnet. org/~/media/Files/caep/standards/commrpt. pdf? la=en,2015 - 05 - 14.

进教师职前培养的多元化,在多元化的模式下推动卓越教师职前培养工作、保障其培养质量。

三、认证特点

美国教师培养认证委员会从成立之初到现在虽然还没有几年,但它汲取了全国教师教育认证委员会和教师教育认证委员会两个专业认证机构的优势,并从其开始筹措协商到建立再到具体的认证实施,都体现了美国专业认证机构的特点,致力于通过专业认证来推动美国卓越教师职前培养项目的发展,为中小学生输送卓越教师。它主要有如下特点与优势:

第一,以推进卓越教师职前培养为认证使命来展开认证工作。教师教育专业内外界都对卓越教师对课堂中学生的学业发展起着关键作用这一点达成了共识,那么卓越教师的职前培养主要依托于卓越教师职前培养项目,所以美国教师培养认证委员会成立的使命即是为了推动美国卓越教师的职前培养工作以及保障卓越教师职前培养的质量。在明确了自身的使命之后,美国教师培养认证委员会通过发挥自身专业认证机构的作用与影响来认证与鉴定卓越教师职前培养项目,同时也通过设置高认证标准来推动其他的职前培养项目参与到卓越教师职前培养项目的实施中来。所以,美国教师培养认证委员会对其认证目标的设定、认证过程的实施、年度质量报告的公布等努力都围绕着推动美国卓越教师职前培养工作而进行。

第二,以证据为基础、依托数据推动认证工作。进入 21 世纪以来,随着对教师职前培养项目问责力度的加大,社会各界越来越强调证据的重要性,通过证据来证明项目的实施绩效状况被普遍使用与接受。在这种大的"证据"文化背景下,新成立的美国教师培养认证委员会也表现出了对"证据"的关注,在建立之初美国教师培养认证委员会就明确了以证据为基础特别是重视数据的方式来实施认证工作。在认证开展过程中,美国教师培养认证委员会要求各认证项目通过各种有效的评价方式来进行数据的收集和整理,以数据报告的形式递交各项材料。通过有效的数据,即包括量性和质性两方面的数据与材料来对项目进行认证、监管、信息反馈等,并通过这些数据证据来进一步推动项目质量的持续提升。

第三,与项目的各利益相关者合作设置认证标准。美国教师培养认证委员会特别突出的一点就是与各利益相关者包括卓越教师职前培养项目的负责人、学科专家、中小学教师、校长、学监、州政策制定者、教师专业组织代表以及公众代表等来合作协商新标准的制定,美国教师培养认证委员会汲取了各方对于卓越教师职前培养项目认证标准的意见,并在此基础上建立新的认证标准,这样既能保证其标准的信度和效度,同时又保证了新设置的认证标准能够得到各方的支持,充分调动了各方的力量来为认证工作服务。

第四,认证标准侧重于项目培养结果。不同于以往教师教育认证委员会和全国教师教育认证委员会的认证标准更多的是关注项目的输入标准,美国教师培养认证委员会新设置的标准对项目的结果输出给予了极大的关注,如标准四明确提出项目的影响力,该标准要求就项目结果的四个方面进行评价,包括对中小学学生的学习影响、教学有效性、用人学校满意度、毕业生满意度,这在以往的认证标准中是甚少提及的。通过对项目培养结果的关注,并要求一定要提供相应的数据证据等,能够在教师教育认证委员会和全国教师教育认证委员会认证的基础上对项目的质量给予完整的认证,从项目的输入到结果输出的整个过程进行系统评价,从而更好地保障卓越教师职前培养项目的实施与质量。

第五,认证过程的有效性和可靠性。在认证实施过程中,为了保证项目的可靠性和真实性,美国教师培养认证委员会会组织多方相关人员组成访问小组、审核小组等对项目递交的自我质量评价报告进行书面审核;同时还会对认证项目进行现场的实地考察并撰写书面报告;而且还会由美国教师培养认证委员会标准和绩效报告委员会对这两份报告进行审核,递交审核报告,最终才会由认证委员会根据这三份报告对项目实施最后的认证。而且,为了确定项目证据的可靠性,美国教师培养认证委员会还鼓励第三方人员如项目的教师、学生、毕业生、用人学校等向认证委员会递交书面的项目质量证据等,通过这多方的考察等来确保项目证据的真实性,从而也就保证了认证工作的有效性与可靠性。

由此可见,美国教师培养认证委员会不仅对传统的教师教育职前培养项目进行质量认证工作,以保障底线,更是以推进卓越教师的职前培养为认证使命,保障与推进着美国卓越教师职前培养项目的发展。对美国教师教育的职前培养质量和卓越教师职前培养质量均发挥着十分重要的保障与推进作用。

第二节 专业评奖:以美国卓越教师教育奖为例

在美国,专业机构在卓越教师职前培养项目的评定中发挥着重要作用且影响力甚广,评定的范围也遍布全美。在评选卓越教师职前培养项目的专业机构中,最具影响力的、致力于推进职前培养"卓越教师"的两个机构分别是教师教育者协会和美国公立大学联合会。前者设有"卓越教师教育项目奖",后者则会给卓越教师颁发"卓越教师教育奖"(又名"麦考利卓越教师教育奖")。[①] 本书将在简要介绍卓越教师教育项目奖的基础上重点介绍更具影响力的卓越教师教育奖。

1920 年成立的美国教师教育者协会,由从事教师教育的工作者自行组建,是一家致力于提升教师教育质量的非盈利性非官方的专业组织机构。1977 年,协会开始颁发"卓越教师教育项目奖"。这一奖项着力于评选和表彰那些从职前教育便开始致力于培养"卓越教师"的高等教育机构,这些机构必须是与中小学进行了深入全面的合作从而联合培养出了真正卓越的本科毕业生以服务于美国中小学教育。[②] 该奖项的评价标准主要有:高校与当地、州、国家或者国际机构联合培养卓越教师;项目的目标应致力于确定教学行为;项目所提出的理论、基于研究的相关原则等被其他教师教育项目借鉴采用;项目的评价框架与实施记录能提供在线的数据决策和项目改进方案;项目目标、实施方案与评价连贯一体;结论性的数据能证明项目对于毕业生及其所教的 P-12 学生产生了积极的影响。协会要求所有参与的高等院校应该提交申请表,然后由教师教育者协会组织评选。申请表的内容应包括:第一,项目概述(250 字);第二,包括协同培养,项目目标,项目的理论基础及其对其他项目的适应性,连贯一体的项目目标、实施与评估,对于毕业生及毕业生所教学生的积极影响等内容的详细描述,共 3 750 字;第三,其他需要补充的内容,可以是特色或者创新的地方,限制在 5 页纸以内。协会从 1997 年起每年在全美范围内只评选出一所最优的卓越教师职前培养大学,予以表彰(除 2013 年,当年无获奖机构)。[③] 由于评选出的卓越教师培养项目的数量较多,在此不一一列举。每年获得该奖项的卓越教师培养大学将在来年的教师教育者协会的年度会议上代表师资培养机构进行发言并向与会人员、专业机构展现其卓越教师培养项目,以供全国的师资培养机构学习和借鉴。除了设置卓越教师教育项目奖,协会还设置了"教师教育卓越研究奖",以奖励那些在教师教育领域取得了卓越成

① American Association of Stage Colleges and Universities. Christa McAuliffe Excellence in Teacher Education Award [EB/OL]. http://www. aascu. org/programs/TeacherEd/CMA/,2014-09-03.

② The Association of Teacher Educators. Distinguished Program in Teacher Education [EB/OL]. http://www. ate1. org/pubs/Governance. cfm,2014-08-14.

③ The Association of Teacher Educators. Distinguished Program in Teacher Education [EB/OL]. http://www. ate1. org/pubs/Distinguished_Prog. cfm,2014-08-14.

果、展开了艰苦努力的研究人员,并特别鼓励那些通过实证调查研究、理论研究等对教师教育和学生学习产生了显著积极影响的研究。[①]

一、美国卓越教师教育奖

美国公立大学联合会成立于 1961 年,该组织的成员现有近 420 所美国公立大学,这些大学每年为美国培养 3 百万名教师,占美国每年所有中小学新教师总数的 50%以上,[②]占提供职前教师教育的四年制公立大学的 56%。[③] 作为该机构的成员,其中很多的公立大学都有着悠久的师资培养历史,他们成立之初的定位即是培养教师的师范学校。而且随着时代变迁,这些院校逐渐发展成为现在的公立大学机构。美国公立大学联合会的主要目标有:第一,促进了解和支持高等教育和有特殊贡献的会员大学与学院;第二,分析公共政策,支持其所服务的高校和学生;第三,提供政策指导和项目支持,以加强教学质量,促进教育改革;第四,为机构领导特别是校长们创造专业发展的机会。

为了鼓励公立大学的成员在保持自身悠久师资培养传统的同时,也不断开发与革新卓越教师培养项目,为中小学的卓越教师的培养献智献力,美国公立大学联合会于 2002 年设立了"卓越教师教育奖"。该奖项以教师克丽丝塔·麦考利夫(Christa McAuliffe)的名字命名,以纪念这位在 1986 年挑战号航天飞机失事中牺牲的社会学女教师。按计划,她将在太空通过电视向美国和加拿大 250 多万中小学生讲授两节太空课,还将在航天飞机上参加几项科学表演,并向学生播放,成为世界上第一位"太空教师"。这位女教师有一句经典格言,即"我触摸未来,我教学"(I touch the future. I teach.)。而美国公立大学联合会的卓越教师教育奖也正体现出这句话——致力于卓越教师的培养,以此提高代表国家未来的年轻一代的学习。这一奖项主要奖励那些从职前即大学阶段便开始致力于为美国中小学校培养卓越教师的公立大学或学院,根据培养卓越教师项目的实施成效决定哪些大学获得此奖项。每年没有固定数量的大学

---

① The Association of Teacher Educators. Distinguished Program in Teacher Education [EB/OL]. http://www. ate1. org/pubs/Distinguished_Rese. cfm,2014 - 08 - 14.

② GCSU. John H. Lounsbury College of Education a Finalist for Christa McAuliffe Excellence in Teaching Award [EB/OL]. http://www. gcsu. edu/education/McCauliffe_Award. ht,2014 - 12 - 31.

③ WCU. Teacher Education Program Wins National Christa McAuliffe Award [EB/OL]. http://www. wcu. edu/news-events/News-t/teacher-education-program-wins-national-christa-mcauliffe-award. asp,2014 - 12 - 31.

荣获该奖项,主要依据具体情况决定,该奖项从 2002 年设置以来每年评选出一所或两三所院校,以表彰这些院校在卓越教师培养项目上所做出的努力。

在具体的评选标准上,卓越教师教育奖最为看重的是:提供相关数据与证明材料证明该项目对 P-12 学生的学习结果有积极正面的影响与效果;同时,还需要提供材料和数据证明该项目是如何开展以达成上述积极正面影响与效果的。评选流程主要是由院校提交申请材料,然后先由美国公立大学联合会的教师教育委员会进行第一轮遴选,然后由美国公立大学联合会协会主席和相关专家人员并邀请中小学教师、大学教师等来评选得出。协会对申请材料有详细的规定:不能超过 12 页、单倍行距、12 倍 Times New Roman 字体。申请书主要应该包括如下内容:第一,封面页,包括项目名称、大学名称与地址等内容(共 1 页);第二,项目描述,包括项目任务、目标、关键内容(共 1 页);第三,影响证明,证明自己的毕业生对所教的 P-12 年级所有学生学习所产生的正面积极影响(共 4 页);第三,项目适应性,描述项目所采用的培养方法的推广性、项目自我诊断以及改进方法与策略等(共 5 页)。[①]

二、评奖结果

从 2002 年设置之初到 2014 年,美国公立大学联合会一共评选出 25 所公立大学院校获得"卓越教师教育奖",分别如下(以下以项目来统一概括这些院校的卓越教师职前培养工作):

(一) 2002 年

1. 东卡罗莱纳大学的实践学校合作项目(Latham Clinical Schools Network Partnership Program of East Carolina University School of Education):主要是东卡罗来纳大学与中小学合作为学生提供的实习项目。

2. 印第安纳州立大学的专业发展学校合作伙伴项目(Indiana State University Professional Development Schools Partnership):印第安纳州立大学通过革新教师专业发展学校合作伙伴关系,建构与中小学校、高校等多方合作的教师培养项目。

3. 马里兰州巴尔的摩大学的城市教师教育项目(University of Maryland Baltimore County Urban Teacher Education):马里兰州巴尔的摩大学有针对性地为当

---

① American Association of State Colleges and University. Christa McAuliffe Excellence in Teacher Education Award [EB/OL]. http://www.aascu.org/programs/TeacherEd/CMA/, 2014-08-24.

地薄弱学校准备与提供师资的职前教师教育项目。

（二）2003 年

4. 中部密歇根大学的密歇根初中学校项目（Michigan Schools in the Middle of Central Michigan University）：致力于密歇根中部的初中师资培养，包括四年制和研究生层次。

5. 内布拉加斯州立大学奥马哈分校的专业发展项目（High Quality Induction Program of University of Nebraska at Omaha）：主要是针对新入职教师所进行的为期一年的研究生教育。

6. 圣地亚哥州立大学的城市教师项目（City Heights K - 12 Credential Program of San Diego State University College of Education）：研究生层次的、着力于提高任教学生学业成绩的职前教师教育项目。

7. 托莱多大学的小学科学教育合作教师培养项目（The Toledo Area Partnership in Education: Support Teachers as Resources to Improve Elementary Science）：致力于幼儿园到小学 6 年级的科学教育教师培养，采用协同合作的方式。

（三）2004 年

8. 朗沃德大学的通识教育小学合作项目（Liberal Studies-Elementary Partnership Program of Longwood University College of Education and Human Services College of Arts and Sciences）：基于调查研究数据结果展开通识教育的职前教师培养。

9. 中佛罗里达大学的数学和科学教育项目（Lockheed Martin/UCF Academy for Mathematics and Science of University of Central Florida）：致力于改善数学和科学教学方式的研究生层次的数学与科学师资职前培养。

10. 瓦尔塔多斯州立大学的探究科学和信息技术项目（Learning through Inquiry Science and Technology of Valdosta State University）：以探究为中心的教学方式来培养科学和信息技术的师资。

（四）2005 年

11. 鲍尔州立大学的学习评价模式项目（Learning Assessment Model Project: State-of-the-Art Evidence-Based Teaching of Ball State University）：通过变革学习评价方式，让接受职前教师教育培养的学生更好地掌握评价学生的技巧与能力。

12. 奥多明尼昂大学的联邦特殊教育支持项目（Meeting the Needs of Virginia's Children with Disabilities: The Commonwealth Special Education Endorsement Program of

Old Dominion University)：为当地培养特殊教育所需要的师资。

（五）2006 年

13. 北卡罗莱纳大学的学习中心认知指导模式项目（Learning Centered Cognitive Coaching Model of University of North Carolina Wilmington)：通过以学习为中心的认知指导模式来促进对师资的培养与质量的提升。

14. 西北密苏里大学的职前教师增值项目（Adding Value for Teacher Candidates and P-12 Learners of Northwest Missouri State University)：基于中学师资培养的、以提升 P-12 学生成绩增值的职前培养模式。

（六）2007 年

15. 北科罗拉多大学的质量革新项目（Assessment and Program Innovation for Quality Teacher Preparation of University of Northern Colorado)：通过研究、专业服务、个体培养等的小学与中学教师职前培养项目。

16. 圣克劳德州立大学的教学实习合作项目（Utilizing Co-Teaching during the Student Teaching Experience of St. Cloud State University)：通过学生实习期间的合作教学经历，提升师资培养质量。

17. 西卡罗莱纳大学的合作绩效项目（Western Carolina University's Partnership for Performance)：通过多方合作来连续改进师资培养模式以便提升师资培养质量。

（七）2008 年

18. 陶森大学的专业发展学校项目（Towson University Professional Development School Network)：通过学习者的学习共同体提升师资培养质量。

19. 西肯塔基大学的职前培养项目（Western Kentucky University's Education Preparation Program)：从终身学习、国际视野等多方面提升师资培养质量。

（八）2009 年

20. 休斯顿大学清湖学院的职前教师培养项目（Teacher Preparation Program of University of Houston-Clear Lake)：致力于通过拥有卓越、革新和领导力的学习者中心社区来培养卓越师资。

（九）2010 年

21. 西俄勒冈大学的职前教师培养项目（Teacher Preparation Program of Western Oregon University)：主要致力于培养教师领导者，即校长等。

（十）2011 年

22. 黑山州立大学的数学与科学探究性学习项目（The Center for the Advancement of Mathematics and Science Education of Black Hills State University）：致力于数学与科学学科的探究性学习教学能力以便职前培养数学与科学师资。

（十一）2013 年

23. 瓦尔多斯塔州立大学的职前教师培养项目（Teacher Preparation Program of Valdosta State University）：致力于挖掘当地儿童潜力、提升儿童学习能力等的初中师资职前培养。

（十二）2014 年

24. 加利福尼亚州立大学的教师合作伙伴项目（Fresno State's Central Valley Partnership for Exemplary Teachers of California University）：致力于为加利福尼亚州弗雷斯诺市培养 P－12 年级的卓越教师。

25. 纽约城市大学亨特学院的城市教师驻校项目（Hunter College of the City University of New York）：通过驻校模式培养卓越教师的项目。

从这些获奖的卓越教师培养项目可以看出，这些卓越教师培养项目中有些致力于培养中学卓越教师，有些则全力培养小学卓越教师，当然还有些致力于为某一学科培养卓越教师。尽管类型不一、内容不同等，但其目标都是一致的，即为中小学培养与准备卓越教师。

第三节　专业排名：以全美教师质量委员会为例

2000 年，全美教师质量委员会作为教师的专业机构正式成立。它是一个无党派的教师教育研究与政策组织，致力于实现教师职前培养项目、学区、州政府、教师工会的政策和实践的基本变革，同时也向联邦政府、州政府和学区等提交教师教育改革建议，从而实现美国每位中小学生都能拥有卓越教师的愿景。2006 年，全美教师质量委员会负责完成了对教师职前培养四个领域的全国性评价，包括阅读、数学、教学评价和教学实习，这大大提升了全美教师质量委员会在教师教育质量评价方面的影响力。除了进行全国评价以外，全美教师质量委员会还应许多州的邀请负责对该州的教师职前培养进行相关研究或是质量评价，如对得克萨斯州和伊利诺斯州的教师职前培养工作展开具体的研究，对印第安纳州阅读方面的教师职前培养研究，对新墨西哥州、犹他州、怀俄明州和科罗拉多州的阅读和数学教师职前培养的研究等等。① 2011 年,全美教师质量委员会和美国新闻与世界报道(U. S. News and World Report)合作致力于对全国教师职前培养项目实施评价并进行全国排名。作为媒体的"美国新闻与世界报道"以每年对美国大学展开调查报告及排名而广为人知,全美教师质量委员会和美国新闻与世界报道的合作开启了对教师职前培养项目实施大学进行排名的工作,一方面可以为教师职前培养项目提供具体、可行性的指导来帮助项目得到改善与提高,也可以帮助联邦政府、州政府等更好地监督高校的教师职前培养项目质量;另一方面为即将进入教师教育职前培养项目学习的学生,以及招聘教师的中小学校提供关于教师职前培养项目的质量排名和相关信息,以帮助他们更好地选择与甄别。

自 2013 年开始,全美教师质量委员会开始发布教师教育年度质量报告,如《教师培养质量报告 2013》(Teacher Prep Review 2013 Report)和《教师培养质量报告 2014 》(Teacher Prep Review 2014 Report)。实际上,全美教师质量委员会对美国教师职前培养质量进行院校排名并发布年度质量报告在一定程度上是效仿美国 1910 年发布的《福莱克斯纳报告》(Flexner Report),该报告发表之后推动了美国医学教育的彻底变革,进而推进了美国医学教育的卓越发展,这份报告被称为美国医学教育的奠基石。② 全美教师质量委员会也希望通过对美国众多高校的教师教育职前培养项目质量进行调查评估,了解与暴露美国教师教育职前培养项目的问题和弊端,从而推动教师教育职前培养变革。当前,全美教师质量委员会已经连续发布了两份年度报告,这两份报告的内容与结论均是美国教育史上对高校的教师教育职前培养项目进行质量调查范围最广泛的,也是批判的较为尖锐和"富有技术含量"的调查,③至于其能否如《福莱克斯纳报告》那样撬动整个教师教育的大变革,只能拭目以待。

一、评价标准

全美教师质量委员会为了对教师职前培养项目进行具体、可操作性的质量评价,设置了 19 条评价标准。这些标准的设定充分汲取了全美教师质量委员会实施的专业

① Marilyn Cochran-Smith, Peter Piazza, Christine Power. The Politics of Accountability: Assessing Teacher Education in the United States [J]. The Educational Forum, 2013,77: 18.
② NCTQ. Our Approach [EB/OL]. http://www. nctq. org/teacherPrep/review2014/ourApproach/index. jsp, 2015 - 05 - 16.
③ 黄建辉,洪明. 解制取向的教师培养质量评估及其争议——美国 NCTQ《教师培养质量评估报告(2013)》解读[J]. 外国教育研究,2015,(3): 109—117.

研究结果、机构内外部的专家团队建议、国家层面或州层面的卓越教师培养实践、中小学校长、学区学监等各方面的建议，这些研究和实践、建议均围绕着"什么样的教师职前培养项目能够培养出卓越教师"这一主题展开，从而能够鉴定影响卓越教师职前培养项目的关键成分是什么，并以此来设置全美教师质量委员会的质量评价标准，并促使评价的标准能够最大限度地发挥教师职前培养项目的评价效度和对卓越教师职前培养项目的质量保障与提升作用。全美教师质量委员会的 19 条标准分别是选择标准、早期阅读、英语语言学习者、阅读困难学习者、小学数学、小学学科内容、初中学科内容、高中学科内容、特殊教育学科内容、课堂管理、教学计划、评价和数据、公正、教学实习、中学教学法、特殊教育的教学设计、结果、有效性证据、严格性。不难看出的是，这 19 条标准主要包含教师培养的共性标准(标准 10—14、标准 17—19)和小学教师培养(标准 1—6)、初中教师培养(标准 7、标准 15)、高中教师培养(标准 8、标准 15)以及特殊教育教师培养(标准 9、标准 16)这四个类型的教师职前培养项目评价标准，共性标准是针对所有这四个类型的教师培养项目的。下面以小学教师职前培养项目的评价标准和教师培养的共性标准为例展开介绍：①

标准 1：选择标准。这项标准是针对即将进入教师教育专业学习的学生所设定的，主要是对项目设置的学生进入教学专业的准入成绩要求，如高等教育入学考试成绩、大学预备课程学习的评估成绩等。此评价标准的目的是选拔卓越的学生进入教师专业学习。

标准 2：早期阅读。这一标准主要根据各州低年级小学生的学习标准来设置早期阅读教学课程，具体的评价指标之一是理论课程的教学和教学实践是否能够覆盖有效阅读教学的五个关键成分，这五个成分分别为音素意识、自然拼读、流利、词汇和理解策略，同时这一指标还要分析项目是如何根据师范生的课程来对师范生进行诊断和专业发展的监管评估的。另一个评价的指标则是阅读课程所使用的课本是否能支持有效阅读的教学。

标准 3：英语语言学习者。这一标准主要针对那些为英语为第二语言的学生培养小学教师的项目。标准主要评价相关项目是否帮助师范生掌握了有效的教学策略来胜任对英语语言学习者的教学，以及项目是否对这些学生实施了有效的培养。

---

① NCTQ Standards and Indicators [EB/OL]. http://www. nctq. org/dmsView/Standards_and_Indicators_Full，2015－05－17.

标准4：阅读困难学习者。这一标准主要针对那些为在阅读方面有困难的学生提供特殊教学的教师而进行的培养项目。评价指标就是项目的阅读课程能否有效培养师范生对阅读困难者开展有针对性的教学工作。

标准5：小学数学。这一标准主要针对那些致力于培养小学数学教师的项目。其具体的评价指标包含三个方面：项目的课程序列是否涵盖了小学数学的教学内容包括算数和运用、代数、几何和数据分析等；项目是否选择了合适的教材来帮助师范生进行数学科目教学的学习；项目是否安排了足够的小学数学教学法课程。

标准6：小学学科内容。这一标准主要针对那些致力于培养全科教师的项目，让教师们能够拥有广泛的学科知识。鉴于美国小学教师大都是全科教师，这就要求小学教师拥有坚实而广泛的多学科知识。评价指标主要包括两个方面：其一是项目是否为师范生准备了足够广泛的通识课程的知识学习，其二则是项目是否安排了足够的小学课程的集中学习，学习内容包括四个方面，即文学和写作、历史和地理、科学以及数学。

标准10：课堂管理。这部分的评价主要在于项目要培养师范生运用有效的管理策略来管理班级的能力，评价的方法主要是指导教师对学生在实习中的表现进行观察并予以评价。

标准11：教学计划。教学计划部分的评价主要基于项目所培养师范生如何计划课程教学来提高所有学生的学业表现。评价指标包括项目是否对师范生进行了技术使用能力的培养来提升师范生的教学效率；项目在对师范生进行有计划教学能力的培养过程中是否依据了中小学的学习标准、是否解决了英语学习者的需求、是否满足了学生的特殊学习需求、是否拓展了教学范围来提升学生的学习等。

标准12：评价和数据。这部分的评价主要是针对项目如何培养师范生通过对学生的学习评价以改进与完善自身教学。具体的评价包括三个方面的指标：师范生能否对学生的标准化测试进行有效的评定，师范生能否进行形成性和总结性评价，师范生能否有效运用评价数据进行相应的改进与完善。

标准13：公正。公正方面的评价主要是针对项目所培养的师范生能否对多样化背景的学生和学校开展有效的教学工作。具体的评价指标就是项目是否在教学实践中为师范生安排了多样化背景的学校（高绩效学校和薄弱学校），并使师范生能够有机会在这些不同文化背景、不同环境的学校中开展有效教学。

标准14：教学实习。这一点主要要求项目要确保师范生能够得到有效的教学实习机会。这一部分的评价标准主要包含三个方面的指标：师范生在教学实习中得到了大学指导教师至少五次及以上的实地观察以及书面的反馈意见，小学合作指导教师提供了有效的指导且该指导教师自身是接受过相关的指导培养的，来自小学的合作指导教师是经过严格的选拔标准选择出来的。

标准 17：结果。这一点要求项目对毕业生进行相关数据的收集和分析。这部分的评价指标主要包括五个方面：对毕业生进行满意度调查，对毕业生所任教学校进行对毕业生专业表现的满意度调查，项目对师范生的数据管理，通过各州的数据系统获得毕业生所教学生的成绩数据，所收集的数据能够按照时间序列进行整理进而用来支持项目的后续评价与改进。

标准 18：有效性证据。这一点要求项目的毕业生对小学生的学习与成长产生积极的影响。由于对学生成绩的影响的评价有很多州还没正式开始实施或者才刚刚开始实施，所以这条标准适用于那些已经将学生的学习成绩的评价和对教师职前培养项目联系起来的州。

标准 19：严格性。这一点主要要求项目设置高标准严要求来鼓励和支持师范生实现高水平的专业表现。严格性的具体测量指标就是项目中有着卓越表现的师范生占所有师范生的比例。

二、排名程序

全美教师质量委员会对美国众多实施教师职前培养项目的院校依据上述标准进行专业排名，具体的评价与排名程序如下：

首先，组建评价与排名团队。全美教师质量委员会组建专门的教师职前培养研究团队进行评价与排名工作，该团队成员都必须在教师职前培养方面有着丰富的知识和经验，他们分别组成单个团队，即专家团队、评价团队和审核团队。专家团队由大学的领导与教师、中小学校领导和教育专家组成，他们设置评价体系并提供持续的建议和支持，同时就评价方法的相关问题提供咨询服务；评分团队则是由经过了系统专业培养的学科专家和专业的数据分析师组成，分成不同的学科小组对各项目进行评价和排名；审核团队负责的则主要是保障项目质量评价和排名的可靠性和有效性。

第二，评价与排名的范围。2013 年，全美教师质量委员会和美国新闻与世界报道首次对美国 1 200 个中小学教师职前培养项目进行了评价与排名，到 2014 年被评价的项目增加了412个，共有1 612个。① 项目的评价与排名对象包括公立大学和私立大学，其中分为本科生层次的职前培养项目和研究生层次的职前培养项目，在两种水平的培养项目中又分为小学教师培养项目、中学教师培养项目和特殊教育教师培养项目，全美教师质量委员会根据不同水平、不同类型项目的对照评价标准进行数据的收集、评价和最终的排名工作。

第三，数据的收集与评价。全美教师质量委员会收集的数据包括以下几类：项目的教学大纲、课本、培养课程目录和指南、师范生实习手册、教学实习评价表格、毕业设计、各州对项目的相关要求、项目与地方学区或中小学间的合作协议、毕业生和其用人学校的满意度调查、州关于高等教育机构绩效评价的数据、高等教育机构的数据统计等。这些数据主要是直接来自于高等教育机构、各中小学学区、在线实施的调查、对大学中的教师和师范生以及其他学生的调查等。数据收集好了之后，会有两名数据分析师根据不同的评价指标对照相应的数据进行评分，评分具体分为5个级别，即0分到4分，4分为最高分，0分为最低分，② 如果项目在某些评价标准中没有对照的数据则是空白分，最后对项目的分数进行总计，并根据不同的类型（小学教师培养项目、中学教师培养项目、特殊教育教师培养项目）对所有项目以及其所获得分数进行最后的排名。

第四，整理成排名报告并对外公布。全美教师质量委员会就评价的具体情况和排名的最终结果整理成排名报告并公布于众（关于全美教师质量委员会的排名结果，在前面内容——第三章第二节"培养现状"中已经阐述，此处不再重复），排名报告还包含了全美教师质量委员会针对项目质量实施的情况提出的相关改革的政策性和实践性的建议。除此之外，为了保障评价与排名的公平性、透明性和有效性，全美教师质量委员会还开设了专门的论坛来讨论与回应各项目对全美教师质量委员会排名以及外界对全美教师质量委员会实施的质量评价的相关建议和质疑等。③ 如果大学或者社会人员发现有排名错误或者不妥当之处，可以向全美教师质量委员会递交相关证据提出申诉，全美教师质量委员会则会重新进行评价与排名工作。

---

① 2014 General Methodology [EB/OL]. http://nctq. org/dmsView/GeneralMethodology，2015 - 05 - 17.
② NCTQ. Rating [EB/OL]. http://www. nctq. org/teacherPrep/review2014/ourApproach/methodology/rating. jsp，2015 - 05 - 17.
③ NCTQ. Quality Control [EB/OL]. http://www. nctq. org/teacherPrep/review2014/ourApproach/methodology/qualityControl. jsp，2015 - 05 - 17.

三、排名影响与特点分析

全美教师质量委员会的《教师培养质量报告 2013》一经公布便引发了强烈的反响，该报告指出："美国现存的众多教师职前培养项目均很平庸，甚至不合格，而那些卓越教师职前培养项目则相对好一些……"这一结论引起了教师教育专业内部尤其是承担教师职前培养的高校的强烈质疑，特别是以美国教育学院联合会为代表的大学教育学院更是对此做出了强烈的反驳，指出全美教师质量委员会的质量报告存在诸多问题：如全美教师质量委员会的评价与排名不严谨，不能够反映美国当前的教师职前培养情况；很多大学拒绝与其合作，很多教师职前培养项目的数据来源不可靠，或者缺少很多数据；数据分析的方法不科学不准确；全美教师质量委员会对传统的教师职前培养项目持有偏见，不能保持客观的评价立场等。尽管很多大学的教育学院没有与全美教师质量委员会合作，但是全美教师质量委员会还是坚持继续对教师职前培养项目进行评价与排名，而且获得了来自政府官员、监管者和政策制定者等的大力支持。与此同时，全美教师质量委员会还一直声明它与教师职前培养项目是伙伴关系，对其展开的质量评价与排名旨在发现问题并促使教师职前培养项目的相关人员对教师职前培养进行思考，从而更好地推动卓越教师职前培养项目的发展。[①] 全美教师质量委员会所开展的评价与排名工作主要有以下几个方面的特点：

首先，基于市场化的评价与排名立场。就目的而言，不同于美国教师培养认证委员会所实施的专业认证完全是从教师专业角度出发从而展开对教师职前培养项目的质量认证，全美教师质量委员会则更多的是从教师教育的市场化取向出发，对教师职前培养项目实施评价和排名除了能够鉴别出卓越教师职前培养项目以外，更关注与在乎的是与教师教育相关的消费者群体，即那些即将进入教学专业学习的学生和招聘教师的中小学校，全美教师质量委员会希望能够为他们提供教师职前培养项目实施质量的具体信息，从而能够有效甄别并做出更好的选择。这种评价和公开排名的方式，能帮助那些即将进入教师教育项目的学生和家长对选择什么样的教师职前培养项目进行综合考虑，同时也帮助用人学校选择与哪些教师职前培养项目合作，招聘哪些项目的毕业生，这样就直接将教师职前培养项目推向了市场。当然，尽管是基于市场化的取向，但全美教师质量委员会也在一定程度上让那些被评定为卓越的教师职前培养项

① Marilyn Cochran-Smith, Peter Piazza, Christine Power. The Politics of Accountability: Assessing Teacher Education in the United States [J]. The Educational Forum, 2013, (77): 19.

目能够获得更多的资源进而推动项目得到更好的发展,同时也能够激励那些绩效较差的项目为了立足于教师教育的消费者市场而对自身项目进行改革,不管是创造属于自己的特色还是效仿那些卓越的教师职前培养项目,这都有助于提升美国中小学卓越教师职前培养的质量,进而促进基础教育的卓越发展,惠及每一位学生,这也就是全美教师质量委员会成立之初的宗旨。

其次,评价标准倚重项目输入。从全美教师质量委员会设置的具体评价指标可以看出,它对输入指标是十分重视的,如项目的准入标准、项目的教学大纲、教学实习手册、课本的内容等,而对项目结果输出方面则较少涉及,特别是相对美国教师培养认证委员会而言,全美教师质量委员会仅在标准17和18中提及了要提高教师职前培养项目的实施成效,通过对用人学校和毕业生的满意度,以及毕业生对中小学生的学习影响等方式进行调查。这与当下美国更重视结果的大环境有些不同,全美教师质量委员会对此作出的解释是其认为项目的输入指标和项目的输出结果有着极大的关联,输入决定着输出,教师职前培养项目的输入成分是否卓越能够在很大程度上反映其培养结果是否卓越,所以全美教师质量委员会将标准的设置主要投注于项目的输入成分,而且全美教师质量委员会也相信其设定的标准和评价指标能够鉴定出什么样的项目是能够真正培养出卓越教师的项目。①

第三,排名过程追求科学性和公正性。由于被全美教师质量委员会评价和排名的大学数量众多,为了保持评估的科学性,全美教师质量委员会非常重视评价与排名方法是否科学,并对其总的评价方法和每条标准的具体使用方法都做了详尽的阐述和准备工作,同时还对项目评价人员进行了系统评价能力的培养。此外,全美教师质量委员会对项目采取量化的评价方法,用量化的分数来呈现评价结果,对每个教师职前培养项目根据标准进行不同级别的评分,并对评分汇总进行最终的排名,从而保障了评价的科学性。最后,全美教师质量委员会会将排名结果公布于开放论坛,由各个大学以及社会对评价和排名的相关问题等提出意见、质疑,从而保障其评价与排名结果的公正性。

第四,所采集的数据存在信度问题。通过前面的内容可知,全美教师质量委员会对教师职前培养项目的评价主要是立足于各项目的培养计划、教学大纲、课本内容等

---

① Marilyn Cochran-Smith, Peter Piazza, Christine Power. The Politics of Accountability: Assessing Teacher Education in the United States [J]. The Educational Forum, 2013,(77): 18.

这些文本资料,数据的来源也是来自这些政策、计划、大纲等文本,而对项目的具体实施情况则很少关注,这可能是因为不少的教师职前培养项目拒绝与其合作,导致全美教师质量委员会很少能够对项目的实践过程进行深入实地的研究考察或是能够获得项目在具体实施中给予信息和反馈的机会,这样收集到的关于项目质量的数据就容易产生信度问题,"这些数据能够在多大程度上保证其真正反映了项目的质量情况,以及基于这样的数据所做出的评价及排名又在多大程度上有效"的确是值得怀疑的。除了信度以外,全美教师质量委员会缺少与项目实施高校的有效合作,这也使全美教师质量委员会所实施的排名质量大打折扣,从而导致它的专业性不强。

尽管全美教师质量委员会不只是对卓越教师职前培养项目的院校进行排名,而是对所有实施教师职前培养项目的院校都进行质量评价与排名,但是其在提升卓越教师教育职前培养质量方面发挥着十分重要的推进作用。排名在前的院校自然就是培养质量最为卓越的,这既是对这些卓越教师职前培养院校的肯定,也能够起到榜样示范和经验推广的作用,这对于从整体上推进美国教师教育职前培养质量有着极大的帮助。当所有院校都朝着培养卓越教师这一目标、朝着位居排行榜前列的方向努力的时候,美国教师教育的整体质量将得到极大的提升,而这就是全美教师质量委员会排行榜最重要的价值与意义所在。

第四节　合作与支持：中小学校

中小学校,作为用人单位、协同培养合作方等,在美国卓越教师职前培养的质量保障中也发挥了十分重要的作用。不同于之前所介绍的政府、高校以及社会专业机构等所实施的质量评价、排名或者是制定政策、资金拨款等角色与作用,中小学校的作用更多的是贯穿在卓越教师职前培养项目的过程中:如与学区、高校合作培养,为高校提供优质生源,为高校提供就业机会、学生的毕业任教情况等等,还参与高校的满意度调查帮助高校改进自己的培养以提升质量等等。总体来讲,中小学校对高校的卓越教师职前培养项目的质量保障主要可以用"合作"与"支持"来概括。具体主要体现在如下几个方面:

一、合作培养

在第五章的 U-G-S 协同培养中已经论述过,中小学校教师和校长不仅是高校的卓越教师培养委员会的成员,参与培养决策;还是卓越教师职前培养项目师资共同体的教师;也为其实习见习提供场地和合作指导教师;更是参与学生的课程、见习实习的评价等,由此可见,中小学校对卓越教师职前培养项目的参与与合作是体现在整个培养过程之中的。

首先,为了保障卓越教师职前培养项目的质量,中小学校为师范生提供早期教学实践和教学实习的实践场所。众所周知,早期教学实践(见习)和教学实习一定是在中小学校进行,那么这就需要中小学校的合作与支持。除了这一常规性事实以外,从前面的内容可知,卓越教师职前培养项目为了培养能够在未来的教学中适应多元文化背景需求的学生,需要与具有不同文化背景的中小学校合作,尤其是那些有着多元文化背景的学校,这就更加需要中小学校的支持。为了让学生适应各种不同的教学环境,众多的卓越教师职前培养项目均会努力为学生提供具有不同背景、环境等的实践学校,而且卓越教师职前培养项目给学生提供的实习见习时间是要长于那些传统的教师职前培养项目的,这就需要更多地与中小学校合作和配合。一般来讲,中小学校均会根据项目的需求为师范生提供合适的实践场所和适合的实践机会,如课堂观察、课堂教学以及参与学校事务等。只有如此,才能保障卓越教师职前培养项目所培养的毕业生是真正卓越的,否则脱离了真实教学环境的学生何谈卓越,所以中小学校的作用是至关重要的。

其次,在和卓越教师培养项目的伙伴关系中,中小学校还负责为卓越教师职前培养提供必备的师资力量。在卓越教师职前培养中,除了来自高校文理学院教师和教育学院的教师以外,有着丰富教学经验的、来自工作一线的中小学教师也是卓越教师职前培养的十分重要的师资力量。他们与高校的教师不同,他们有着高校教师所不具备的实践教学经验和知识,两者合作能够将理论和实践有效结合,从而更好地培养学生使之成为卓越教师。除了共同教授课程以外,中小学校教师和领导还参与学校的卓越教师培养委员会,共同商讨与决定卓越教师职前培养项目的目标和课程、教学方法与组织形式的设计、教材的选择、实习手册的编写、选拔与评价标准的设定、提出改革与发展建议等所有影响项目培养质量的关键因素。同时,中小学校教师还是学生实习与见习过程中最重要的合作指导教师,他们被卓越教师职前培养项目选拔出来,与大学指导教师共同对学生的实习与见习负责,并承担最为重要的指导学生进行具体的教学操作的工作。另外,中小学校教师与领导还参与对学生的各方面评价,如入学选拔标准的设置、专业选拔工作、实习之前的选拔、实习成绩的评定等等,他们直接影响着对学生学业成绩的评定、实习成绩的打分等。由此可见,中小学校的领导和教师是美国众多高校所设置的卓越教师职前培养项目中必不可少的合作方,如果中小学校在此项目中缺位的话,卓越教师职前培养项目必然只是徒劳无功的。

关于中小学校与卓越教师职前培养项目的合作培养,可以通过专业发展学校来阐述与体现:陶森大学与马里兰州的 150 所中小学校结成合作伙伴关系,建立了该校的卓越教师职前培养专业发展学校网络。其专业发展学校的主题是"学习者的共同体(A Community of Learners)",旨在激励中小学校与大学合作推进教师教育项目的变革。该校的专业发展学校网络的创办理念就是运用大、中小学结成的合作关系,将最好的理论和研究成果与具体实践相联系,其给学生提供的益处就是为学生提供了丰富的教学经历,帮助他们将自己所学的理论知识和实际教学相联系与整合。除此之外,该专业发展学校网络也为大学教师和中小学在职教师提供了专业发展的机会,通过相互的合作与学习,促进他们彼此的学习与成长。值得一提的是,这些专业合作发展学校还能为陶森大学卓越教师职前培养项目提供来自中小学校一线的、卓越的兼职指导教师,如 2014 年大学卓越教师职前培养项目的兼职教师是来自巴尔的摩公立学校的教师肖恩·麦库姆(Sean McComb),他也是美国的年度教师(National Teacher of the Year)(这是美国中小学教师的最高荣誉奖项)①,这就是卓越教师职前培养项目中师范生最好的学习榜样与示范。

二、多方面支持

第一,为卓越教师职前培养输送卓越学生。在卓越教师职前培养项目的招生之初,中小学校特别是高中可以帮助大学挑选到最聪颖且具有教育职业热忱的学生进入大学学习,从而从源头上保障进入卓越教师职前培养项目的学生质量,确保项目所培养出来的教师真正卓越且真正热爱教师职业。

第二,为卓越教师职前培养提供多方面的信息。中小学校能够为大学的卓越教师职前培养项目提供其所需要的多方面信息:

1. 中小学校需要什么样的卓越教师。中小学校是卓越教师职前培养项目的最终用人单位,所以只有中小学校所需要的卓越教师才是真正的卓越教师,只有培养出真

---

① Towson. Towson Faculty Member Named 2014 National Teacher of the Year [EB/OL]. http://tunews. towson. edu/2014/04/30/towson-faculty-member-named-2014-national-teacher-of-the-year/, 2015 - 06 - 19.

正的卓越教师,才能证明项目本身的卓越性。由此,卓越教师职前培养项目在设置培养目标的时候就需要中小学校提供这方面的信息,以确保其培养目标的卓越性与高标准。

2. 中小学校给卓越教师职前培养项目提供就业信息与岗位。如前所言,中小学校是卓越教师职前培养项目的最终市场与用人单位,只有受到众多中小学校欢迎的、毕业生供不应求的卓越教师职前培养项目才是真正卓越的,其毕业生也才是真正的卓越教师。一般来讲,中小学校每年均会根据其对教师的需求公布招聘信息,设定教师的招聘标准。依据这些信息,卓越教师职前培养项目基本能够了解中小学校对教师的具体需求,以此来不断地设计、调整项目的实施方案,如选拔进入专业的学生数、专业的设置、课程的安排等。甚至还有些卓越教师职前培养项目会采取与有特殊需求的中小学校合作的方式,针对中小学校所需的教师进行定向的卓越教师职前培养,如2013年获得美国公立大学联合会卓越教师教育奖的瓦尔多斯塔州立大学的职前教师培养项目就是采取与当地的农村学校合作的方式,为偏远的农村学校培养卓越教师,以改善和提高该地区农村学校学生的学习成绩。这些定向的卓越教师职前培养项目会根据中小学校的需求设计专门的培养方案,学生除了在大学内完成必要的理论课程学习以外,其余大部分时间都在这些学校中实施教学观察和实践,项目的毕业生大部分也都会进入这些学校工作。

3. 为卓越教师职前培养项目提供关于项目毕业生表现的信息。从前面的内容可知,近年来,美国政府和社会均特别重视对卓越教师职前培养项目培养结果的评价,那么项目的产品即其毕业生在中小学校的表现就是项目最重要的培养结果。毕业生所教学生的成绩、毕业生任教过程中的教学表现、毕业生工作留任情况、毕业生的课堂教学能力、毕业生班级管理能力、毕业生作为学习共同体成员的能力、作为反思性实践者的能力等等信息均需要中小学校持续的记录与支持。只有中小学校连续地记录了这些信息,并提供给卓越教师职前培养项目的实施院校,这些院校才能获得真实可靠的项目相关信息,进而依据这些信息进行分析与诊断、进一步改进与提高项目的培养质量。

第三,帮助卓越教师职前培养项目完成多方面的调查工作。为了了解卓越教师职前培养项目的培养结果,大学还需要进行多方面的调查工作,例如对毕业生展开项目满意度调查,这需要中小学校提供支持;例如对中小学校领导和教师展开满意度调查,以了解用人单位对毕业生的满意度等等,这也需要中小学校的支持与合作。这些调查工作,要么以问卷调查的形式展开,要么以访谈的形式进行,不仅需要占用中小学校领导和教师以及已经成为中小学校教师的毕业生的时间,更重要的是需要他们对卓越教师职前培养项目认真仔细的分析与思考,进而提供最为真实可靠的调查信息,并帮助高校的卓越教师职前培养项目进行真正有效的改进与进一步的完善与发展,从而不断地提升培养项目的卓越性。

综上所述,无论是中小学校,还是来自社会的专业认证机构如美国教师培养认证委员会、美国公立大学联合会、全美教师质量委员会等均在美国众多高校所实施的卓越教师职前培养项目中发挥了重要的质量保障作用。它们通过多种形式如专业认证、评奖评优、质量排名、合作培养与多方面支持等确保质量底线并树立榜样、推广经验,不仅保障了卓越教师职前培养的质量,更是从整体上提升了美国教师教育职前培养的质量。正是因为有了这么多积极而活跃的社会力量的真正参与及其发挥的重要且高效的质量保障与推进作用,才使美国卓越教师职前培养发展得如此迅速,并能取得真正卓越的培养效果。

第七章　特点分析与对我国的启示

研究国外始终是为了服务我国,这是比较教育研究的根本宗旨。本书对美国中小学卓越教师职前培养质量保障机制的研究,归根结底是服务于我国"卓越教师培养计划",以为其真正卓越而贡献绵薄力量。那么,美国中小学卓越教师职前培养的质量保障机制到底有哪些长处与不足呢? 又有哪些经验是值得我国学习与借鉴的,哪些教训是需要我国规避的呢?

第一节　特点分析

一、从竞争中走出的卓越

美国高等教育系统是典型的"盎格鲁—撒克逊传统的高等教育系统",这一系统是松散的、非政府的、非控制型的、市场驱动的,它与政治的关系是分离的,学术归学术,政治归政治。尽管20世纪末期21世纪初期美国联邦政府一直尝试用绩效问责等方式来加强对高等教育的控制,但是这种文化与传统已经深深扎根于高等教育系统,不是在短期内能够撬动与松土的。教师教育大都由高等教育系统的基本组成因素——高等院校来实施与完成,特别是职前教育更是如此。在这样的背景下,美国各高校是不可能依托一条"分封"与"指定"的路径来实施与完成卓越教师的职前培养的,这既与传统不符,环境与制度也不允许。

既然资源不靠分封或者指定来配置,那么"盎格鲁—撒克逊传统的高等教育系统"是如何配置资源的呢? 答案是:竞争。纵观众多以盎格鲁—撒克逊为传统的高等教育系统,如美国、英国、澳大利亚等,它们的资源配置基本依托竞争来完成:无论是资金拨款,还是课题项目等等。竞争是什么:其逻辑起点不是先给你切好"蛋糕",然后你只要吃好"蛋糕"就可以了，让"蛋糕供应方"感觉"蛋糕"给得物有所值就够了；竞争的逻辑起点是只有这么大一块"蛋糕"，如果你想吃的话必须得凭实力来争取与获得。所以，竞争是如何赢得蛋糕，而不是如何去吃和品尝蛋糕。在赢得蛋糕的过程中，认清自己、改变自己、提升自己，只有你自己变得比别人强大、比别人更具优势，才有可能获得最后的胜利。因为逻辑起点的不同，竞争的最后结果也不一样：竞争会让水一直在涨，船也自然不停在提高，没有一个绝对的标准或者明确的任务放在这里，只要达到或者完成就可以，不是吃"蛋糕"那么简单与容易，而是对手一直都在，除了不停地成长与发展，在竞争面前你别无其他选择。由此，竞争会让你变得越来越优秀与卓越。当然，竞争也有它的弊端：无良竞争、矮子里面拔高个等，这需要的是"蛋糕供应方"设置好底线与基础标准。

美国在中小学卓越教师职前培养上的竞争，是对其盎格鲁—撒克逊传统高等教育系统的又一次例证，这是一个典型的依托竞争收获卓越的过程。既没有联邦政府也没有州政府来分封哪一所高校应该获得多少资金资助然后全力以赴培养相应的卓越教师，也没有任何一个民间组织或者专业机构来指定哪所高校的教师职前培养项目就是卓越教师培养项目了。这个竞争的过程是由联邦政府和州政府、民间专业组织和机构来设置方向与标准、基本要求与规则等，以确保竞争的有序与良性，然后由各个院校着手努力于自己的教师职前培养项目的发展，只有足够卓越了才有可能获得政府认证与资金拨款，也才可能赢得民间组织、专业机构的认证与奖励等。所以，美国的卓越教师培养从根本上走的是一条院校自己竞争而来的卓越之路，是由政府引导与评估、民间支持与评选等多方力量支持与保障之下的卓越，也是一种较培养过程而言更注重培养结果的卓越。

如前所述，为确保竞争过程不是无序与无良的、不是在整体平均水平低下中选拔，也需要很多外在条件的支撑：如美国联邦政府所发挥的政策法规导向与规范作用，州政府实施基本与底线的保障与监督作用，社会力量的参与与引导作用等，均是缺一不可的力量。这也正是"盎格鲁—撒克逊传统高等教育系统"能够高效、有序、良性运行的重要标志，这一运行机制是多年历史积淀所形成的产物，不是简单的移植或者效仿能够学习得来的，这需要有政府的放权、高校的自主、社会力量的活跃等多方因素。所以，美国的中小学卓越教师职前培养模式就形成了今天这样松散又完全依托竞争的模式，它不是简单的、一蹴而就的，而是美国高等教育系统多年的历史、文化、传统等的综合反映。

二、多方协同,但缺乏长效性

尽管卓越教师的职前培养工作主要由高校来完成,但是为了确保培养质量,从联邦政府到州政府,从中小学校到民间组织、专业机构等社会力量,甚至从家长到全社会都参与了进来,各自通过自己的方式来影响着高校的卓越教师培养工作。无论其参与形式是主动的还是被动的,它们都对卓越教师职前培养工作都产生了积极的作用。这种多方参与、协同影响的方式保障着卓越教师培养工作与结果的真正卓越性。

第一,培养之前的多方引领。如前所述,自20世纪末期以来,美国联邦政府、州政府等各级政府都认识到了培养卓越教师的重要性。联邦政府逐渐开始在《高等教育法》、《初等与中等教育法》、《美国恢复与再投资法案》等法规中强调提升教师教育准备项目即教师职前培养项目质量的重要性,然后开始制定与颁布直接相关的政策与法规如《我们的未来,我们的教师》、《全民拥有卓越教育者计划》等。各州政府纷纷在联邦政府政策法规的引领下,结合自己本州的实际情况制定相应的政策法规,以引领各高等教育院校的卓越教师培养工作。除了政府的引领,社会机构的引领也是其中十分重要的力量:如美国教师教育者协会自1997年便开始颁布"卓越教师教育项目奖",并制订了相关标准——"高等教育机构与当地、州、国家或者国际机构联合培养卓越教师;项目的目标应致力于确立教学行为;项目所提出的理论、基于研究的相关原则等被别的教师教育项目所采用;所提供的结论性的数据能证明项目对于毕业生及其所教的P-12(小学一年级到十二年级)学生的积极影响"等等;如美国公立大学联合会自2002年开始颁布的"卓越教师教育奖"的标准——"提供相关数据与证明材料证明该项目在P-12学生的学习结果上有积极正面的影响与效果"等等,另外还有其他如全美教师质量委员会的排名标准、教师培养认证委员会的认证标准等等,这些都成为了各高等院校努力培养中小学卓越教师的方向与标准。除了社会力量,媒体的评价、中小学生家长与社会公众的声音,以及来自各社会力量的调查研究结果等等都在影响着高校的中小学卓越教师培养工作。

第二,培养过程的U-G-S协同。在美国大学的卓越教师培养项目实施过程中,大学—政府—中小学的合作是贯穿整个培养过程的,而这主要依靠卓越教师培养委员会来实施与执行。卓越教师培养委员会在人员上是由U-G-S三方共同构成的,该委员会在卓越教师培养项目开始招生之前便已经成立,主要是商量与决议有关卓越教师培养的所有重大事务,并一直贯穿到卓越教师培养项目的结束,即学生毕业。"卓越教师培养委员会"是确保三方协同培养卓越教师的核心组织体,它确保了所有与卓越教师培养项目相关的决策与事务均是由大学—政府—中小学共同商议决定的,从源头至全过程确保了真正的协同培养,使得三方的声音都能发挥出来并产生实质的影响。而这也是美国卓越教师 U-G-S 协同培养所提供的最重要启示:要使卓越教师培养项目真正做到协同培养,首先需要建构一个常设的决策机构,并确保其在人员构成上能广泛吸纳来自政府、中小学、大学甚至社会(如学生家长、社区人员)等的相关人士,吸取各方的声音与力量,做到优势互补、资源利用与作用发挥到最大化,进而在卓越教师培养项目上达成共赢的局面。

在具体过程中,大学是组织者与实施者并承担理论教学与研究等工作,政府是监督者并提供相关信息与资讯,中小学是实施者并主要承担教学的实践与指导等工作。在美国各大学卓越教师培养项目的培养过程中,尽管政府、大学和中小学均全程参与培养,但也有具体的分工,做到了责任明晰与优势互补。大学是主要的组织者与实施者,它是卓越教师培养委员会的主要联络者与组织者,也是卓越教师培养的具体承担者与实施者。在具体的培养上,大学主要承担学生的理论授课、相关研究、活动设计、学业评价等工作。相较大学,政府所发挥的作用主要是统筹规划当地的教师队伍建设,预测卓越教师需求的数量与结构,并结合政府在信息与资讯等方面的优势,将这些提供给大学的卓越教师培养委员会,以供委员会更好地决策。除了发挥信息与政策资讯等方面的优势以外,政府的相关人员还直接参与课堂的教学、实习的观察、学生的评价等多方面工作,积极地发挥着监督者的作用。中小学,作为卓越教师的用人单位方,主要传递来自一线的需求信息,同时主要从实践层面发挥作用与影响。除了参与课程的教学,主要传递一线的教学经验与感悟以外,中小学是卓越教师培养项目见习与实习环节的主要承担者。由此,通过 U-G-S 的协同培养,打破了传统意义上的教师培养模式——"大学为主、中小学主要参与见习实习"等,而是真正做到了使政府、中小学、大学都能参与进来,并发挥各自的优势,又有各自明晰的责任,进而达成分工协作,合作共赢。

第三,培养之后的协同评价。在美国,各高校的教师培养项目在实施之前要得到州政府的审核。在培养结束后要被州政府认证,毕业生需要参加州组织的教师资格证书的考试等。除此之外,还要参加如教师培养认证委员会的认证、全美教师质量委员会的质量排名,还有美国教师教育者协会、美国公立大学联合会等的各式评奖竞选等。尽管有各不相同的标准与要求,但也有些是协同开展的,例如一些州政府是认同教师培养认证委员会的认证的,只要通过了该委员会的认证,州政府则不再进行重复的认证。还有一些评价标准与要求是一致的,例如毕业后的就业率与留任率、毕业后对学生学习产生的实际影响等。另外,协同主体之一的中小学校也全程参与卓越教师培养项目实施培养过程中的所有评价如入学和专业选拔、实习前的评价、实习评价、毕业评价,还参与对毕业生满意度的调查、毕业生所教学生学业成就的调查等结果评价。所以,高校的卓越教师职前培养项目的评价也是由政府、社会力量、中小学校、高校等多方协同完成的,以确保评价的信度和效度。

多方协同给美国卓越教师培养带来了很多好处,例如多方资源的有效配置与整合,集中多方资源与力量共同提升培养质量等等,但同时多方管理也给美国各高校的卓越教师培养工作带来了一定的弊端,主要体现在缺乏长效性上,以协同培养过程中协同合作人员的频繁变更与流动率高为例来进行说明:这是当前美国各大学采用 U-G-S 协同培养卓越教师所遇到的最大问题,即如何保障协同培养机制的长效性。如前面的内容所言,尽管西俄勒冈大学、陶森大学和北科罗拉多大学在卓越教师培养项目上采用 U-G-S 协同培养模式取得了较好的成绩,也得到了学生、社会、用人单位、政府、民间组织等的多方肯定与认同,但在具体的操作上也都遇到了相同的问题:即无论是政府、大学还是中小学校,只要是由人构成的组织机构就一定有人员的流动,而 U-G-S 的协同培养归根结底还是不同人员的协作努力,而 U-G-S 所依赖的是三方机构的人员协作,三方人员的流动与变更率自然更高,而一旦有人员的流动与变更则导致已经稳定成熟的协同组织如卓越教师培养委员会、师资共同体等遇到需要重组、重新适应等问题。如何确保 U-G-S 协同培养机制是稳定的、长效的,这是美国各大学卓越教师培养项目所面临的最大问题。而建构一个稳定的长效合作机制,也是我国实施"卓越教师培养计划"的各大学在具体地实施高校、地方政府、中小学校三位一体协同培养时应该重点考虑与设计规划的问题,在《教育部关于实施卓越教师培养计划的意见》中就已经提出了建立"合作共赢的长效机制",但长效机制的建构却在很大程度上取决于协同人员的长期性与稳定性,由此在人员需求的设计、人员的选拔与管理等多方面均应该努力,真正确保协同培养机制稳定且有效。

三、重视评估,但量化过度

从前面的内容不难发现,美国无论是联邦政府还是州政府、无论是高校还是社会第三方力量等都十分重视对卓越教师职前培养质量的评估工作。近年来,联邦政府更是以若干法律政策规定了应该加强评估,并详细规定了如何评估,如 RTTT 设置了专门的评价标准——将学生的成就与学业增长的数据和他们的教师联系起来,将这些信息和州内教师培养项目结合起来,公开报告州内教师培养项目的质量数据等;如在《我们的未来,我们的教师》中,联邦政府也明确地设置了三条评估标准:卓越教师培养项目的毕业生所教学生的成绩及提高程度;毕业生从事教师工作的就业率与在同一所学校连续工作的、连续担任教师工作的留任率等;对项目所培养的毕业生的满意度调查数据以及对用人学校的满意度调查数据等。基于联邦政府的上述标准,各州政府在此基础上结合本州的实际情况进行了修订,加强或者细化了具体的评估要求:如在2010年第一轮的RTTT项目竞争中共有12个州获得资金拨款,分别是特拉华州、佛罗里达州、乔治安纳州、夏威夷州、马里兰州、马萨诸塞州、北卡罗莱纳州、纽约州、俄亥俄州、罗德岛州、田纳西州、哥伦比亚特区。这些州都采取和公布了新的教师培养项目质量评价方式以改善现有的对教师培养项目的问责制度。为了有效地保障卓越教师培养的数量和质量,各州政府对教师培养项目的质量评价从原来更多关注项目的输入评价标准,到现在逐渐转向对项目培养结果的输出评价标准的重视,从原来只关注项目培养学生获得教师证书的数量到现在将关注点投射于毕业生教学有效性上,而这种有效性的评价是与其所教学生的学业成绩直接联系的。

除了联邦政府和州政府高度重视对卓越教师职前培养项目的评估工作以外,社会第三方力量在评估上也表现出了高度的热忱并付出了积极的努力。如美国教师培养认证委员会对教师培养项目实施认证过程,它设计了五项指标——学科内容与教学知识、实习经验、对所培养学生的选拔、项目所产生的实际影响实际上是毕业生毕业后对中小学生产生的影响、卓越教师培养项目的质量,通过这些指标来认证美国各高校的教师培养项目,一些州自己不再进行认证工作,而是让高校选择到教师培养认证委员会来进行认证工作,认证结果能得到州的认可。美国教师教育者协会、美国公立大学联合会等所实施的评奖选优工作也是对各高校培养质量的结果评估,它们的评价标准主要是卓越教师培养项目所培养的毕业生毕业后所教P-12学生的成绩,基于这些成绩的数据来评价哪些高校的培养工作更卓越。而全美教师质量委员会则通过质量排名的形式对美国各高校的卓越教师培养质量进行排名,它共设置了19条标准来评估这些院校的培养情况,进而对其质量进行全国性的排名。

作为卓越教师培养主体的高校,更是高度重视评估工作,并以评估来提升培养质量。它的评估贯穿培养全程:从入学选拔到专业选拔,从课程评价到实习评价,从毕业评估再到跟踪研究等等。如陶森大学要求进入卓越教师培养项目的学生的"大学入学的学术能力评估测试(SAT)成绩不低于5 404分或大学入学考试(ACT)成绩不低于1 718分、完成递交大学规定的论文、两份推荐信,此外根据不同的主修专业还有不同的要求"。北科罗拉多大学的小学卓越教师培养项目主要选拔那些在校学习了一年的学生,选拔的标准设定为:"课程的平均绩点不低于2.75(满分为4);完成规定的教育基础入门课程学习(共15学分),且平均绩点不低于3.0。"西肯塔基大学、阿尔维诺学院等则分别采用了基于标准、基于学生表现的评价方式对学生的学习过程进行评价,包括对于课程、非实习的实践等的评估工作。在实习工作的评价上,有些学校采用电子档案袋式的评价,如圣克劳德州立大学和陶森大学,有些则采用教师工作案例的评价方式,如西俄勒冈大学、西肯塔基大学等。培养工作结束后,各高校还会通过向整个培养工作的所有参与者发放问卷的形式调查学校培养工作的质量,以实现自我诊断与不断调适,使自己变得更好。同时,各高校还会依据毕业生在教师资格证书考试中的通过率、毕业生的就业率和留任率、毕业生满意度和用人单位满意度的跟踪调查结果等来进行自我评估,从而进一步开展培养质量的提升工作。

重视评估,以评估提升培养质量确实在提高美国教师培养项目的质量上发挥了十分重要与积极的作用,不仅产生了一大批真正卓越的教师培养项目,而且为中小学校输送了一大批高质量的、优秀卓越的教师。但是,自2012年联邦政府的《我们的未来,我们的教师》要求将卓越教师培养项目的质量评价重点放在"毕业生的就业率与留任率、毕业生和用人单位的满意度、毕业生所教学生的学业成绩"这三项指标上以来,无论是联邦政府还是州政府,无论是专业团体还是高校自身,都对培养结果即学生通过州考试的成绩、合格率与优秀率,毕业生的就业率、留任率、满意度、所教学生的学业成绩和用人单位的满意度等给予了越来越多的关注与重视。之所以越来越关注培养结果,是因为各协同评价主体认为:相较培养过程,培养结果可以用具体量化的数据来呈现,如毕业成绩、合格率、就业率、留任率、所教学生成绩等,这些数据能更直观具体地体现出差异,而且也能方便简单地采集并采用科学的方法进行统计,似乎更能体现科学性与客观性。

但同时,也正是这基于数据量化的评价,引发了美国社会上下的讨论与质疑,质疑的声音概括起来主要有如下四点:第一是过分重视结果的量化,忽视了对培养过程的评价,而人才培养最重要的是四年的培养过程,培养过程的质量并非毕业后的几个数据就能体现出来的。第二,影响毕业生留任率、所教学生学业成绩的因素太多,如何排除在工作与生活中来自同事、家庭、社会等诸多因素的影响呢? 如果仅以此判断高校的卓越教师培养项目的质量,其评价的科学性、客观性显然是有待商榷的。第三,量化数据的真实性与有效性的问题,如何证明其数据来源和统计结果的有效性,且不同的统计口径与方法还会产生完全不同的统计结果,而这又不是社会专业团体、州政府等的监督所能解决的。第四,如果仅仅出于"统计的方便与一致"这一目的的话,那应该做的是制定全国统一的评价标准与指标体系,这样更利于全国的比较与分析,但这又明显与美国所主张的多元民主等价值观不符。所以,相关专家学者、社会人士等认为基于这些原因,如何证明卓越教师培养项目的真正卓越性,量化评价固然重要,但质性评价也应该受到重视。

即便是上述的诸多质疑声音与力量,仍然没有抵挡住多个协同主体越来越注重对培养结果进行量化评价的发展趋势,而这也正是多方协同评价机制自身的最大不足。正因为多方协同,所以一方评价主体所重视的趋势,便容易成为多方主体共同关注的方向,而这就十分容易滋生所谓"一损俱损、一荣俱荣"的问题。由此,越来越重视对培养结果的量化评价,现在已经成为全美无论是政府还是社会、抑或是高校共同关注的评价方向,使得这一原来就备受争议的问题愈发严重了。

四、共性与特色并存

纵观美国各高校的卓越教师职前培养工作与美国政府、高校、社会等对卓越教师职前培养的质量保障机制,共性与特色并存是又一特点所在。

在美国卓越教师职前培养工作及其质量保障机制上,有些是共通的,例如全国上下都以学生的毕业率和留任率、所培养的毕业生所教学生(从一年级到十二年级)的成绩、所培养毕业生对培养项目的满意度、用人单位(中小学校)对毕业生的满意度等等为主要的评价指标,这是在质量保障机制上的共性之一。尽管不同的州政府或者不同的社会机构所倾向或者重点关注的点可能各不相同,但是它们内在的要求或者标准还是具有共性的,均是在联邦政府的引领下制定的。除了在标准上是共通的以外,实践取向又是另一共性所在,且是通过多方协同、共同努力进而推进的实践取向。实际上,在美国中小学卓越教师职前培养的工作中,实践取向是十分普及的一个共性:引入中小学教师、地方教育行政人员甚至家长等与高校教师组成师资共同体,共同实施卓越教师培养课程的教学工作,这是实践取向的第一个例证。中小学教师来自中小学教学工作一线,他们最清楚也最了解中小学的教育教学现状如何、什么是师范生们应该学习的;地方教育行政人员清楚地了解当地的教育背景与现状,知道师范生们应该如何更好地学习与成长以适应地方发展和社会发展的需求；而只有满足了地方需求和社会发展需要、知道了如何更好地胜任中小学教师的毕业生才有可能成为卓越教师。见习实习一体化也是实践取向的一个重要表现，美国各高校教师培养项目的见习实习工作不仅时间长而且要求高，有的学校从大一开始便进行短暂的见习，大二、大三的见习逐渐增加，大四的实习有的是半年，有的则是 9 个月甚至一年。前面论述的陶森大学，学生在大三学年里，每周至少要有两个半天到学校的实习基地学校去听课，并深入观察、记录与分析课堂，进行教学反思；而大四的实习则是一整年，在这一年的实习中，第一学期要求学生每周至少要有两天在实习学校中听课和担任辅助教师，第二学期则要求 15 周的时间完全在实习学校承担部分教学工作和听课，以教学工作为主，并参与学校的各项研讨会、实施教学评价、承担班级管理等所有各项工作。由此可见，见习实习在卓越教师培养工作中占据了十分大的比重。实践取向还在一些卓越教师培养项目的目标上有明确的体现，加利福尼亚州立大学的教师合作伙伴项目致力于为该州的弗雷斯诺市中小学培养其所需要的教师，如黑山州立大学的数学与科学探究性学习项目主要致力于在数学和科学学科上进行探究性教学的教师的培养工作，如奥多明尼昂大学的联邦特殊教育支持项目主要是给特殊教育机构定向培养它们所需要的教师等等。这些项目从一开始就是服务于实践取向的，这也是美国各高校实施卓越教师培养工作上的一些共性特征。

既有共性，也有特色，这不仅是美国中小学卓越教师职前培养的特征所在，也是所培养的卓越教师群体能真正成为卓越教师的根本所在。卓越教师不应该都是一样的，不应该都是按照相同标准、共同的实践取向、相似的多方协同等培养出来的，而是应该有自己的特色，满足不同地方或者不同学科的需求，对不同的教育理论、教学技能等有不同的掌握与理解等等，只有如此才可能真正满足美国全国上下不同地区、不同学校等对教育的需求。仔细阅读众多获得"美国卓越教师教育奖"院校的卓越教师培养工作，不难发现的一个共性特征就是它们各有自己的特色，有的是基于学科需求来培养卓越教师，有的是基于地方需求与特色来培养卓越教师，还有的是基于教育层次结构的需求、终身学习的需求、国际化的需求等等多方面的需求，它们一方面在坚持共性的特征如多方协同培养、实践取向、共同致力于培养能提高学生成绩的教师等，但是又都服务于自己原本的目的与培养需求。除此之外，不同州在坚持联邦政府评价标准的同时，也会结合地方需求在认证、审核与评估等工作中融入地方特色，引导各高校的培养工作服务于地方、学科或者教育教学等的发展需求。美国各不同社会机构、民间组织等的引导与评价也均有自己的特色,如美国教师教育者协会坚持协同培养特色,而美国公立大学联合会则是强调毕业生所教学生的成绩等。

坚持共性,保持特色,这是美国在中小学卓越教师培养与质量保障机制上的特征,也值得每一个从教师教育的职前培养阶段便致力于卓越教师培养的国家与民族学习与借鉴。

第二节 对我国的启示

2014 年 9 月,我国教育部正式颁布《教育部关于实施卓越教师培养计划的意见》,并于同年 12 月全面启动与实施"卓越教师培养计划",正式拉开了我国从教师教育的职前阶段开始努力为中小学校培养卓越教师和打造卓越教师队伍的序幕。

在《教育部关于实施卓越教师培养计划的意见》中,教育部提出了"主动适应国家经济社会发展和教育改革发展的总体要求,坚持需求导向、分类指导、协同创新、深度融合的基本原则,针对教师培养的薄弱环节和深层次问题,深化教师培养模式改革,建立高校与地方政府、中小学(幼儿园、中等职业学校、特殊教育学校,下同)协同培养新机制,培养一大批师德高尚、专业基础扎实、教育教学能力和自我发展能力突出的高素质专业化中小学教师。各地各校要以实施卓越教师培养计划为抓手,整体推动教师教育改革创新,充分发挥示范引领作用,全面提高教师培养质量"的卓越教师培养计划目标要求与指导思想,并通过"分类推进卓越教师培养模式改革","建立高校与地方政府、中小学'三位一体'协同培养新机制","强化招生就业环节","推动教育教学改革创新","整合优化教师教育师资队伍","强化卓越教师培养计划的组织保障"等六条措施来推进卓越教师培养计划的实施。

自 2014 年 9 月《教育部关于实施卓越教师培养计划的意见》颁布之后,教育部随即颁布了《关于开展卓越教师培养计划改革项目申报和遴选工作的通知》以面向全国选拔卓越教师培养项目。到 2014 年 11 月份,全国共有 216 所高校申报项目 276 个,经教育部遴选,62 所高校的 80 个项目入选,其中卓越中学教师培养改革项目 25 个,卓越小学教师培养改革项目 20 个,卓越幼儿园教师培养改革项目 20 个,卓越中等职业学校教师培养改革项目 10 个,卓越特殊教育教师培养改革项目 5 个。与本书范围卓越中小学教师相关的项目一共有 45 个,如表 7.1、表 7.2 所示。

表 7.1 我国卓越中学教师培养改革项目

序号	高校	项目名称
1	华东师范大学	德业双修的卓越中学教师开放式培养计划
2	北京师范大学	本—硕—一体化的卓越中学教师培养模式的理论探索与实践研究
3	东北师范大学	基于协同、追求融合的卓越中学教师培养模式改革探索
4	西南大学	"三段五级"UGIS卓越中学教师培养模式创新与改革实践
5	华中师范大学	卓越中学数字化教师培养
6	陕西师范大学	基于"三位一体"协同育人的卓越中学教师培养体系建设
7	首都师范大学	创建教师教育协同发展机制 探索卓越中学教师培养模式
8	华南师范大学	卓越中学教师"三位一体"协同培养模式的理论与实践
9	浙江师范大学	基于UGS教育共同体的实践创新型中学卓越教师培养
10	南京师范大学	地方高师本硕贯通教师教育模式探索
11	福建师范大学	基于"名师实验班"培养模式 探索中学卓越教师培养新路径
12	江苏师范大学	"三位一体"协同培养中学卓越教师的探索与实践
13	西北师范大学	语数外卓越中学教师培养改革
14	湖南师范大学	4+2本科—教育硕士一体化卓越中学教师培养模式改革
15	河北师范大学	实践型教师教育——河北师范大学卓越教师培养计划
16	山东师范大学	实践取向本硕一体化的卓越中学化学教师培养研究与实践
17	安徽师范大学	卓越中学语文教师培养改革
18	云南师范大学	边疆少数民族地区卓越中学教师培养模式改革
19	哈尔滨师范大学	打造"精品师范" 培养"卓越教师"
20	上海师范大学	语文教师教科一体化培养
21	四川师范大学	西部复合型卓越中学教师培养综合改革项目
22	河南大学	以国家级示范项目为依托的中部地区卓越中学教师"三市百校千导计划"改革实践
23	贵州师范大学	卓越中学数学教师培养的探索与实践
24	江西师范大学	基于专业领导力的中学高端教师人才培养模式改革实践
25	山西师范大学	实践取向的本硕一体化卓越中学生物教师培养模式改革

(资料来源：中华人民共和国教育部)

表 7.2　我国卓越小学教师培养改革项目

序号	高校	项 目 名 称
1	东北师范大学	全科型精英式未来小学教育家培养的理论与实践
2	首都师范大学	小学卓越教师培养路径的研究与探索
3	天津师范大学	"U－G－S"模式下小学教育专业多能型、研究型教师培养探索
4	上海师范大学	面向教育国际化的卓越小学教师培养
5	湖南第一师范学院	公费定向农村卓越小学教师培养
6	杭州师范大学	师德·师能·师艺并重的小学卓越全科教师培养模式创新与实践
7	大连大学	"1＋X"卓越小学教师培养模式实践研究
8	重庆师范大学	基于 UGIS 联盟的卓越小学全科教师培养模式改革与实践
9	南通大学	定向培养初中起点多科性小学本科卓越教师模式探索
10	临沂大学	"校地联盟"协同培养农村小学卓越教师新模式探索
11	哈尔滨学院	协作共同体模式的探究与实践—基于卓越小学教师培养改革的诉求
12	吉林师范大学	"全科发展,学有专长"的卓越小学教师培养模式创新设计
13	华南师范大学	卓越小学教师"学训研"共同体协同培养模式的构建与实践
14	内蒙古科技大学	构建民族地区"三位一体"小学卓越教师培养机制的实践与探索
15	贵州师范大学	卓越小学全科教师培养改革
16	楚雄师范学院	西南边疆民族地区卓越小学教师培养模式改革与实践
17	陇南师范高等专科学校	基于"实践取向"的卓越小学教师培养
18	青海师范大学	西部农牧区卓越小学全科教师培养
19	海南师范大学	综合型卓越小学教师培养理论与实践
20	合肥师范学院	卓越小学全科教师培养计划

(资料来源:中华人民共和国教育部)

　　依据表 7.1、表 7.2 的内容,不难发现的是"实践取向"、"协同培养"等也是我国众多中小学卓越教师培养计划的共性特征与相同取向。而在中小学的区别上,中学突出的是"本科—硕士一体化"、小学则更强调"全科教师的培养"。上述院校在获得了政府资助后将在未来的若干年内致力于不同类型卓越教师的培养,以提升我国教师教育的整体质量,进而服务于国家与民族教育事业的前进与发展。不难发现的是,我国现在中小学卓越教师培养所努力的方向如小学全科教师的培养、中学教师的硕士化等等,是美国在若干年前便已经完成的工作。因此,在 20 世纪末期与 21 世纪初期便已经努力于中小学卓越教师职前培养工作的美国,在此领域也取得了不少经验与教训,能给刚刚起步实施卓越教师培养计划的我国不少借鉴与启示。

一、加强质量监督与评测工作

集中优势资源推进中小学卓越教师的培养是我国高等教育的传统与特色,但还应**加强在实施过程中的管理监督、实施结束后的跟踪研究以及全过程的效果监测工作。**

我国高等教育系统具有浓厚的欧洲大陆体系的色彩,在许美德先生十分著名的著作——《中国大学 1895—1995:一个文化冲突的世纪》中,她认为中国最早的大学是模仿日本东京大学的,而日本的东京大学是学习法国和德国大学,应该说属于欧洲大陆体系,但是到了上个世纪 30 年代中国接受了美国模式,到了上个世纪 50 年代,中国又接受了苏联模式,改革开放之后,中国又开始学习美国。[①] 中国高等教育系统这种时而学习欧洲,时而学习美国的路径的确让人有些困惑。但整体而言,我国高等教育系统的欧洲大陆体系色彩更为浓厚,这体现在重点大学建设的"211 工程"、"985 工程"等方面,也同样体现在"卓越教师培养计划"上,这些都是自上而下由中央政府决定下来的集中优势资源重点建设的项目。

在欧洲大陆传统的高等教育体系和盎格鲁—撒克逊传统的高等教育体系上,两者并无优劣之分,只不过都是经历了不同的历史演变、文化传统、社会变革等逐渐形成了今天的模样。而且,在不同国家的高等教育系统上,有时是很难完全说这个国家的高等教育只属于其中某一个高等教育体系,随着时代的发展,不同体系在同一个国家交叉融合,实现你中有我、我中有你也是再平常不过了,关键在于吸取这些不同传统的高等教育优势与特色,结合自己实际情况并"为我所用"。我国在重大项目、重点大学等的建设上,一直以来大都以国家审定为主,这能确保在一定的时间内集中优势资源完成国家的重点任务与目标,不仅可以实现资源集中率和利用率的最大化,还可以避免市场主导可能带来的无序与紊乱,这对于急需卓越教师的我国基础教育而言,对于大力提升教师教育培养质量的我国而言,不仅是可取的,也是必须的。所以,美国有它的"竞争式卓越"培养模式,而我国也有基于自己传统与特色的自上而下的"分封式卓越"培养路径,但仍然应该"采他之长、为我所用",美国在中小学卓越教师职前培养上的过

---

① 周光礼. 大学面临重新洗牌,应如何谋出路［EB/OL］. http://learning. sohu. com/20150906/n420501998. shtml,2015 - 09 - 06.

程监督、跟踪研究、全程检测等就十分值得我国学习。

无论是"竞争式卓越"的产物，还是"分封式卓越"的结果，其目标是一致的，即卓越教师职前培养项目所培养的毕业生真正卓越，那么过程监督、质量检测、跟踪调查等就显得格外重要了。我国中小学卓越教师职前培养计划刚刚启动，评估、监督、检测、跟踪等均不完善、不系统，美国在培养之前的质量标准引领、对培养全程的监督与质量检测、结束后的质量跟踪研究等都值得我国学习与借鉴，特别是我国卓越教师培养计划原本就是政府"分封"指定的产物，更应该发挥政府在质量监管与检测上的作用。具体来讲，按照我国当前的实际情况，最为重要的是将《教育部关于实施卓越教师培养计划的意见》中提出的将要试行的"卓越教师培养质量年度报告制度"贯彻落实且确保其真正发挥作用，这应该成为我国政府对中小学卓越教师职前培养计划进行质量监督与评测、培养全程监管与跟踪研究等最为倚重的方法与手段。通过"卓越教师培养质量年度报告制度"，要求各实施中小学卓越教师职前培养的高校每年度向所在省政府提交一份年度报告，然后由省政府统一提交给中央政府。除了提交年度报告，中央政府和地方政府还应规定各培养高校在年度报告中所必须呈现的基本与核心内容，如培养现状、培养的自我诊断、培养的成效、所存在的问题、对毕业生的调查研究情况等，但也要避免美国量化过度的问题，从而保障基础质量与底线，当然在基本与核心内容的基础上应允许各培养高校自我发挥，以鼓励个性与特色。一方面，让培养高校时刻了解和清楚自己的培养现状、长处与不足等，通过外在的压力让高校进行时时的质量检测与监督，不停地诊断与提升自己，让"质量之剑"如"达摩克利斯之剑"一般时时高悬于所有培养高校的上空，只有如此才能充分发挥高校这个真正进行卓越教师全程培养的机构的作用与力量，让它们尽最大可能将培养质量提升到最高；同时，通过"卓越教师培养年度质量报告制度"，也可以充分调动地方政府和中央政府在中小学卓越教师职前培养上的管理与监督作用，除了可以了解与掌握培养的全过程以外，还可以进行诊断与改进工作。当然，各级政府在年度报告的基础上，还应进行一定的质量抽查与评估工作，这是确保年度质量报告更加真实有效的必要辅助与配套措施。

二、加大对协同的引导与扶持力度

高校与地方政府、中小学"三位一体"协同培养新机制的真正落实与取得实效，需要各级政府的有力引导与支持，特别是地方政府的身先示范与大力扶持。

在《教育部关于实施卓越教师培养计划的意见》中，我国中央政府明确提出了"建立高校与地方政府、中小学'三位一体'协同培养新机制",并为此提出了两条具体措施:"第一,明确全方位协同内容。高校与地方政府、中小学协同制定培养目标、设计课程体系、建设课程资源、组织教学团队、建设实践基地、开展教学研究、评价培养质量。培养中等职业学校教师的高校还需加强与行业企业的协同。第二,建立合作共赢长效机制。高校与地方政府、中小学建立'权责明晰、优势互补、合作共赢'的长效机制。地方政府统筹规划本地区中小学教师队伍建设,科学预测教师需求的数量和结构变化,做好招生培养与教师需求之间的有效对接。高校将社会需求信息及时反馈到教师培养环节,优化整合内部教师教育资源,促进教师培养、研究和服务一体化。中小学全程参与教师培养,积极利用高校智力支持和优质资源,促进教师专业发展。"

由此可见,我国政府已经充分意识到了协同培养对于卓越教师职前培养的重要性与必要性,并制定了上述具体措施来确保协同的落实。这些措施不仅对高校、地方政府、中小学校的责任进行了具体分工,也强调了协同的具体内容,从理论上来讲是十分理想与有意义的,但最为关键的还是落实,只有落到实处才能真正让协同发挥出应有的作用,而这些作用正是卓越教师职前培养计划真正卓越的根本与关键。那么,如何才能将三方协同落到实处,发挥实效呢? 仔细参阅我国高等教育的发展历史以及众多重大项目的成功经验,关键还在于各级政府的有力牵引与大力扶持,在"卓越教师职前培养计划"中地方政府的作用尤为重要,"牵一发而动全身",地方政府除了应身先示范,积极充分地发挥好"统筹规划本地区中小学教师队伍建设,科学预测教师需求的数量和结构变化,做好招生培养与教师需求之间的有效对接"的工作以外,还应该做好为中小学校与高校牵线搭桥和设置合作的平台的工作,让培养方与用人方真正融合与无缝对接,这需要从资金、政策等多方面给予鼓励与扶持,只有如此,才可能让三方真正有效融合,从而实现一体合作。否则,三位一体的合作也有可能流于形式,无法真正落到实处与发挥实效。

参照美国的经验,美国的教师教育传统即是十分注重理论与实践相结合、教学与临床(实习)相结合的,并已经在实践和历史的流动中形成了一个极其有效的多方协同合作机制,这一机制与我国现在所努力强调的"三位一体"有所区别,他们是政府与地方学区、中小学校、高校、社会力量等多方之间的真正合作,各有分工,但又相互支持,而且这一模式是在长期的实践中慢慢形成与发展出来的。我国的历史与现状没有给予这样的前提,而且在全国上下全力以赴地集中式培养卓越教师的背景下,依托政府的行政力量与大力扶持,是在当下最直接和最有效的方式。所以,既然高校与地方政府、中小学"三位一体"协同培养机制对于中小学卓越教师的职前培养如此重要,那么地方政府就应该为推进真正的三位一体发挥必要与关键的作用,通过身先示范,行政力量,政策、资金、人力等多方面的扶持让三位一体有效运作、真正协同与发挥高效。

三、严格筛选以提升生源质量

生源质量同样是保障卓越教师培养计划真正有效的重要因素,而这需要从源头上做起,通过入学选拔到层层筛选,以确保真正优秀的学生进入卓越教师队伍。

近年来,美国上至联邦政府下至社会民众,对于提升教师队伍质量所发出的呼吁最多的就是:让真正优秀的、天资聪颖的孩子选择从事教师职业,只有他们真正进入到了教师队伍,才可能确保教师队伍是真正高水平的教师队伍,也才可能确保美国的教育质量能够真正屹立于世界。奥巴马总统多次在不同的演讲中提到:只有最优秀的孩子当了老师,民众和国家才能放心把下一代交给这样的老师,这样的教育也才能将卓越代代传递下去,只有如此才能保障美国永远优秀与卓越。这是一个环环相扣的逻辑关系:没有最卓越的老师,何来最卓越的教育,没有最卓越的教育,何来国家与民族的繁荣与发展。所以,确保最优秀的孩子进入教师教育培养项目,然后通过最有效的卓越教师职前培养工作让他们成为最卓越最高水平的教师,继而依托这些最卓越的教师给国家与民族提供最优质的教育。为了选拔最优秀的学生到卓越教师培养项目中来,美国各高校依托各式各类的选拔如入学选拔、学习一年或者两年之后再次的专业选拔、实习前的选拔等等来层层筛选学生,从而让最优秀的学生进入并将他们最终培养为卓越教师。

同样,我国也意识到了生源质量的重要性,《教育部关于实施卓越教师培养计划的意见》中提出了"推进多元化招生选拔改革——通过自主招生、入校后二次选拔、设立面试环节等多样化的方式,遴选乐教适教的优秀学生攻读师范专业。具有自主招生资格的高校,提高自主招生计划中招收师范生的比例。加强入校后二次选拔力度,根据本校特点自行组织测试选拔。设立面试环节,考察学生的综合素质、职业倾向和从教潜质"等来确保生源质量。结合当前的高考改革以及各高校自主招生的力度加强的现状,不少高校特别是师范院校已经在实施三位一体招生模式,即考生的会考成绩、高校的面试成绩、高考成绩按照2∶3∶5折算成综合分,最后按照综合分择优录取,以确保从高中招录到最优秀的学生进入到中小学卓越教师职前培养行列。但除了高考面试以外,还应该加强的是在进入高校后的二次选拔,这可以在学生进入高校学习一年之后进行,一年之后进行双向选拔,让学生有一年的时间思考自己的从业选择,同时也让学校在经历一年的学习后再次选拔出有资质且有从事教师职业志向和志向坚定的学生进入卓越教师职前培养项目。每次的选拔标准应当尽可能严格,只有如此,才可能将真正优质的学生选拔进入卓越教师培养项目中。

不过,一个十分现实的问题是,报考师范专业的学生从一开始是否是最优质的学生?在这方面,让美国最为头痛的问题是最优质的高中毕业生并不会选择教师职业,所以能做的只有从有意愿从事教师职业的学生中选拔出最优质的,即选拔的学生资源库并不是所有高中生,而是那些愿意从事教师职业的学生。这一问题在我国也同样存在,也是在愿意从事教师职业的学生中进行严格的层层选拔。职业选择是一个受兴趣、自身意愿等多方面综合因素影响的过程,如果要扩大选拔优质学生进入教师职业的范围,能做的主要是通过提高教师职业的工资福利待遇、社会地位与影响力等多方面努力来提升教师职业对于优秀学生的吸引力。只有当教师职业成为了人人都向往的职业,才可能真正吸引最优质的学生选择它,再依托层层的严格选拔让最优质的学生进入培养过程并最终成为卓越教师。

四、挖掘与发挥中小学校的多重作用

社会第三方力量薄弱一直是我国高等教育系统的短板,这在短期内无法改变。但第三只眼的作用又如此强大,在中小学卓越教师职前培养的事务中必不可少,所以应充分挖掘与发挥中小学校的多重作用。

在美国高等教育系统中,民间力量、社会组织、专业机构等的力量一直十分活跃,并发挥了十分积极与重要的作用,使之成为了美国高等教育系统中最重要的治理与协调力量,也是最重要的专业监督力量。正是因为存在这么一支如此重要而又如此活跃的力量,美国高等教育始终能自如地应对各式各样的危机、进行自我调适,并能保持其在世界高等教育领域的领先位置。这是美国高等教育系统特有的传统,既不是靠政府力量和行政命令完成的,也不是短期内实现的,其背后有太多的历史、文化、社会传统与习惯、民众习性等多方面的因素共同构建起了"今天的模样"。这不是简单的拿来主义、简单的学习与效仿等能够完成与实现的,即便是政治制度、社会环境等多方面高度相似的条件下,也不见得就一定能够形成如此活跃的场面。事实上,既然社会第三方的力量如此重要与强大,但核心与重点却是这些力量本身,而并非是那些自发结社的、那些非营利的民间组织和机构。由此,在我国当前的时代背景与社会环境下,重要的

不应该是等待民间机构与力量的滋生，尽管这点也极其重要，而是应给其充分的时间与条件让其健康滋长，应该找到能够有效发挥第三只眼的监督与调适作用的源泉，这点在各高校的卓越教师培养工作已经纷纷启动的当下显得格外重要。

中小学校，无疑是这一力量的最佳担当者。它们既是卓越教师的需求方与用人方，也是参与卓越教师职前培养过程的必不可少的力量，同时它们又与市场（家长与学生）、政府、高校等多方有着紧密的联系，基于这样的多重角色，中小学校应该在卓越教师职前培养工作中发挥出必要的多重作用。相较高校与政府，中小学校最清楚市场（家长和学生）和自己需要什么样的教师（包括教师的数量、质量等），也能将自己的需求直接反馈给政府和高校，同时又能直接参与与影响高校的培养过程；除此之外，还能对卓越教师培养工作结束、各位卓越教师毕业进入中小学校工作之后展开最全面、直接与客观的跟踪调查工作，进而将跟踪调查的结果反馈给政府与高校，诊断与调适卓越教师职前培养的所有环节等等。反之，高校卓越教师职前培养工作的成效高低与质量好坏，又直接影响着中小学校的工作开展与教育质量。由此，中小学校的作用与力量不可忽视与低估，只有让它们真正关注与重视、参与与融入到了卓越教师职前培养过程中，才能确保卓越教师职前培养真正的实践取向和符合国家与社会的发展需求，才能确保所培养出来的卓越教师真正卓越，也才能从真正意义上确保与提升国家基础教育教师队伍的质量和基础教育质量。至于如何让中小学校真正关注与重视、真正参与与融合，这需要政府、高校等的共同努力，通过政策与资金扶持、给予发挥的空间与平台、重视横向的联系与沟通等去挖掘中小学校的多重作用，让中小学校能将其力量与作用充分发挥出来，实现卓越教师职前培养的资源最佳配置和效果最大化。只有如此，卓越教师职前培养计划才有可能真正成功，进而实现让最优质的孩子经过最全面的培养之后成为最卓越的教师，最终为国家与民族的繁荣与发展做出贡献。

主要参考文献

一、中文部分

（一）期刊文章

[1] 包水梅.美国研究性大学教育学院的发展路径及其启示——以哈佛、斯坦福、哥伦比亚大学为例[J].高教探索,2013,(3).

[2] 谌启标.新世纪美国教师教育改革政策述评[J].比较教育研究,2013,(9).

[3] 段晓明.问责视角下美国教师教育的变革走向——基于政策文本的分析[J].比较教育研究,2013,(10).

[4] 苟顺明,王艳玲.美国教师教育课程评价的策略与启示[J].教师教育研究,2014,(3).

[5] 洪明.美国教师教育思想的历史传承与当代发展[J].天津师范大学学报,2009,(6).

[6] 黄建辉,洪明.解制取向的教师培养质量评估及其争议——美国 NCTQ《教师培养质量评估报告(2013)》解读[J].外国教育研究,2015,(3).

[7] 黄自敏.中国近十年来对美国教师教育认证制度研究的回顾和展望[J].教师教育研究,2008,(6).

[8] 黄自敏,周勤怡.美国教师教育评估的"双轨制"及其对我国的启示[J].外国教育研究,2008,(11).

[9] 黄露,刘建银.中小学卓越教师专业特征及成长途径研究[J].中国教育学刊,2014,(3).

[10] 许明.美国教师教育专业标准概述——美国教师队伍质量保证机制研究之二[J].课程·教材·教法,2002,(11).

[11] 金业文."卓越教师"培养:目标、课程与模式[J].国家教育行政学院报,2014,(6).

[12] 李克军.质量为本——2000 年以来美国教师教育改革评析[J].国家教育行政学院学报,2011,(11).

[13] 李娜,李杨.浅述关于美国教师教育项目的研究[J].教育科学与人才培养,2010,(11).

[14] 李琼,吴丹丹,李艳玲.中小学卓越教师的关键特征:一项判别分析的发现[J].教育学报,2012,(4).

[15] 李学书,高光美.美国教师教育模式的转型[J].外国中小学教育,2011,(7).

[16] 李政云.美国教师教育优秀项目比较分析与启示[J].湖南师范大学教育科学学报,2009,(1).

[17] 柳海民,谢贵新.质量工程框架下的卓越教师培养与课程设计[J].课程·教材·教法,

2011,(11).

[18] 刘利平,朱广东.浅谈卓越教师标准及其培养路径[J].教育教学论坛,2012,(9).

[19] 吕敏霞.美国职前教师培养的增值评估研究——以路易斯安州为例[J].上海教育科研,2011,(3).

[20] 马毅飞.国际教师教育改革的卓越取向——以英、美、德、澳卓越教师培养计划为例[J].世界教育信息,2014,(4).

[21] 穆立媛,赵娜.美国教师表现性评价的最新进展及其启示[J].世界教育信息,2013,(3).

[22] 祁占勇.卓越教师专业能力成长的合理性建构[J].当代教师教育,2014,(9).

[23] 申卫革.美国教师教育中对实习生的评价研究[J].教师教育研究,2012,(11).

[24] 王凤玉,欧桃英.我们的未来 我们的教师——奥巴马政府教师教育改革和完善计划解读[J].清华大学教育研究,2012.(4),.

[25] 王健.教师教育模式改革的国际比较[J].外国中小学教育,2007,(4).

[26] 王颖华.卓越教师专业标准的国际比较及其启示[J].西北师大学报,2014,(7).

[27] 徐建平等.优秀中小学教师胜任特征分析[J].教育学报,2011,(1).

[28] 杨思帆,梅仪新."卓越教师计划"与教师教育课程体系优化目标[J].教育研究,2013,(9).

[29] 赵华兰.美国教师教育多元化模式研究[J].河南教育学院学报,2009,(5).

[30] 赵华兰.美国教师教育模式的嬗变[J].当代科学,2010,(5).

[31] 赵中建.美国80年代以来教师教育发展政策述评[J].全球教育展望,2001,(9).

[32] 郑东辉.英美教师教育实习发展概况及其启示[J].教育探索,2003,(10).

[33] 周钧,李小薇.美国教师教育专业的宏观结构分析[J].比较教育,2009,(1).

[34] 周钧,朱旭东.美国大学教育学院:教师教育大学化的亚制度问题研究[J].外国教育研究,2006,(6).

[35] 周钧.美国大学教育学院教师教育专业设置的关键因素分析[J].外国教育研究,2010,(1).

[36] 朱旭东,周钧.美国教师质量观及其保障的机制、管理和价值分析[J].比较教育研究,2006,(5).

(二) 专著

[1] 陈德云.美国优秀教师专业教学标准及其认证:开发、实施与影响[M].北京:北京师范大学出版社,2012.

[2] 陈永明.国际师范教育改革比较研究[M].北京:人民教育出版社,1999.

[3] 陈永明.教师教育学[M].北京:北京大学出版社,2012.

[4] 成有信.十国师范教育与教师[M].北京:人民教育出版社,1990.

[5] (美)费奥斯坦,菲尔普斯著,王建平等译.教师新概念:教师教育理论与实践[M].北京:中国轻工业出版社,2002.

[6] 顾明远,薛理银.比较教育导论——教育与国家发展[M].北京:人民教育出版社,1996.

[7] 何秉孟.新自由主义评析[M].北京:社会科学文献出版社,2004.

[8] 黄崴.教师教育体制:国际比较研究[M].广州:广东高等教育出版社,2003.

[9] 洪明.美国教师质量保障体系历史演进研究[M].北京:北京大学出版社,2010.

[10] 教育部师范司组织编写.教师专业化的理论与实践[M].北京:人民教育出版社,2003.

[11] 鞠玉翠.论争与构建——西方教师教育变革关键词及启示[M].济南:山东教育出版

社,2011.

[12] 李其龙,陈永明.教师教育课程的国际比较[M].北京:教育科学出版社,2002.

[13] (美)L•迪安•韦布著,陈璐茜,李朝阳译.美国教育史:一场伟大的美国实验[M].合肥:安徽教育出版社,2010.

[14] (美)琳达•哈蒙德主编,鞠玉翠等译.有力的教师教育:来自杰出项目的经验[M].上海:华东师范大学出版社,2009.

[15] 刘静.20世纪美国教师教育思想的历史分析[M].北京:北京师范大学出版社,2009.

[16] 吕达,周满生.当代外国教育改革著名文献(美国卷)[M].北京:人民教育出版社,2004.

[17] (加)迈克•富兰著,中央教育科学研究所,加拿大多伦多国际学院译.变革的力量——透视教育改革[M].北京:教育科学出版社,2000.

[18] (加)迈克•富兰著,中央教育科学研究所,加拿大多伦多国际学院译.变革的力量:续集[M].北京:教育科学出版社,2004.

[19] 美国教育部中学后教育办公室编,朱旭东等译.美国教师质量报告:如何培养高质量的教师[M].北京:人民教育出版社,2014.

[20] (美)诺姆•乔姆斯基著,徐海明,季海宏译.新自由主义和全球秩序[M].南京:江苏人民出版社,2000.

[21] (美)乔尔•斯普林著,张弛,张斌贤译.美国教育[M]合肥:安徽教育出版社,2010.

[22] 乔玉全.21世纪美国高等教育[M].北京:高等教育出版社,2000.

[23] 王承绪.比较教育学史[M].北京:人民教育出版社,1999.

[24] 王定华.透视美国教育[M].北京:北京大学出版社,2012.

[25] 王泽农.中外教师教育课程设置比较研究[M].北京:高等教育出版社,2003.

[26] (美)韦恩•厄本,瓦格纳著,周晟,谢爱磊译.美国教育:一部历史档案[M].北京:中国人民大学出版社,2008.

[27] 吴锋民.大国教师教育[M].北京:中国社会科学出版社,2013.

[28] 吴文侃,杨汉清.比较教育学[M].北京:人民教育出版社,1999.

[29] 肖甦.比较教师教育[M].南京:江苏教育出版社,2010.

[30] 张燕军.美国教育战略研究[M].杭州:浙江教育出版社,2013.

[31] 周南照.教师教育改革与教师专业发展:国际视野与本土实践[M].上海:华东师范大学出版社,2007.

[32] 周均.美国教师教育理论与实践[M].北京:北京师范大学出版社,2015.

[33] 朱勃,王孟宪.比较教育的研究方法[M].北京:教育科学出版社,1984.

[34] 朱旭东.教师教育标准体系研究[M].北京:北京师范大学出版社,2011.

[35] 朱世达.当代美国文化[M].北京:社会科学文献出版社,2001.

(三)学位论文

[1] 龚兵.从专业协会到教师工会——美国全国教育协会角色转变之研究[D].上海:华东师范大学,2005.

[2] 简海燕.美国职前教师教育项目设计研究[D].上海:上海师范大学,2007.

[3] 李克军.战后美国教师教育改革与发展研究——质量保障的视角[D].保定:河北大学,2011.

[4] 梁玲.美国大学与中小学伙伴合作实践探析[D].重庆:西南大学,2010.

［5］李克军. 战后美国教师教育改革与发展研究——质量保障的视角［D］. 保定：河北大学,2011.

［6］骆玲. 中美教师教育实践课程比较研究［D］. 上海：华东师范大学,2009.

［7］张晓莉. 美国教师教育中大学与中小学合作的体制与机制研究——以专业发展学校为中心［D］. 长春：东北师范大学,2013.

［8］赵华兰. 美国教师教育多元模式研究［D］. 开封：河南大学,2006.

［9］周小虎. 利益集团视角下的美国教师组织对教育政策影响的研究［D］. 长春：东北师范大学,2006.

［10］张大雄. 政治互动：利益集团与美国政府决策［D］. 武汉：华中师范大学,2002.

二、外文部分

（一）期刊文章

［1］Barbara L. Bales. Teacher Education Policies in the United States: The Accountability Shift Since 1980 ［J］. Teaching and Teacher Education, 2006,(22).

［2］Donna L. Wiseman. The Intersection of Policy, Reform, and Teacher Education ［J］. Journal of Teacher Education, 2012,(2).

［3］Donald J. Boyd, et al. Teacher Preparation and Student Achievement ［J］. Journey of Teacher Education, 2009,(18).

［4］Etta R. Hollins. Teacher Preparation for Quality Teaching ［J］. Journal of Teacher Education, 2011,(9).

［5］Gary T. Henry, et al. Incorporating Teacher Effectiveness Into Teacher Preparation Program Evaluation ［J］. Journey of Teacher Education, 2012,(8).

［6］Gary T. Henry, et al. The Predictive Validity of Measures of Teacher Candidate Programs and Performance: Toward an Evidence-Based Approach to Teacher Preparation ［J］. Journey of Teacher Education, 2013,(6).

［7］George H. Noell and Jeanne L. Burns. Value-Added Assessment of Teacher Preparation: An Illustration of Emerging Technology ［J］. Journey of Teacher Education, 2005,(12).

［8］Henry, G. T. , Bastian, K. C. , and Smith, A. A. . Scholarships to Recruit the "Best and Brightest" into Teaching ［J］. Educational Researcher, 2012,(1).

［9］Ken Zeichner. Rethinking the Connections Between Campus Courses and Field Experiences in College-and University-Based Teacher Education ［J］. Journey of Teacher Education, 2009,(12).

［10］Lilian G. Katz, James D. Raths. A Framework for Research on Teacher Education Programs ［J］. Journal of Teacher Education, 1985,(11).

［11］Linda Darling-Hammond. Constructing 21st-Century Teacher Education ［J］. Journal of Teacher Education, 2006,(5).

［12］Linda Darling-Hammond. Teacher Education and American Future ［J］. Journal of Teacher Education, 2009,(12).

［13］Lora Cohen-Vogel. Federal Role in Teacher Quality: "Redefinition" or Policy Alignment? ［J］. Educational Policy, 2005,(1).

[14] Margaret L. Plecki, Ana M. Elfers and Yugo Nakamura. Using Evidence for Teacher Education Program Improvement and Accountability: An Illustrative Case of the Role of Value-Added Measures [J]. Journey of Teacher Education, 2012,(9).

[15] Mark D. Schalock. Accountability, Student Learning, and the Preparation and Licensure of Teachers: Oregon's Teacher Work Sample Methodology [J]. Journey of Personnel Evaluation Education, 1998,(12).

[16] Marilyn Cochran-Smith. Studying Teacher Education: What We Know and Need to Know [J]. Journal of Teacher Education. 2005,(9).

[17] Marilyn Cochran-Smith, Peter Piazza, Christine Power. The Politics of Accountability: Assessing Teacher Education in the United States [J]. The Educational Forum, 2013,77.

[18] Mona S. Wineburg. Evidence in Teacher Preparation: Establishing a Framework for Accountability [J]. Journal of Teacher Education. 2005,(12).

[19] Pam Grossman, et al. Constructing Coherence: Structural Predictors of Perceptions of Coherence in NYC Teacher Education Programs [J]. Journal of Teacher Education. 2008, (8).

[20] Robert M. Boody, Tomoe Kitajima. Teacher Education Accountability Systems: What an Examination of Institutional Reports Shows About Current Practice [J]. Journey of Assessment and Accountability in Educator Preparation, 2012,(2).

[21] Sara Dawn Smith. Professional Partnerships and Educational Change: Effective Collaboration Over Time [J]. Journey of Teacher Education, 1992,(9).

[22] Suzanne M. Wilson, Robert E. Floden and Joan Ferrini-Mundy. Teacher Preparation Research: An Insider's View from the Outside [J]. Journey of Teacher Education, 2002, (5).

(二) 专著

[1] Brubacher, John S. & Rudy, Willis. *Higher Education in Transition: A History of American Colleges and Universities(Fourth Edition)* [M]. New Bruswick, New Jersey: Transaction Publishers, 1997.

[2] Clark, Burton R. *The Academic Life: Small Words, Different Worlds* [M]. Princeton: the Princeton University Press, 1987.

[3] Clark, Burton R. *The Higher Education System: Academic Organization in Cross-National Perspective* [M]. Berkeley • Los Angeles • London: University of California Press, 1983.

[4] Cohen, Arthur M. *The Shaping of American Higher Education: Emergence and Growth of the Contemporary System* [M]. San Francisco: Jossey-Bass Publishers, 1998.

[5] Cowley, W. H. *Presidents, Professors, and Trustees: The Evaluation of American Academic Government* [M]. San Francisco: Jossey-Bass Publishers, 1980.

[6] Darling-Hammond, Linda. et al. *Powerful Teacher Education: Lesson from Exemplary Programs* [M]. San Francisco: Jossey-Bass, 2006.

[7] Darling-Hammond, Linda. John Bransford. *Preparing Teachers for a Changing World: What Teachers Should Learn and Be Able to Do* [M]. San Francisco: Jossey-Bass, 2005.

[8] Darling-Hammond, Linda. Maritza B. Macdonald, Jon Snyder. *Studies of Excellence in Teacher Education: Preparation at the Graduate Level* [M]. Washington, D. C. : AACTE Publications, 2000.

[9] Feuer, M. J. , Floden, R. E. , Chudowsky, N. , and Ahn, J. *Evaluation of Teacher Preparation Programs: Purposes, Methods, and Policy Options* [M]. Washington, D. C. : National Academy of Education, 2013.

[10] Kerr, Clark. *The Great Transformation in Higher Education (1960 - 1980)* [M]. Albany: State University of New York Press, 1991.

[11] Koppich, Julia E. Merseth, Katherine K. *Studies of Excellence in Teacher Education: Preparation in a Five-Year Program* [M]. Washington D. C. : AACTE Publications, 2000.

[12] Lucas, Christopher J. *American Higher Education: A History* [M]. New York: St. Martin's Press, 1994.

[13] Lucas, Christopher J. *Teacher Education in America: Reform Agenda for the Twenty-First Century* [M]. New York: Palgrave Macmillan, 1997.

[14] Poskanzer, Steven G. *Higher Education Law* [M]. Baltimore and London: The Johns Hopkins University Press, 2002.

[15] Thelin, John R. *A History of American Higher Education* [M]. Baltimore and London: The Johns Hopkins University Press, 2004.

[16] Townsend, Tony. Bates, Richard. *Handbook of Teacher Education* [M]. Dordrecht: Springer, 2007.

[17] Westmeyer, Paul. *A History of American Higher Education* [M]. Springfield, Illinois: Charles C. Thomas Publisher, 1985.

[18] Zeichner, Kenneth. Miller, Lynne. David Silvernail. *Studies of Excellence in Teacher Education: Preparation at the Undergraduate Level* [M]. Washington, D. C. : AACTE Publications, 2000.

[19] Zhai, L. M. *A Comparative Study of Higher Education in the United States and the People's Republic of China 1945 - 1997: Purpose, Equality and Academic Freedom* [M]. Bemidj: Bemidji State University, 1996.

（三）报告

[1] 2002 University of Maryland Baltimore County [R]. Washington, D. C. : American Association of State Colleges and University, 2002.

[2] 2002 Indiana State University [R]. Washington, D. C. : American Association of State Colleges and University, 2002.

[3] 2002 East Carolina University [R]. Washington, D. C. : American Association of State Colleges and University, 2002.

[4] 2003 University of Toledo/Bowling Green State University, Ohio (joint) [R]. Washington, D. C. : American Association of State Colleges and University, 2003.

[5] 2003 University of Nebraska-Omaha [R]. Washington, D. C. : American Association of State Colleges and University, 2003.

[6] 2003 San Diego State University [R]. Washington, D. C. : American Association of State Colleges and University, 2003.

[7] 2003 Central Michigan University [R]. Washington, D. C. : American Association of State Colleges and University, 2003.

[8] 2004 Valdosta State University, Ga. [R]. Washington, D. C. : American Association of State Colleges and University, 2004.

[9] 2004 University of Central Florida [R]. Washington, D. C. : American Association of State Colleges and University, 2004.

[10] 2004 Longwood University, Va. [R]. Washington, D. C. : American Association of State Colleges and University, 2004.

[11] 2005 Ball State University, Indiana [R]. Washington, D. C. : American Association of State Colleges and University, 2005.

[12] 2005 Old Dominion University, Va [R]. Washington, D. C. : American Association of State Colleges and University, 2005.

[13] 2006 Northwest Missouri State University [R]. Washington, D. C. : American Association of State Colleges and University, 2006.

[14] 2006 University of North Carolina-Wilmington [R]. Washington, D. C. : American Association of State Colleges and University, 2006.

[15] 2007 St. Cloud State University, Minn. [R]. Washington, D. C. : American Association of State Colleges and University, 2007.

[16] 2007 University of Northern Colorado [R]. Washington, D. C. : American Association of State Colleges and University, 2007.

[17] 2007 Western Carolina University [R]. Washington, D. C. : American Association of State Colleges and University, 2007.

[18] 2008 Towson University [R]. Washington, D. C. : American Association of State Colleges and University, 2008.

[19] 2008 Western Kentucky University [R]. Washington, D. C. : American Association of State Colleges and University, 2008.

[20] 2009 University Houston-Clear Lake [R]. Washington, D. C. : American Association of State Colleges and University, 2009.

[21] 2010 Western Oregon University [R]. Washington, D. C. : American Association of State Colleges and University, 2010.

[22] 2011 Black Hills State University, S. D. [R]. Washington, D. C. : American Association of State Colleges and University, 2011.

[23] 2013 Valdosta State University(Ga.) [R]. Washington, D. C. : American Association of State Colleges and University, 2013.

[24] 2013 Teacher Prep Review: A Review of the Nation's Teacher Preparation Programs [R]. National Council on Teacher Quality, 2013,12.

[25] 2014 Hunter College of the City University of New York [R]. Washington, D. C. : American Association of State Colleges and University, 2014.

[26] 2014 Teacher Prep Review: A Review of the Nation's Teacher Preparation Programs [R]. National Council on Teacher Quality, 2015,2.

[27] A Highly Qualified Teacher in Every Classroom: The Secretary's Fourth Annual Report on Teacher Quality [R]. U. S. Department of Education Office of Postsecondary Education. 2005.

[28] A Highly Qualified Teacher in Every Classroom: The Secretary's Fifth Annual Report on Teacher Quality [R]. U. S. Department of Education Office of Postsecondary Education. 2006.

[29] A Highly Qualified Teacher in Every Classroom: The Secretary's Sixth Annual Report on Teacher Quality [R]. U. S. Department of Education Office of Postsecondary Education. 2009.

[30] A Highly Qualified Teacher in Every Classroom: The Secretary's Seventh Annual Report on Teacher Quality [R]. U. S. Department of Education Office of Postsecondary Education. 2010.

[31] Assessing and Evaluating Teacher Preparation Program: APA Task Force Report [R]. The American Psychological Association. 2014,2.

[32] Evaluating the Effectiveness of Teacher Preparation Programs [R]. National Comprehensive Center for Teacher Quality, 2012. 8.

[33] Getting Better at Teacher Preparation and State Accountability [R]. Center for American Progress, 2011,12.

[34] Littleton Mark. Accountability in Teacher Education: Systems and Trends [R]. Annual Meeting of the American Educational Research Association, 2000. 4.

[35] Meeting the Highly Qualified Teachers Challenge: The Secretary's Annual Report on Teacher Quality [R]. U. S. Department of Education Office of Postsecondary Education. 2002.

[36] Meeting the Highly Qualified Teachers Challenge: The Secretary's Second Annual Report on Teacher Quality [R]. U. S. Department of Education Office of Postsecondary Education. 2003.

[37] Meeting the Highly Qualified Teachers Challenge: The Secretary's Third Annual Report on Teacher Quality [R]. U. S. Department of Education Office of Postsecondary Education. 2004.

[38] National Comprehesive Center for Teacher Quality. Evaluating the Effectiveness of Teacher Preparation Programs for Support and Accountability [R]. National Comprehesive Center for Teacher Quality, 2012. (8).

[39] Preparing and Credentialing the Nation's Teachers: The Secretary's Eighth Report on Teacher Quality Based on Data for 2008, 2009, 2010. [R]. U. S. Department of Education Office of Postsecondary Education, 2011.

[40] Preparing and Credentialing the Nation's Teachers: The Secretary's Ninth Report on Teacher Quality [R]. U. S. Department of Education Office of Postsecondary Education, 2013.

[41] Teacher Preparation Programs: A Critical Vehicle to Drive Student Achievement [R]. James B Hunt, JR Institute for Education Leadership and Policy. 2011,11.

[42] Teacher Preparation Research: Current Knowledge, Gaps, and Recommendations [R]. Center for the Study of Teaching and Policy. 2001,2.

[43] Teacher Quality: A Report on the Preparation and Qualifications of Public School Teachers [R]. U. S Department of Education, 1999. 1.

[44] Tomorrow's Schools of Education: A Report of the Holmes Group [R]. Holmes Group, 1986. 4.

[45] Tomorrow's Schools of Education: A Report of the Holmes Group [R]. Holmes Group, 1995.

[46] Touching the Future: Final Report [R]. Presidents' Task Force on Teacher Education, 2002. 3.

[47] Transforming Teacher Education Through Clinical Practice: A National Strategy to Prepare Effective Teachers[R]. National Council for Accreditation of Teacher Education, 2010. 11.

[48] What Matters Most: Teaching for America's Future [R]. National Commission on Teaching and America's Future, 1996. 9.

[49] What Teacher Preparation Programs Teach About K - 12 Assessment: A Review [R]. National Council on Teacher Quality, 2012,5.

[50] Who Will Teach? Experience Matters [R]. National Commission on Teaching and America's Future, 2010. 1.

（四）电子文献

[1] Arne Duncan. Teacher Preparation: Reforming the Uncertain Profession [EB/OL]. http://www. ed. gov/news/speeches/teacher-preparation-reforming-uncertain-profession, 2014 - 12 - 26

[2] Arthur Levine. Educating School Teachers [EB/OL]. http://www. edschools. org/pdf/ educating_ teachers_report. pdf, 2014 - 11 - 25.

[3] Allen, Michael. Eight Questions on Teacher Preparation: What Does the Research Say? A Summary of the Findings [EB/OL]. http://www. ecs. org/html/educationissues/ teachingquality/tpreport/home/summary. pdf, 2015 - 05 - 10.

[4] CAEP Accreditation Manual [EB/OL]. http://caepnet. org/~/media/Files/caep/ knowledge-center/caep-accreditation-manual. pdf? la=en, 2015 - 05 - 14.

[5] CAEP Accreditation Standards and Evidence: Aspirations for Educator Preparation [EB/OL]. http://caepnet. org/~/media/Files/caep/standards/commrpt. pdf? la = en, 2015 - 05 - 13.

[6] CAEP. Decision Process [EB/OL]. http://caepnet. org/accreditation/caep-accreditation/ decision-process, 2015 - 05 - 14.

[7] CAEP. History of CAEP [EB/OL]. http://caepnet. org/about/history, 2015 - 05 - 12.

[8] CAEP. V, ission, Mission & Goals [EB/OL]. http://caepnet. org/about/vision-mission-goals, 2015 - 05 - 13.

[9] Higher Education Opportunity Act [EB/OL]. http://www. gpo. gov/fdsys/pkg/PLAW-110publ315/pdf/PLAW-110publ315. pdf, 2015 - 05 - 07.

[10] How Do We Judge the Quality of Professional Educator Preparation? [EB/OL]. http://www. wcu. edu/WebFiles/PDFs/CEAP_TeacherEdMatters. pdf, 2015 - 05 - 25.

[11] NCATE. Blue Ribbon Panel [EB/OL]. http://www. ncate. org/Public/ResearchReports/NCATEInitiatives/BlueRibbonPanel/tabid/715/Default. aspx, 2015 - 05 - 05.

[12] NCTQ. 2014 General Methodology [EB/OL]. http://nctq. org/dmsView/GeneralMethodology, 2015 - 05 - 17.

[13] NCTQ. Our Approach [EB/OL]. http://www. nctq. org/teacherPrep/review2014/ourApproach/index. jsp, 2015 - 05 - 16.

[14] NCTQ. Quality Control [EB/OL]. http://www. nctq. org/teacherPrep/review2014/ourApproach/methodology/qualityControl. jsp, 2015 - 05 - 17.

[15] NCTQ Standards and Indicators [EB/OL]. http://www. nctq. org/dmsView/Standards_and_ Indicators_Full, 2015 - 05 - 17.

[16] NCTQ. Rating [EB/OL]. http://www. nctq. org/teacherPrep/review2014/ourApproach/methodology/rating. jsp, 2015 - 05 - 17.

[17] Our Future, Our Teachers: The Obama Administration's Plan for Teacher Reform and Improvement [EB/OL]. http://www. cesmee. hs. iastate. edu/resources/national/Obama%20Plan%20-Teacher%20Ed%20Reform%209-11. pdf, 2014 - 12 - 25.

[18] Preparing Teachers: Building Evidence for Sound Policy [EB/OL]. http://www. nap. edu/catalog/12882. html, 2015 - 06 - 15.

[19] PTEP Coursework Checklist [EB/OL]. http://www. unco. edu/cebs/teachered/PDF/Checkpoints/Elementary_PTEP_coursework_cklist. pdf, 2015 - 05 - 22.

[20] Public Accountability Measures — First Year Graduate Employer Survey [EB/OL]. http://www. towson. edu/coe/ncate/surveysemp. asp, 2015 - 05 - 25.

[21] Public Accountability Measures — First Year Graduate Survey Classes of 2008 - 2013 [EB/OL]. http://www. towson. edu/coe/ncate/surveys. asp, 2015 - 05 - 25.

[22] Sharon Feiman-Nemser. Teacher Preparation: Structural and Conceptual Alternatives [EB/OL]. http://education. msu. edu/NCRTL/PDFs/NCRTL/IssuePapers/ip895. pdf, 2014 - 11 - 22.

[23] Stephen Sawchuk. Administration Pushers Teacher-Prep Accountablity [EB/OL]. http://www. edweek. org/ew/articles/2011/03/09/23hea_ep. h30. html, 2014 - 12 - 26.

[24] TOWSON. Undergraduate Admmissions [EB/OL]. http://www. towson. edu/main/admissions/apply/freshman/index. asp, 2015 - 05 - 22.

[25] Towards a National Framework for Evidence of Effectiveness of Teacher Education Programs [EB/OL]. http://www. aascu. org/uploadedFiles/AASCU/Content/Root/PolicyAndAdv-ocac/PolicyPublications/07_perspectives(1). pdf, 2015 - 05 - 10.

[26] UNCO. Elementary Program Checkpoints [EB/OL]. http://www. unco. edu/cebs/teachered/undergraduate/elementary/current/Elem_Ckpt-rev. html, 2015 - 05 - 24.

[27] UNCO. Employer Survey [EB/OL]. http://www. unco. edu/cebs/pdfs/unctq/

Employer%20Survey_ Principal_C. pdf，2015 - 01 - 03.

[28] Value Added Proves Beneficail to Teacher Preparation [EB/OL]. http://www. edweek. org/ew/articles/2012/02/22/21louisiana_ep-2. h31. html，2015 - 05 - 10.

[29] White house. Race to the Top [EB/OL]. https://www. whitehouse. gov/issues/ education/k-12/ race-to-the-top，2014 - 12 - 23.

[30] WKU. Teacher Work Sample [EB/OL]. http://www. wku. edu/teacherservices/student teaching/documents/teacher_work_sample. pdf，2014 - 12 - 31.

[31] WKU. TWS at Western Kentucky University [EB/OL]. http://www. wku. edu/rtwsc/ members/wku. php，2014 - 12 - 30.

后记

时光荏苒，反复斟酌了很久，还是写下了"时光荏苒"这四个字。给第一本书《美国高等教育系统的专业协调力量》写"后记"时的场景、当时的思绪仿佛就在前一秒，还清楚地记得当时自己一直在思考或者期盼："什么时候会有人生的第二本书，什么时候给第二本书写后记呢？……"带着这样的期许，工作着、生活着，一直就这样被时间推着往前走，恍惚间就到了今天。算一算，跟上一本书整整隔了五年之久，这真的不是我曾经预料或者期许的。尽管当初那一瞬间的念头之后并未给出过答案，到今天我也始终不知道于我而言两本书相隔五年的时间算是太长还是太短，但可以肯定的一点是，依旧是那么的高兴与开心，依旧是那样的兴奋与激动。写第一本书时我刚刚博士毕业，进入杭州师范大学工作不久；现在已经在杭州师范大学工作五年有余了。不知道五年才完成第二本书的速度与效率是否算是"疏于学术"、"惰于钻研"的表现，但是时间还是一眨眼就流走了，而且一去不复返……

在"时间不知道去哪儿了"的惆怅中，恩师王承绪先生的音容笑貌是时常浮现的记忆。自2006年成为王先生的关门弟子以来，无论是席间谈话还是正式场合，经常被介绍为"王承绪先生的关门弟子"，自己也就这样自然地领受着，从来没有思考过这一称呼背后的价值与分量，直到2013年先生离世，才突然开始明白作为"王承绪先生的关门弟子"的荣耀与光辉，但同时自己却又开始莫名地惶恐："能否承受得起这一荣耀？能否对得住先生的谆谆教诲？能否实现与完成先生的殷切期望？……"就如此时，已经从刚刚的兴奋转换成了紧张与不安：先生住在浙江医院时，半卧于床、拿着放大镜看我写的文章并反复修改的画面仿佛已经定格，原来的我遇到这种情况会有一丝丝的担心，担心先生会微微笑着指点我要更认真、更仔细全面、更反复斟酌……现在我没有了先生的指点，反添的却是深深的惴惴不安：没有了先生的微笑、先生的指点、先生修改我文章时在纸张上留下的满满建议与教诲,先生斟字酌句为我著作所写的序……我又该何去何从呢?时光何必一定要这么无情,何不让恩师指点我更久一些?

恩师仙去,留下了无限的追思,但更多的是努力前进的勇气。在进入杭州师范大学工作的第二个年头里,杭州师范大学教师发展研究中心得以成立,我则特别幸运地成为了这个既富有浓浓的学术味又具有暖暖的人情味的研究中心的首批成员、唯一的女教师和唯一的80后,这么多辨识度极高的特征让我得到了中心所有领导和兄长的无限关照与教诲,也获得了无数成长的机会。中心主任林正范教授,担任杭州师范大学校长达十二年之久,不仅学术造诣深厚、学术声誉卓越,更是人格、人品等为人处事各方面的楷模与典范,他无私且竭尽全力地帮助着我,全心全意地希望我可以更快地成长,在我心中,他是领导,更是导师与恩人,是值得我用一生来学习的榜样。中心副主任肖正德教授,我平常以"肖哥"称之,除了学术研究人人称赞,更是大气、宽容、智慧、乐于助人、让我佩服不已的好大哥,他给中心营造了积极努力而又温暖团结的既是研究单位又是家庭单位的好氛围,让我们既能乐在其中,又能进步成长。中心的其他五位大哥:孙德芳副教授、贾群生副教授、容中逵副教授、王凯副教授、严从根副教授,他们都是让我打心底里尊敬尊重的兄长,他们的帮助与扶持让我获益匪浅、成长良多。古语有云"人生得一知己足矣",而我是何等的幸运与有福,进入了这么好的中心,又结识了这么多值得我学习与无私帮助我的领导和兄长,古语道"一知己"就该"夫复何求"了,那小女子我在学术与成长道路上有这么多可亲可敬可爱的领导、导师和兄长相伴,更该是复何求呢!

从浙江大学博士毕业到杭州师范大学工作,同在一个城市,总有一种还没有毕业的感觉,而这也让我收获了许多,因为曾经的老师、师兄师姐总会在我需要帮助的时候及时地出现并给予我无私的关心与帮助,所以在这里也要特别感谢万秀兰老师、季诚均老师、田学红老师、徐小洲老师、方展画老师、魏贤超老师、温正胞师兄、王雁琳师兄、周瓦师姐、唐琼一师姐等等,谢谢你们,我一定会继续努力的。最后,还要特别感谢我的研究生张家雯同学,她帮助我收集与整理了本书中部分内容的文献资料,并进行了部分的翻译工作,在此特别鸣谢,希望她能实现理想,在学术之路上走得扎实而顺畅。

五年的时光会在每一个人的脸上和心里刻上烙印,它似乎是淡淡的,却又是浓浓的;它似乎是不愿被提及的,但又是美好温暖的;它似乎是过去了,但又好像是现在与未来……"这是我最美好的五年吗?"我暗暗地问自己。答案是无比笃定、没有一丝迟疑的:是!因为有深爱着我的家人与朋友,因为有那么多无私帮助与扶持我的恩人与老师、兄长与大哥、师兄与师姐们,这些都是我前行途中最美好与厚实的力量,正因为如此,人生的每一刻时光、每一个年头不都是最美好的时光与年头吗!带着这些爱、这些帮助与扶持,元气满满地继续前行,唯有比现在更加地努力、更加地扎实,才是不辜负这一切美好的唯一方式。所以,再次感谢我生命中一个又一个的美好,我将带着你们继续前行,并必将收获更多的美好!

——2015 年 6 月于杭州

图书在版编目(CIP)数据

美国中小学卓越教师职前培养的质量保障机制研究/付
淑琼著. —上海:华东师范大学出版社,2016.4
(人学视域下的教师发展论丛)
ISBN 978-7-5675-5160-2

Ⅰ.①美… Ⅱ.①付… Ⅲ.①中小学-教师-师资培
养-研究-美国 Ⅳ.①G635.1

中国版本图书馆 CIP 数据核字(2016)第 087785 号

人学视域下的教师发展论丛
美国中小学卓越教师职前培养的质量保障机制研究

著　　者　付淑琼
策划编辑　彭呈军
审读编辑　张艺捷
责任校对　陈美丽
装帧设计　高　山

出版发行　华东师范大学出版社
社　　址　上海市中山北路 3663 号　邮编 200062
网　　址　www.ecnupress.com.cn
电　　话　021-60821666　行政传真 021-62572105
客服电话　021-62865537　门市(邮购)电话 021-62869887
地　　址　上海市中山北路 3663 号华东师范大学校内先锋路口
网　　店　http://hdsdcbs.tmall.com

印 刷 者　常熟市文化印刷有限公司
开　　本　787×1092　16 开
印　　张　12.5
字　　数　217 千字
版　　次　2016 年 9 月第 1 版
印　　次　2016 年 9 月第 1 次
书　　号　ISBN 978-7-5675-5160-2/G·9439
定　　价　32.00 元

出 版 人　王　焰